New Work für Praktiker

MIX
Papier aus verantwortungsvollen Quellen
Paper from responsible sources
FSC® C105338
FSC
www.fsc.org

Götz Piwinger

New Work für Praktiker

Das unverzichtbare Handbuch für die Personal- und Organisationsentwicklung

mit Beiträgen von
Matthias Gouthier, Hans-Günter Lindner, Petra Richard, Roman Sauter, Werner Sauter und Niklas Zilles

1. Auflage

Schäffer-Poeschel Verlag Stuttgart

Bibliografische Information der Deutschen Nationalbibliothek

Die Deutsche Nationalbibliothek verzeichnet diese Publikation in der Deutschen Nationalbibliografie; detaillierte bibliografische Daten sind im Internet über http://dnb.dnb.de/ abrufbar.

Print: ISBN 978-3-7910-5119-2 Bestell-Nr. 10595-0001
ePub: ISBN 978-3-7910-5120-8 Bestell-Nr. 10595-0100
ePDF: ISBN 978-3-7910-5121-5 Bestell-Nr. 10595-0150

Götz Piwinger
New Work für Praktiker
1. Auflage, November 2020

www.schaeffer-poeschel.de
service@schaeffer-poeschel.de

Bildnachweis (Cover): © Pixel-Shot, AdobeStock

Produktmanagement: Dr. Frank Baumgärtner
Lektorat: Traudl Kupfer, Berlin

Schäffer-Poeschel Verlag Stuttgart
Ein Unternehmen der Haufe Group

SCHÄFFER
POESCHEL **myBook**

Ihr Online-Material zum Buch

Kostenloses Zusatzmaterial im Online-Bereich für Buchkäufer:

- Alle Buchgrafiken in Farbe zur Gestaltung Ihrer Präsentationen, Konzepte und Planungen zum Download
- Informationen zum Autor und den Co-Autoren
- Zugang zum interaktiven New Work Management Action Plan (NW-MAP) als praktisches Handlungstool für Ihr Projekt
- Zugang zu 20 E-Learning-Kursen zum Buchthema

So funktioniert Ihr Zugang

- Gehen Sie auf das Portal **sp-mybook.de** und geben den Buchcode ein, um auf die Internetseite zum Buch zu gelangen.
- Oder scannen Sie den QR-Code mit Ihrem Smartphone oder Tablet.
- Wählen Sie im Online-Bereich das gewünschte Material aus.

SP myBook:
www.sp-mybook.de
Buchcode: 5119-work

Editorial

New Work hat sich als Inbegriff des digital geprägten Arbeitens etabliert. Mit der Verfügbarkeit des mobilen Internets und cloudbasierter Anwendungen kann sich das Rudelverhalten und das Verhalten jedes Einzelnen ändern – und tut es auch. Im Vordergrund stehen neue Wertesysteme und kompetenzorientiertes Handeln.

Das eigenverantwortliche Handeln auf Basis von Werten fügt die Zahnräder eines Unternehmensuhrwerks in jedem Projekt neu zusammen. Mit zunehmender Übung gelangen diese Kulturelemente in den Arbeitsalltag und die Unternehmen werden agiler; damit meine ich, dass Veränderungen leichter bewältigt werden können. Die Reaktion in Krisensituationen, wie sie bisher war, wird zur Aktion und Wachstumschancen können schneller erkannt und genutzt werden.

Vor allem aber steht die Förderung der Teams im Vordergrund. Genauso wie die Kundenzufriedenheit schonungslos zu messen ist, so gilt dies auch für die 360-Grad-Messung der Teamzufriedenheit. Die Konsequenz aus »New Work« ist die »lernende Organisation«.

Dabei müssen wir tatsächlich feinsinnig unterscheiden, dass Lernen die aktive Schwester von Lernfähigkeit (Organisationsintelligenz) ist, denn die reine Lernfähigkeit, ohne Aktivierung, bringt nicht zwangsläufig Innovationen als Resultat. Genau wie wir bei Kompetenz nicht von »Verhalten«, sondern von »Handeln« sprechen müssen, gilt dies gleichermaßen für das zentrale Thema Lernen. Um im Unternehmen eigenverantwortlich handeln zu können und auch zu dürfen, müssen passende Rahmenbedingungen geschaffen werden. Dazu werden Methoden und Systeme in Einklang gebracht. Das digitale Merkmal »Sharing« soll Einzug in die Unternehmenskultur finden. Es muss uns gelingen, dass »Wissen zu teilen« als positive Empfindung erlebt wird.

In diesem Praxishandbuch geht es darum, diese Ziele mit überschaubarem Aufwand nachhaltig in die Praxis umzusetzen. Erstmalig wird hier der New Work Action Plan als Handlungswerkzeug für die Praxis vorgestellt. New Work ist eine spannende und motivierende Gemeinschaftsaufgabe, ein Spiel für beliebig viele Spieler jeden Alters, wobei jeder Einzelne und auch das Ganze täglich mit Freude besser wird.

Im Übrigen haben wir uns bei der Genderfrage aufgrund nichtexistierender einheitlicher Regelungen für die Schreibweise »Mitarbeiter« entschieden. Damit beschreiben wir der Vereinfachung halber stellvertretend alle Geschlechtertypen und distanzieren uns ausdrücklich von jeder Diskriminierung.

New Work ist ein vielschichtiges Thema. Um es ganzheitlich zu verstehen und umsetzen zu können, ist es sinnvoll, dieses Buch auch komplett zu lesen. So können Sie den Masterplan am

Ende der Ausführungen nachvollziehen und in der Praxis anwenden. Wir haben versucht, so ausführlich wie nötig und so kompakt wie möglich zu sein. Der Lohn dafür ist, dass Sie, liebe Leser, dann zur Gruppe der wahren New Work People gehören werden.

Ich danke meinen Co-Autoren Petra Richard, Prof. Dr. Hans-Günter Lindner, Prof. Dr. Matthias Gouthier und Niklas Zilles sowie Prof. Dr. Werner Sauter und Roman Sauter für ihre »Herzblut-Beiträge«, denn es ist an der Zeit, Konventionen und Tabus hinter uns zu lassen und in einer klaren Sprache zu überzeugen. Außerdem danke ich meiner Assistentin Janina Krein für die Bearbeitung der Texte und Sarah Runkel für die Erstellung der Grafiken.

Lassen Sie uns mutig sein!
Götz Piwinger

Inhaltsverzeichnis

Abbildungsverzeichnis

1 Was ist New Work?

Götz Piwinger

Der Begriff erobert Konferenzen und die Fachpresse im Sturm. Er verkörpert so viele Dimensionen und Sichtweisen des Arbeitslebens, dass es hilfreich ist, hier den Versuch einer Strukturierung zu wagen. Scharen europäischer Manager pilgern nach Silicon Valley, von wo aus man versuchte, die dort oberflächlich sichtbare Arbeitskultur in die Heimat zu importieren. Diese Aufenthalte dauern selten länger als eine Woche und die Unternehmen im Silicon Valley haben sich längst auf die professionell organisierte Show für das europäische Publikum eingestellt. Inspiriert von einer offenen, lockeren Unternehmenskultur mit offenen Räumen, gesunder Ernährung und Sport, schwappte der Begriff New Work nach Europa.

Der ursprüngliche Begriff New Work stammt aber eigentlich von dem Philosophen Frithjof Bergmann und ist Teil von Bergmanns Theorie aus dem Jahr 1984. Allerdings reduzierte sich sein Ansatz im Wesentlichen darauf, die Erwerbsarbeit zu reduzieren, um mehr Zeit für »gute Arbeit« zu haben. Das passt also nicht so recht in die heutige Zeit. Doch zurück zu unseren Silicon-Valley-Pilgern: In der Heimat angekommen, setzte man sich zunächst mit der HR zusammen und beriet, was nun zu tun sei. In Windeseile entstanden neue Raumkonzepte, das Marketing wurde aufgepeppt, man versuchte in Stellenanzeigen die Sprache der Zielgruppe zu finden und dem Unternehmen insgesamt etwas von dem New Work Spirit einzuhauchen.

Wenn sich Führungskräfte unterhalten, stehen meistens zwei Themen im Vordergrund: Personal und Unternehmenskultur. In unserer Analyse gehen wir von europäischen Unternehmen, den typischen Branchen und Größenordnungen aus. Die demografische Herausforderung und vor allem der Generationswechsel bei den Führungskräften sind die Treiber zum Wandel. New Work bedeutet eine neue Arbeits- und Unternehmenskultur. Diese entsteht im Zusammenspiel von Werten und Kompetenzen. Sie forciert eigenverantwortliches Handeln. Nur wenige Kompetenzen sind auf den üblichen Wegen erlernbar, denn sie setzen immer praktische Übung voraus. Deshalb benötigt die Umsetzung ganz besondere Ansätze und Anreize. Dabei stehen das permanente Lernen und die Fähigkeit, Wissen zu teilen, im Kern unserer Bemühungen. Warum ist das so?

Der Mensch kommt auf die Welt und ist gerade einmal in der Lage, an der Mutterbrust zu saugen. Im Vergleich dazu wächst das Schwarzwild (auch Wildschwein genannt) von frühester Kindheit an in Rotten, die von erfahrenen Bachen geführt werden, auf, die ihrerseits so gut vernetzt sind, dass die kleinen Frischlinge schon sehr bald wissen, dass es bei Vollmond auf einer Lichtung gefährlich werden könnte, weil dort der Jäger lauert. Ein Paradebeispiel für neuronal wachsendes Schwarmwissen. Erblickt man als Fisch das Licht der Welt, kann man sofort schwimmen, kennt seine natürliche Umgebung, kann jagen und selbstständig fressen.

Weil uns Menschen diese Schwarmintelligenz fehlt, brauchen wir digitale Krücken! Ergo benötigen wir zur Umsetzung von New Work einerseits digitale Werkzeuge, mit denen wir im Unternehmensalltag unser Wissen zielgenau im Team produzieren und teilen können.

Aber wenn aktives Lernen und das Teilen von Wissen die neuen Kernkompetenzen moderner Unternehmen sind, müssen Systeme und Methoden im Einklang stehen! Deshalb brauchen wir neben mitwachsenden Systemlösungen andererseits auch Methoden und Strategien – kurzum einen Masterplan. In diesem Buch wollen wir diesen Weg so ausführlich wie nötig, aber vor allem so praxistauglich wie möglich beschreiben.

Im Kontext von New Work vernehmen wir üblicherweise die gängigen Buzzwords; hier ist insbesondere »Agilität« zu nennen. Gemeint sind mit dem Begriff aber eigentlich der Wunsch nach einem Ausweg aus historisch gewachsenen, unglaublich starren Verwaltungsstrukturen, das Aufbrechen klassischer Statusprivilegien und der Traum von eigenmotivierter Selbstheilung von innen heraus. Und das ist genau richtig so, denn diese Wünsche helfen uns dabei, Ziele zu beschreiben und zu definieren. Das ist der Beginn.

Merkmale von New Work

Um New Work zu beschreiben, beginnen wir mit den Merkmalen, die wir an dieser Stelle ausführlich darlegen, weil sich nur so ein Gesamtbild zum Verständnis ergeben kann.

Andere Räume. New Work bezieht sich primär auf die White Collars, weniger auf die gewerblichen Kollegen in der Produktion (Blue Collars). Die Erkenntnis, dass andere, veränderte Räume auch das Denken verändern, spiegelt sich zunächst in den Seminar- und Konferenzräumen wider. Klassische Hoteltagungen sind out, man ist dagegen auf der Suche nach pseudoschäbigen Locations, um dem Attribut »cool« möglichst nahe zu kommen. Bei der Auswahl von Tagungsräumen empfiehlt sich ein Modell, das zusätzlich über mehrere kleine Gruppenräume verfügt, um die aktuell modernen Moderationstechniken, wie »Vivid Pulse«, einsetzen zu können. Das geschieht aber immer nur dort, wo persönliches Zusammentreffen einen Mehrwert bringt.

Mobiles Arbeiten. Die Coronakrise 2020 hat auch hartnäckige Digitalmuffel plötzlich gezwungen, Remote-Technologien zu nutzen. Mobiles Arbeiten erfordert allerdings mehr als nur Videokonferenzen oder Remote-Zugriff auf ERP-Software. Vor allem die Workflows in der Organisationsentwicklung und in der Personalentwicklung müssen von Anfang an auf ortsunabhängiges Arbeiten ausgerichtet sein. Das betrifft die Teamkommunikation, die sichere Versionierung von Informationen zur Fehlervermeidung und die Kompetenzentwicklung.

Interdisziplinäres Arbeiten. Auch wenn es so scheint: New Work bedeutet nicht »New People«, obwohl sich die Jobangebote mit Hipster-Fotos schmücken. Hierbei sind allerdings von 34 Millionen sozialversicherungspflichtig Beschäftigten (Stand 30.09.2019, Statistisches Bundesamt) nur 6,7 Millionen unter 35 Jahre alt. In der Konsequenz sollte es gelingen, Rahmenbedingun-

gen für die Teamarbeit aller Altersgruppen und aller Stellen/Rollen zu schaffen. Ein typisches Beispiel sind digitale Wissensräume, die Grundlage der organisationalen Schwarmintelligenz.

Ganzheitliches Denken. Eigentlich ist schon seit dem Turmbau zu Babel bekannt: Gemeinsame Ziele und Werte in einer Sprache zu teilen, erfordert die Schaffung von transparenten Entscheidungen, beispielsweise durch den Einsatz von Information Management, das Veränderungen nachvollziehbar werden lässt und die Förderung persönlicher Kompetenzen ermöglicht. Eine moderne Organisation verkörpert klar definierte, verständliche Werte und Ziele. Nicht jeder Beschäftigte will und kann den Masterplan kennen und fördern. Manche – die zurückhaltenden, ängstlichen, schüchternen Menschen – brauchen einen »Facilitator«, einen Ermöglicher. Diese Rolle kann je nach Unternehmensgröße auf Teamleiterebene und/oder zentral installiert werden. Neben der Methode kompetenzorientierter Mitarbeitergespräche braucht es Kommunikationsformate, die auch die Funktion der digitalen Kaffeeküche übernehmen.

Flache Hierarchien. Beim Thema Hierarchie denken wir zunächst an einen bestimmten Anti-Typ, eine sogenannte »Position«, die mit aller Macht die bestehenden Privilegien verteidigt und Vorschläge des Teams nach eigenem Ermessen steuert. Der Grund für das Vorhandensein solcher Führungskräfte liegt darin, dass man bisher meistens die besten Fachkräfte zu Führungskräften werden ließ. Was wir heute dagegen verlangen, sind schlanke, transparente, zielführende Entscheidungsprozesse. Die Führungskraft unterstützt diese Prozesse, indem sie die Rahmenbedingungen dafür schafft und unterstützt. »Flach« ist also eher im Sinne von »schnell« und »transparent« zu verstehen. Die Führungskraft wird als Moderator und Ermöglicher (Facilitator) Teil des Teams.

Vernetztes Handeln. Ein Mensch oder ein Unternehmen im Alleingang hat es schwer, gute Lösungen zu entwickeln. Demzufolge empfiehlt sich eine Vernetzung mit »externen« Partnern. Das klassische Arbeitsverhältnis, so wie wir es heute kennen, ändert sich gerade hin zu temporären Teams, die bei Bedarf einbezogen werden. Der Austausch mit Kunden und Lieferanten muss gestaltet werden, aber immer so, dass eigene Daten und Assets geschützt bleiben. Das Zusammenspiel aus einem gemeinsamen Werteverständnis und digitalen Wissensräumen ist eine mögliche Lösung dafür.

KI-gestützte Prozesse. In der täglichen Arbeit geht enorm viel Zeit durch das Suchen von Informationen, Ansprechpartnern und Fehlerbehebungen verloren. Viele Projektteile werden zu allem Überfluss doppelt oder mehrfach in verschiedenen Fachabteilungen oder global erarbeitet. Der Performanceverlust ist kaum zu beziffern. Abhilfe könnten eine KI-gestützte, hochpersonalisierte Suchfunktion und eine sauber versionierte Wissensentwicklung bringen.

Zeitgemäße IT-Umgebung. Wenn wir über die begehrten neuen Arbeitskräfte nachdenken, sollten auch die technischen Rahmenbedingungen stimmen! Leider sitzen heute die früheren Enabler moderner, ERP-gestützter Geschäftsprozesse im »Bremserhäuschen«, wenn es um die Nutzung von 360-Grad-Prozessen geht. Wenn »alte« Softwarelösungen beispielsweise noch nicht abgeschrieben sind, kommt auch keine Veränderung in Frage. Heerscharen von Support-Teams in der IT leben von permanenten Anpassungsarbeiten, um die alte Welt am Leben zu erhalten. Das missverstandene Narrativ der agilen Bewegung »Fail fast, fail cheap« ist auch hier fehl am Platz. Wenn ein System nicht mehr passt, soll es gegen ein besseres ausgetauscht werden. Diese Fähigkeit, Altes gegen Besseres auszutauschen, ist die eigentliche Kompetenz einer IT-Abteilung.

Gute Bezahlung. Durch den Run der Unternehmen auf Software-Entwickler haben sich die internen Gehaltsstrukturen verschoben. Durch digital gestützte und kompetenzorientierte Mitarbeitergespräche sind wir heute in der Lage, eine Vielzahl von Parametern zur Berechnung der Vergütung zu nutzen. Vielleicht werden Führungskräfte zukünftig auch danach bewertet, wie viel Wissen sie im Unternehmen geteilt haben?

Freie Arbeitszeit. Work-Life-Balance ist als Begriff irreführend, wenn der Beruf kein reiner Broterwerb, sondern Berufung ist, also wenn er auf Werten beruht und die Individualität schützt. In der Neuropsychologie weiß man, dass Glücksgefühl durch Zugehörigkeit (nicht ausgeschlossen sein) sowie dadurch, anderen Hilfe zu leisten, entsteht. Im Zentrum unseres beruflichen Handelns steht der Kunde. Er ist der externe Taktgeber unserer täglichen Projekte. Frei planbare Tätigkeiten sollten aber frei bleiben.

Vertrauen. Immer besser werden zu wollen, liegt in der Natur des Menschen und der Unternehmen. Um besser zu werden, müssen Fehler erkannt werden. Zukünftig werden Einzelne nur im Team besser und deshalb ist eine »Fehlerkultur« so wichtig. Fehler entdecken, zugeben, offen darüber sprechen und zum Positiven weiterentwickeln, ohne dafür abgestraft zu werden, ist der theoretisch vielversprechende Weg dahin. Die Erkenntnisse über entstandene Fehler mit anderen zu teilen, ist ein Baustein der New-Work-Unternehmenskultur.

Anerkennung, Motivation. Dort, wo der typische Chef fehlt, weil man flache Hierarchien lebt, stellt sich die Frage, woher Lob und Ansporn kommen. Auch hier hilft uns die Neurowissenschaft weiter. Das gute Gefühl entsteht durch vielfältige Community-Feedbacks, sei es in Diskussionsforen (Daumen hoch), Digi-Barcamps (zuhören), durch Trainingserfolge (Badges) und durch die Teambelohnung für gute Ergebnisse.

Selbstbestimmte Weiterbildung. Wer eine Fortbildung auf Kosten des Arbeitgebers will, muss dieses Vorhaben in der Gegenwart mancherorts als strategisches Projekt planen, um es durchsetzen zu können! Weiterbildung sollte aber ad hoc in Echtzeit möglich sein. Genau dann, wenn wir das Wissen für unser aktuelles Projekt brauchen, muss es abrufbar sein und zwar genau in dem Format, das am besten zu mir passt, sei es E-Learning, Webinar, Podcast oder Präsenztraining. Moderne Lernstrategien und -systeme ermöglichen das. Lernen muss ein Teil der Arbeit werden.

Nun haben wir uns einen Überblick über einzelne Faktoren von New Work verschafft. In der Folge geht es darum, dieses Puzzle zu strukturieren und so aufzuarbeiten, dass die neue Unternehmenskultur »New Work« mit Freude im Unternehmen umgesetzt werden kann. Ein Team aus Wissenschaftlern und erfahrenen Praktikern hat sich zusammengeschlossen, um die besten Lösungsansätze systematisch zu beschreiben.

2 Die Bedeutung von Werten

Götz Piwinger

Was haben Werte mit der Produktqualität zu tun? Welche Auswirkung haben Werte auf den Vertriebserfolg? Wie beeinflussen Werte die Schwarmintelligenz? Manche Zeitgenossen verwechseln Werte auch mit Vision, Mission oder Statement.

Das Thema »Werte« im Unternehmen ist bei Weitem nicht mit Esoterik zu verwechseln und ist kein schöngeistiger Luxus. Werte sind ein knallharter Businessfaktor, mehr sogar: ein Asset!

Dieses Kapitel finden Sie in diesem Handbuch so weit vorn angesiedelt, weil es von zentraler Bedeutung für New Work ist. Das Arbeiten mit und die Umsetzung von Werten setzt voraus, dass deren Management systematisch erfolgen kann. Wir brauchen also ein Wertesystem – oder besser: einen agilen Workflow mit System. Im Kontext von New Work geht es bei Werten um eigenverantwortliches Handeln. Handeln wiederum steht im Fokus von Kompetenzen. Dafür habe ich eine stark vereinfachte Grundformel entwickelt, die später noch verfeinert werden wird:

Kompetenz = Qualifikation + Werte

Wenn wir die Bereitschaft zu eigenverantwortlichem, qualifiziertem Handeln in etwa mit Kompetenz übersetzen, wird klar, dass weder Qualifikation noch Werte allein ein Unternehmensasset darstellen. Qualifikationen können durch altbackenes Lernen nach der längst überholten 70-20-10-Methode (Lombardo/Eichinger, 1996) erworben werden. Das geht mit Werten nur bedingt.

Bei Werten unterscheiden wir zwischen den Werten einer Organisation und individuellen Werten, wie es in Abschnitt 2.2 von Sauter/Sauter am Beispiel von KODE®W beschrieben wird. Anders als Kompetenzen sind Werte nicht messbar, aber erfassbar. Wenn es möglich sein soll, dass Mitarbeiter eigenverantwortliche Entscheidungen – sei es im Team oder in der Rolle – in aktives Handeln umsetzen, dann darf auch die Komponente »dürfen« nicht fehlen. Und schon ahnen wir, wohin die Reise geht. Denn New Work ist Unternehmens- und Führungskultur, die in ihre Einzelteile zerlegt werden muss, um einen beweglichen Organismus zu schaffen, dessen Schwarmintelligenz auf Werten und Vertrauen basiert. Dazu ist es erforderlich, einen systematischen Werterahmen anzuwenden. Anwenden bedeutet, Wertemanagement zu leben.

Im Unternehmensalltag spiegelt sich dies beispielsweise als Bestandteil der Mitarbeitergespräche wider. Werte können sich verändern. Dies kann durch externe Veränderungen geschehen, wie im Fall der Coronakrise 2020, oder durch Veränderungen einer Rolle oder einer persönlichen Situation. Entscheidend ist, dass sich die Veränderungen im Werterahmen darstellen lassen. Das Format »Jahresgespräch« taugt nicht, um moderne New-Work-Prozesse leben zu können. Es muss möglich sein, Mitarbeitergespräche nach Bedarf führen zu können. Deshalb empfehlen wir den Einsatz agiler Softwaresysteme, die bedarfsorientierte, asynchrone Interviews, Einschätzungen und Messungen ermöglichen. Wenn beispielsweise ein neues Projekt ansteht, steht und fällt dessen Qualität mit dem Projektteam.

Deshalb sollten die Werte- und Kompetenzmatrizen im Projekt stimmig sein. Das bedeutet auch, dass wir in größeren Organisationen nach Werten und Kompetenzen suchen können müssen, was wiederum schlaue Systeme für uns übernehmen. Das macht den 360-Grad-Ansatz für den New Work Flow aus: Methoden und Systeme müssen in Einklang stehen!

Auf diesem Sektor existieren verschiedene Wertesysteme und -definitionen. Alle vereint der Versuch, Ordnung ins Wertemanagement zu bringen.

Für ein Praxishandbuch kommen allerdings weitere Kriterien hinzu – und das ist neu! Wie können Werte- und auch Kompetenzmanagement technisch in den Alltags-Workflow integriert werden? Wir gehen davon aus, dass PE und OE ohnehin verschmelzen werden. Spätestens, seit Dave Ulrich 1997 in »Human Resource Champions« den Ansatz des HR-Business-Partners veröffentlichte, ist dieser Trend klar erkennbar. Die Parallele des HR-Business-Partner-Ansatzes zum Werte- und Kompetenzmanagement liegt seit der Digitalisierung – insbesondere durch Cloudlösungen und KI – in der systemischen Umsetzbarkeit. Die aktuellen Technologien ermöglichen sogar neue Methodenmodelle! Bei allem, was in diesem Buch gezeigt wird, ist die technische Umsetzbarkeit in 360-Grad-Workflows erprobt. Eine wahre »Seuche« ist der Flickenteppich aus vielen Apps (oh, wie trendy!) und On-Premise-Programmen. Aus diesem Grund haben wir uns bei den nachfolgenden Beiträgen für eine tiefergehende Betrachtung von KODE®W und der Auslegung von Prof. Dr. Werner Sauter entschieden, aber auch für einen Beitrag von Petra Richard, der sich nicht so sehr mit organisationalem Wertemanagement beschäftigt, dafür aber mit viel Individualität für Führungskräfte in Sachen Lebensmotive und Merkmale des Bewusstseins.

2.1 Wertemanagement am Beispiel KODE®W

Roman Sauter/Werner Sauter

Worte sind nicht ganz unnütz, aber sie allein bewirken nichts, sondern immer nur mit bewussten Emotionen und noch besser mit unbewussten Emotionen.
Gerhard Roth (vgl. Roth, 2014)

Im Zuge der digitalen Transformation, aber auch der wachsenden Zahl von Skandalen – wie Dieselgate, Zins- und Devisenkursmanipulationen oder Korruption im Bereich der Transplantationsmedizin – wird das Thema Werte immer wichtiger. Unsere Welt wird unberechenbarer und die Unsicherheit sowie die Komplexität nehmen zu. Die Digitalisierung unserer Arbeitswelt schreitet voran. Arbeits- und Lernprozesse verändern sich dadurch zunehmend. Manche Unternehmen haben schon auf diesen Trend reagiert und neue, agile Arbeits- und Lernmethoden eingeführt. Im Arbeitsprozess setzen sich deshalb zunehmend vor allem selbstorganisierte Methoden durch. Diese setzen jedoch dringend einen Kulturwandel voraus.

Eine global angelegte Studie der Strategieberatung Capgemini Consulting (2017) hat ergeben, dass 62 Prozent der Teilnehmer einer weltweit durchgeführten Umfrage die etablierte Unternehmenskultur als eines der größten Hindernisse auf dem Weg zu einer digitalen Organisation sehen. In Deutschland liege der Wert mit 72 Prozent sogar leicht darüber.

Zu ähnlichen Ergebnissen kamen Umfragen von den Unternehmensberatungen Etventure (2018) und Bearing Point (2016). Auch hier wurde die aktuelle Unternehmenskultur, die durch die Verteidigung von bestehenden Strukturen geprägt ist, als größte Hürde für die Umsetzung der Digitalisierung genannt.

Ein wesentlicher Grund hierfür liegt in den immer höheren Anforderungen an die Selbstorganisationskompetenzen der Mitarbeiter, die mit der digitalen Transformation und den damit verbundenen agilen Arbeitsmethoden einhergehen. Da die Mehrheit der Mitarbeiter noch in traditionellen Arbeits- und Lernsystemen, die durch Fremdsteuerung geprägt waren, sozialisiert wurde, fehlt ihnen oftmals die notwendige Orientierung für bedarfsgerechtes, eigenständiges Handeln.

Als Konsequenz aus der zunehmenden Digitalisierung benötigen die Mitarbeiter für die Bewältigung ihrer Herausforderungen in digitalisierten Arbeitsprozessen zunehmend Ordner – also Werte –, die sie selbstorganisiert aufbauen müssen.

Was sind Werte?

Werte sind Ordner, die das selbstorganisierte Handeln bestimmen.

Jedes absichtsvolle menschliche Handeln ist auf Werten gegründet. Erst Werte ermöglichen Handeln unter Unsicherheit, sie überbrücken oder ersetzen fehlendes Wissen, schließen die Lücke zwischen Wissen einerseits und Handeln andererseits. Ohne Werte gibt es keine Kompetenzen, also keine Fähigkeiten zum selbstorganisierten Handeln.

Werte als Ordner machen selbstorganisiertes Handeln erst möglich. Werte sind Kerne von Kompetenzen (vgl. Fischer, 2019). Dementsprechend kommt den Werten und dem Wertemanagement eine wachsende Bedeutung zu. Gemeinsame Werte und deren unternehmensweite Verinnerlichung verschaffen Unternehmen, nach innen und außen, einen Wettbewerbsvorteil und sichern das Überleben.

Unternehmen müssen sich darüber klar werden, welchen Werten sie folgen, was ihre Unternehmenskultur real ausmacht und wie sie ihre Werte angesichts zukünftiger Aufgaben und strategischer Ausrichtungen entwickeln wollen. Wie können die entwickelten Werte von den Mitarbeitern zu eigenen Emotionen und Motivationen im Arbeitsalltag verinnerlicht werden, sodass diese dann im Interesse des Unternehmens denken und handeln? (vgl. Erpenbeck/Sauter, 2020c)

> Werteerfassung und Werteentwicklung gehören deshalb heute zum Kerngeschäft der Unternehmen.

Wie werden Werte wirksam?

»Werte«, die in Hochglanzbroschüren verbreitet werden, sind zunächst ausschließlich für das Topmanagement als normative Leitlinien, Visionen und Grundsätze angesiedelt. Sie erscheinen als etwas Edles, Entrücktes, aber auch als etwas, was schnellen Änderungen unterworfen ist. Also scheinen Werte in dieser Form etwas zu sein, worauf normale Beschäftigte bis hin zu den »Blue Collars« in der täglichen Arbeitspraxis nicht unbedingt achten müssen. Deshalb ist auch die Vielzahl der Skandale, die wir in den vergangenen Jahren in der Wirtschaft erlebt haben, nicht weiter verwunderlich.

Werte sind nicht wahr oder falsch, sondern sie sind in einer Situation mehr oder weniger angemessen (adäquat). Sie überbrücken fehlendes Wissen und ermöglichen somit trotzdem verantwortungsvolles Handeln. Dazu müssen sie emotional tief verankert – interiorisiert sein – um wirksam zu werden.

Menschen eignen sich Werte durch geistiges oder tatsächliches Handeln an, was somit unmittelbar zu Erlebnissen dieser Menschen wird. Das den Werten zugrundeliegende Wissen lässt sich zwar in Form von Kenntnissen weitergeben, aber eben nicht als Werte per se.

> Werte können nur selbsthandelnd, selbstorganisiert angeeignet werden. Eben dieser Aneignungsprozess wird psychologisch als Interiorisation (oft auch als Internalisation) bezeichnet (vgl. Erpenbeck/Sauter, 2007).

Das Bewusstsein, auch in Unsicherheit handeln zu können, benötigt eine sogenannte »emotionale Imprägnierung«. Diese kann nur durch emotionale (labilisierende) Erfahrungen entstehen. Dies können alltägliche, aber auch massive Konflikte, Transferaufgaben, Forschungsaufträge, Praxisprojekte und andere Herausforderungen im Berufsalltag sein. Werte können wir also durch ausgewählte Praxisprojekte entwickeln.

> Wo keine emotionale Berührung, keine emotionale »Labilisierung« stattfindet, entwickeln sich keine Werte.

Ermöglichungsraum für das Lernen

Nicht immer kann man in der Praxis Situationen finden, die Werteentwicklung ermöglichen, doch sichern häufig auch Coaching- oder Trainingsmethoden in realitätsnahen Herausforderungen die notwendige emotionale Berührung und Labilisierung (siehe auch Abschnitt 3.3 – Kompetenzentwicklung nur mit Emotionen). Die Aufgabe des Coaches ist dabei nicht die Wissensweitergabe, sondern die Vermittlung einer positiven, kreativen Einstellung zum Wissen. Trainings, die auch die emotionale Durchdringung des Wissens und Handelns fördern, erzeugen eine echte Werteentwicklung. Praxis – Coaching – Training – Workshop – Unterrichtsstunde, in dieser Reihenfolge (in abnehmender Wirksamkeit) werden Maßnahmen zur Werteentwicklung wirksam.

Eine gezielte Werteentwicklung der Mitarbeiter ist dann möglich, wenn die Führungskräfte selbstorganisierte Werteentwicklungsprozesse ermöglichen. Das Format der Wertebildung ist primär selbstorganisiert. Dieses individuelle, teambezogene beziehungsweise organisationale Handeln kann durch die Führungskräfte initiiert und begleitet werden.

Die Orientierung auf Werte bedeutet einen Paradigmenwechsel für jedes Corporate Learning. Es ist der Wechsel von vorgegebenen Wissens- und Qualifikationszielen in Curricula hin zu bedarfsgerechten, individuellen Werte- und Kompetenzzielen.

Alle Mitarbeiter und Führungskräfte können ihren individuellen Lernweg gehen, ihre personalisierte »Learning Journey« durchführen. Jedes Team kann seine eigenen Entwicklungsprozesse zur gezielten Werte- und Kompetenzentwicklung gestalten.

Unternehmen benötigen deshalb anstelle der zentralistischen Personalentwicklung ein Werte- und Kompetenzmanagement, das den Mitarbeitern gezielt ermöglicht, die erforderlichen Kompetenzen selbstorganisiert und kreativ im Arbeitsprozess aufzubauen. Arbeiten und Lernen wachsen dabei zusammen. Lernen wird zu einem Teil der Arbeit. Lernen am Arbeitsplatz setzt veränderte Arbeitsmethoden und Lernrahmen für individuelle Werte- und Kompetenzentwicklungsprozesse im Arbeitsprozess voraus. Dieser sogenannte Ermöglichungsraum ist die Basis für teamorientiertes Arbeitslernen und zielgerichtetes Changemanagement zur Selbstorganisation. Die gezielte Werte- und Kompetenzentwicklung erfordert damit einen maßgeschneiderten Lernrahmen, den die Mitarbeiter selbstorganisiert nutzen können. Die Umsetzung dazu kann nur schrittweise erfolgen.

Es geht auch um die Bereitstellung unterschiedlicher Lernformate. So könnte ein und dasselbe Thema, beispielsweise »Teambuildung«, in unterschiedlichen Lernformaten für verschiedene Zielgruppen (Führungskräfte, »Blue Collars« etc.) angeboten werden: Lernvideos, Podcasts, Webinare, E-Learnings, Online-Rollenspiele, Barcamps etc. Erst das Zusammenwirken von Theorie, Sensibilisierung und emotionaler Praxis schafft auch Werteerfahrung.

Werteorientierte Unternehmen

Jede Organisation, jedes Unternehmen ist von Werten gelenkt. Selbst die wertevergessenste Unternehmung ist zumindest vom Nutzenwert, also einem Basiswert getrieben. Andere mögen am Wohlgefühl der Kunden oder an einem guten Betriebsklima, also an Genusswerten, interessiert sein. Viele fühlen sich ethisch-moralischen Zielen verpflichtet. Sie sind nicht nur durch rechtliche, finanzielle und infrastrukturelle Fäden mit dem Staat und seinen politischen Institutionen verbunden, sondern sind auch überzeugt, eigene Beiträge zum Gemeinwohl, also zu einem sozial-weltanschaulichen Wert zu liefern (vgl. Papier/Meynhardt, 2016).

Für große Unternehmen ist es zwischenzeitlich fast eine Selbstverständlichkeit, sich zum nachhaltigen Handeln und der sozialen Verantwortung zu bekennen. Der Wertebegriff der »Corporate Social Responsibility – CSR«, der gesellschaftlichen Verantwortung für Umwelt und Gesellschaft, die Unternehmen mit ihrem Handeln übernehmen, wurde mittlerweile in die Unternehmenssprachen integriert und wird global immer häufiger verwendet (vgl. Mast, 2019). Die Gesellschaft insgesamt fordert zunehmend, dass Unternehmen nicht nur ihre ökonomische Wertschöpfung im Blick haben, sondern dass sie auch einem gesellschaftlich bedeutsamen Zweck dienen müssen. Es geht also in erster Linie darum, einen gesellschaftlichen Mehrwert zu schaffen und dabei gleichzeitig weiterhin innovativ und unternehmerisch erfolgreich zu sein (vgl. Buchholz et al., 2019).

Die Wertekategorie des »Gemeinwohls« wird zu einem wichtigen Ziel modernen Wirtschaftens. Damit soll vor allem die Wichtigkeit der Wertegesellschaft im Vergleich zur Wissensgesellschaft hervorgehoben werden (vgl. Felber, 2008; vgl. Meynhardt/Gomez, 2015).

Internationale Studien zeigen, dass nachhaltiges Wirtschaften die Mitarbeitermotivation steigert, kompetente Mitarbeiter anzieht und hält, die Reputation des Unternehmens verbessert, Kundenbeziehungen festigt und die Kosteneffizienz beim Einsatz von Energie und Materialien erhöht, sodass die Wettbewerbsfähigkeit steigt. So gaben beispielsweise zwei Drittel der 30.000 Teilnehmer einer weltweiten Befragung an, dass sie lieber für ein Unternehmen mit einer nachhaltigen Unternehmensstrategie arbeiten, 55 Prozent der Verbraucher sind bereit, für Produkte und Dienstleistungen von Unternehmen, die sich für positive soziale und ökologische Auswirkungen engagieren, einen Aufpreis zu zahlen (vgl. Nielsen, 2014).

Deshalb verwundert es nicht, dass der »Business Roundtable«, der Dachverband der führenden Unternehmen in den USA, wie Apple, Pepsi oder Walmart, mit fast 200 Geschäftsführern und mehr als 15 Millionen Mitarbeitern sowie einem Jahresumsatz von mehr als sieben Billionen US-Dollar, sich im August 2019 ausdrücklich vom Konzept des Shareholder Values distanzierte und damit vom Prinzip der Gewinnmaximierung und der Erhöhung der Eigenkapitalrendite abrückte. Stattdessen soll der Fokus auf Investitionen in Mitarbeiter, Umweltschutz und einen fairen und ethischen Umgang mit Zulieferern gelegt werden (vgl. Die Zeit, 2019). Auch auf dem Weltwirtschaftsforum 2020 in Davos, mit 3.000 Topmanagern und Staatslenkern, war Klimaschutz das Kernthema, auch wenn die meisten Teilnehmer mit Privatjets oder Luxuslimousinen anreisten. Auch Großinvestoren machen Druck. So drohte der weltgrößte Vermögensverwalter Blackrock Klimasündern mit dem Abzug von Geldern.

Corporate Social Responsibility ist allerdings kein Selbstläufer. Wer wirtschaftlichen Erfolg und gesellschaftliche Verantwortung gleichermaßen anstrebt, muss bereit sein, das Kerngeschäft nicht nur zu optimieren, sondern es gleichzeitig, permanent und mit zeitgemäßen Werten zu erneuern. Dabei ist die Grenze zum Ökopopulismus fließend. Wer sich nur halbherzig auf das Thema einlässt und unter dem Mantel der Verantwortung etwa nur einzelne Unternehmensprozesse optimiert, steht dagegen schlechter da als Unternehmen, die gesellschaftliche, ökologische oder soziale Fragen konsequent ignorieren (vgl. Zimmermann et al., 2015)!

Corporate Social Responsibility bedeutet also nichts anderes, als den Unternehmenswert über einen langen Zeitraum zu maximieren, weil »aus sozialen oder ökologischen Problemen sonst langfristig finanzielle Probleme werden« (vgl. Soerensen, 2015). Deshalb hat beispielsweise die Zeitschrift Harvard Business Manager bereits 2015 das Ranking zur Ermittlung der besten Manager grundlegend verändert. Beruhte es bis dahin ausschließlich auf Zahlen und nicht auf Reputation oder anekdotischen Befunden, wurde nunmehr die sogenannte ESG – Environmental, Social and Governance – in die Bewertung mit einbezogen. Damit werden auch ökologische, soziale und ethische Aspekte der Unternehmensführung bewertet.

> Unternehmen, die sozial und ökologisch wirtschaften wollen, müssen ihr Wertemanagement auf allen Ebenen – individuell, teambezogen und organisational – gezielt gestalten.

Wertemodelle – die Grundlage des gezielten Wertemanagements

Wir sind überzeugt, dass es vier Grundwerte gibt, die nicht zufällig einen Ausgangspunkt bilden, sondern aus sehr grundlegenden theoretischen Überlegungen und ihren empirischen Verifikationen hervorgehen. Eine gut begründete psychologisch-soziale Annahme geht davon aus, dass es vor allem vier menschliche Grundbedürfnisse gibt (vgl. Meynhardt et al., 2010). Ein Grundbedürfnis ...

- danach, Genuss zu maximieren und Schmerz zu vermeiden;
- nach Kontrolle und Stimmigkeit des eigenen konzeptionellen Systems;
- nach positiver Selbstbewertung;
- nach positiven Beziehungen.

Diesen Grundbedürfnissen entsprechen grundlegende Wertedimensionen, nämlich die auf Genuss und Ästhetik orientierte, die auf instrumentelle Nützlichkeit orientierte, die auf das Ethisch-Moralische orientierte und die auf das Sozial-Weltanschauliche orientierte Dimension.

Die Existenz eines solchen grundlegenden Werterasters gestattet es nun, einzelne Werte, die man in Bezug auf Personen, Teams oder Organisationen und Unternehmen für besonders wichtig hält, den grundlegenden Wertedimensionen zuzuordnen. Eine so geordnete Werteliste kann und muss wahrscheinlich Ausgangspunkt jeder gezielten Werteentwicklung im Bereich von Bildung und Weiterbildung sein.

Das Werteerfassungssystem KODE®W weist viele Parallelen zu den hochvaliden Reiss-Motiven auf (vgl. Reiss, 2009). Es umfasst die Werte Kreativität, Gesundheit, Bildung, Beziehungen, Sicherheit, Lebensstandard, Belohnung, Gemeinnutz, Familie, Ideale, Verantwortung, Respekt, individuelle Freiheit, Einfluss, Norm und Gesetz und Netzwerk. Nahezu alle Reiss-Motive haben ein deutliches Pendant in den KODE®W-Begriffen.

Das Wertemodell KODE®W basiert auf vier Basiswertungen (vgl. Erpenbeck/Sauter, 2020b):

- **Genusswerte** rücken leibliche und geistige Genüsse in den Mittelpunkt. Letztlich kann fast alles zum Genuss werden. Sinnliche Genüsse ebenso wie ästhetisch-intellektuelle Genusswertungen sind handlungsleitende Ordner, die den Wertenden dazu bringen, Handlungen zu bevorzugen, die ihm – physischen oder geistigen – Genuss verschaffen. Dabei kann es sich um das Genießen von Essen oder Kunst, aber auch von physischer Anspannung und Herausforderung handeln. Es kann sich auf den Genuss am Denken, aber auch auf den Genuss freundschaftlicher oder anerkennender sozialer Kontakte bis hin zum »Bad in der Menge« beziehen.
- **Nutzenwerte** beziehen sich auf alles, was irgendwie zu benutzen, irgendwie nützlich ist. Obwohl wirtschaftliche Überlegungen am meisten zum Verständnis beigesteuert haben, greift der Begriff doch wesentlich weiter. Der Nutzen stellt den Kern vieler ökonomischer Theorien und somit des wirtschaftlichen Handelns dar und ist deshalb eines der zentralen ökonomischen Konstrukte. Nutzenwertungen sind handlungsleitende Ordner, die Menschen Handlungen bevorzugen lassen, die ihnen Nutzen im weitesten Sinne versprechen. Dabei kann es sich um ökonomischen Nutzen, um den Nutzen, den ein Erfinder aus seinem fachlichen und methodischen Wissen zieht, oder um den Nutzen, der aus einer Organisation oder einem Beziehungsgeflecht zu ziehen ist, handeln.
- **Ethisch-moralische Werte** sind grundsätzlich auf einzelne Menschen gerichtet. Sie gelten tendenziell für alle konkreten Individuen gleichermaßen, welchen sozialen Stufen sie ansonsten auch zugehörig sind, sie folgen damit dem Aspekt der Gleichheit. Sie weisen zudem eine so zu nennende Verewigungstendenz auf: Sie gelten scheinbar über viele Stadien sozialer Veränderungen und politischer Umbrüche hinweg, werden von diesen eher modifiziert, als außer Kraft gesetzt. Diese Wertungen bauen auf ein eigenes Arsenal von stark und manchmal unzulässig verallgemeinerten Begriffen auf: Gutes, Pflicht, Gewissen, Ehre, Glück usw. Ethisch-moralische Wertungen sind handlungsleitende Ordner, die den Personen Handlungen nahelegen, die das Wohl vieler oder aller Menschen zum Handlungsanliegen machen. Dabei kann es sich um ethisch hochstehende und als solche akzeptierte Personen handeln oder um ihr Wirken, ethische Grundsätze auch aktiv und praktisch durchzusetzen.
- **Sozial-weltanschauliche Werte** können sowohl auf einzelne Menschen als auch auf Teams oder Organisationen gerichtet sein. Sie beziehen sich auf vielfältig soziale Strukturen und gelten für diese ganz unterschiedlich, meist unter Aspekten der Durchsetzung. Sie weisen zudem eine Tendenz zur zeitlichen Begrenztheit auf: Radikale Umwälzungen erzeugen immer neue Formen von Team- oder Organisationswertungen. Diese Wertungen bauen ein eigenes Arsenal von stark und manchmal unzulässig verallgemeinerten Begriffen auf: Freiheit, Fortschritt, Gerechtigkeit, Solidarität, Kollaboration usw. Durchsetzungswerte sind handlungsleitende Ordner, die Menschen, Teams oder Organisationen zu einem sozial akzeptierten, optimalen oder auch zu einem innovativen, sogar revolutionären Handeln bewegen. Dabei kann es sich um Menschen handeln, die durch ein ausgeprägtes »Charisma« andere zu einem solchen Verhalten bewegen, oder um Menschen, die durch hohe Aktivität und konsequentes Handeln solche Werte Wirklichkeit werden lassen.

Jeder dieser Basiswerte umfasst jeweils vier Werte. Daraus leitet sich der Werteatlas nach Sauter (Erpenbeck/Sauter, 2019) ab (siehe **Abb. 1**).

Genusswerte		Nutzenwerte	
Kreativität Diesen Menschen ist es wichtig, den eigenen Einfallsreichtum, die Phantasie oder das künstlerische Interesse weiterentwickeln zu können und auch aktiv kreative Entwicklungsräume im Netz zu nutzen.	Gesundheit Diesen Menschen ist es wichtig, sich körperlich oder geistig zu verausgaben, Mitmenschen durch ihre Aktivitäten mitzureißen sowie körperliche Anerkennung und sogar Bewunderung zu erfahren.	Lebensstandard Diesen Menschen ist es wichtig, einen hohen Wohlstand zu erreichen, der sich in ihrer Karriere, aber auch im Einkommen und Vermögen oder in einer gesundheitsbewussten Lebensweise niederschlägt.	Sicherheit Diesen Menschen ist es wichtig, in relativ sicheren beruflichen und privaten Perspektiven zu leben und die eigenen Erfolge über ihr Einkommen und ihre finanzielle Absicherung anerkannt zu bekommen.
Bildung Diesen Menschen ist es wichtig, die Freude am eigenen Erkennen und Verstehen zu vertiefen, inspirierende Erlebnisse zu haben und Erfahrungen zu gewinnen, die ihren Wissenshorizont erweitern, sowie an Problemen mit Spaß zu knobeln.	Beziehungen Diesen Menschen ist es wichtig, gute Mitmenschen zu wählen, die sie anerkennen, akzeptieren und mit denen sie sich beim aktiven Zusammenwirken wohlfühlen und Spaß haben, sowie Freundschaften aufbauen können.	Belohnung Diesen Menschen ist es wichtig, ihr Wissen und Können nutzbringend zu verwenden, eigene Ideen, Pläne oder Projekte erfolgreich umzusetzen, sich beruflich weiterzuentwickeln und dafür Anerkennung und Lob zu erhalten.	Gemeinnutz Diesen Menschen ist es wichtig, dass ihr Handeln auch Kollegen, ihren beruflichen Netzwerken sowie der Organisation nutzt und sich in Netzwerke einzubringen sowie kreative Lösungen mit herbeizuführen.
Familie Diesen Menschen ist es wichtig, ein gutes Familien- oder Partnerschaftsleben mit gegenseitiger Akzeptanz und Gerechtigkeit zu führen und das Familienleben sowie die Beziehungen ihrer Freunde und Kollegen zu beachten und zu schätzen.	Ideale Diesen Menschen ist es wichtig, sich aktiv für ihre Ideale einzusetzen, indem sie im privaten und beruflichen Bereich Offenheit und Gerechtigkeit fördern, gemeinschaftliche Aktivitäten unterstützen, sowie konstruktive Teamarbeit forcieren.	Individuelle Freiheit Diesen Menschen ist es wichtig, von anderen Menschen unabhängig zu sein und ihren Freiraum für Weiterentwicklung und Erfolg stetig zu vergrößern, um Selbstverwirklichung und Unabhängigkeit zu erzielen.	Einfluss Diesen Menschen ist es wichtig, Einfluss und – wo nötig – Macht zu haben, um im Kleinen oder Großen proaktiv etwas zu verändern und dabei ihre Handlungsspielräume mit Netzwerken und Freundeskreisen sinnvoll zu erweitern.
Verantwortung Diesen Menschen ist es wichtig, eigenverantwortlich orientiert an der Kultur ihrer Organisation zu leben und zu handeln sowie die Zusammenarbeit und den Austausch mit Freunden und Kollegen verantwortungsvoll zu gestalten.	Respekt Diesen Menschen ist es wichtig, auch andersartige Menschen anzuerkennen und zu respektieren, ihnen möglichst viel Verständnis und Achtsamkeit entgegenzubringen sowie fremde Lebensverhältnisse ohne Vorurteile zu betrachten.	Norm und Gesetz Diesen Menschen ist es wichtig, Regeln zu kennen und zu respektieren, weil sie nur dann kulturelle, ökonomische und politische Fehlentscheidungen vermeiden können, nicht angreifbar sind und dominant werden können.	Netzwerk Diesen Menschen ist es wichtig, sich mit anderen für wichtige gemeinsame Ziele zu verbünden, um ihre eigenen Vorstellungen besser durchzusetzen sowie Wertschätzung und Anerkennung der anderen zu erhalten.
Ethisch-moralische Werte		Sozial-weltanschauliche Werte	

Abb. 1: Werteatlas nach Sauter

2.2 Werteerfassung mit KODE®W

Roman Sauter/Werner Sauter

Was du nicht messen kannst, kannst du nicht managen.
Peter Drucker (vgl. Zitate online)

Individuelle Kompetenzen und Kompetenzverteilungen lassen sich heute zuverlässig messen. Werte und Werteverteilungen lassen sich zwar nicht messen, aber zuverlässig erfassen.

Um Wertungen qualitativ und quantitativ einzuschätzen, hat sich die Methode bewährt, Wertefragen nach Tatsachen, Personen oder Prozessen in Interviews zusammenzustellen und auf einer Skala zu beurteilen.

KODE®W

KODE®W ist ein Verfahren, um Werte auf der Ebene der Individuen, der Teams und der Organisation transparent zu machen und miteinander zu vergleichen, mit dem Ziel, sie auf allen Ebenen gezielt zu entwickeln.

KODE®W ist die Grundlage für ein systematisches Wertemanagement und bietet den Mitarbeitern, Teams und Organisationen direkte, umsetzbare Interpretations- und Entwicklungsangebote.

KODE®W ...
- ermöglicht den Vergleich von Werten auf allen Ebenen;
- schafft die transparente Grundlage, gemeinsam über Werte zu reflektieren;
- bildet die Basis für Werteziele auf individueller, teambezogener und organisationaler Ebene;
- ermöglicht eine gezielte, personalisierte Werteentwicklung;
- schafft die Basis für ein organisationsweites Wertemanagement auf allen Ebenen;
- macht deutlich, welche Werte für die Kompetenzentwicklung vor allem als Ordner des Handelns dienen.

KODE®W wird durch folgende Merkmale gekennzeichnet:
- Die Fragebögen erfassen jeweils die 16 relevanten Werte, die sich aus der Werteforschung ergeben.
- Die Werte werden auf der Ebene der Organisation und der Teams als Ist- und Wunsch-Werte, auf der Ebene der Individuen als Ist-Werte in Form einer Selbsteinschätzung erfasst.
- Die Bewertung der einzelnen Werte erfolgt in einem Bewertungsbereich von »trifft nicht zu« bis »trifft besonders stark zu«.

- Als Erfassungsmethode wird ein Rating genutzt, das sich in der Praxis bewährt hat. Die Methode des Rankings hat sich in der Werteerfassung dagegen nicht bewährt.
- Durch die gleiche Struktur der Fragebögen auf allen Ebenen können vielfältige Vergleiche zwischen individuellen, teambezogenen und organisationalen Werten sowie Ist-, Wunsch- und Soll-Werten erfolgen.
- Auf der Organisations- und Teamebene wird ein direkter Vergleich von Soll-Werten mit Ist-Werten und den Wunsch-Werten möglich.

Die Methodik der Befragung mit KODE®W wird mit folgendem Auszug aus dem Fragebogen für Individuen am Beispiel des Wertes »Respekt« deutlich. In der Umsetzungsphase erfolgt die Erhebung der Werte mithilfe einer Software.

Aufgrund praktischer Erfahrungen in der Feldforschung haben sich für den Erfassungsbereich 5-stufige Skalen am besten bewährt (vgl. Bortz/Döring, 2015). Allen messtheoretischen Einwänden zum Trotz sind Ratingskalen die am meisten eingesetzten Instrumente in der Psychologie und in den Sozialwissenschaften (vgl. Schulz von Thun, 2008).

KODE®W weist folgende Merkmale auf:
- Er ist leicht und schnell ausfüllbar (15 min.).
- Die 16 Werte können intuitiv bearbeitet werden. Dies wird dadurch erreicht, dass zu jeder Domäne vier anschauliche Beispiele unterlegt werden. Dabei gilt, dass jeweils die höchste Einschätzung eines Beispiels den jeweiligen Wert bestimmt.
- Ist es einem Mitarbeiter beispielsweise besonders wichtig, dass Sport und Aktivitäten von der Unternehmung aktiv unterstützt werden, dann ist die Bewertung für den Wert Sport hoch, auch wenn die anderen drei Beispiele nicht zutreffen. Diese Teilfragen können in einem gemeinsamen Workshop organisationsspezifisch angepasst werden, sodass sich die Mitarbeiter in den Formulierungen wiederfinden.
- Es existieren klare gedankliche Verbindungen zu den Items des hochvaliden Klages-Gensicke-Survey der Shell-Jugendstudien (2019), ohne unmittelbare Verbindungen herzustellen.
- Ein direkter Vergleich von Unternehmenswerten, Teamwerten und individuellen Werten ist möglich: (1) der Wertvorstellungen, die in den Leitbildern oder in den Team- bzw. Organisations-Soll-Werten dargelegt werden, (2) der von den Mitarbeitern dem Unternehmen oder Team tatsächlich zugeschriebenen und (3) den von ihnen erwünschten Werteeinstellungen sowie (4) den persönlichen Werten jedes einzelnen Mitarbeiters. Durch die gleiche Struktur der Fragebögen wird ein unmittelbarer Vergleich »Unternehmenswerte – Teamwerte – persönliche Werte« möglich (siehe **Abb. 2**).

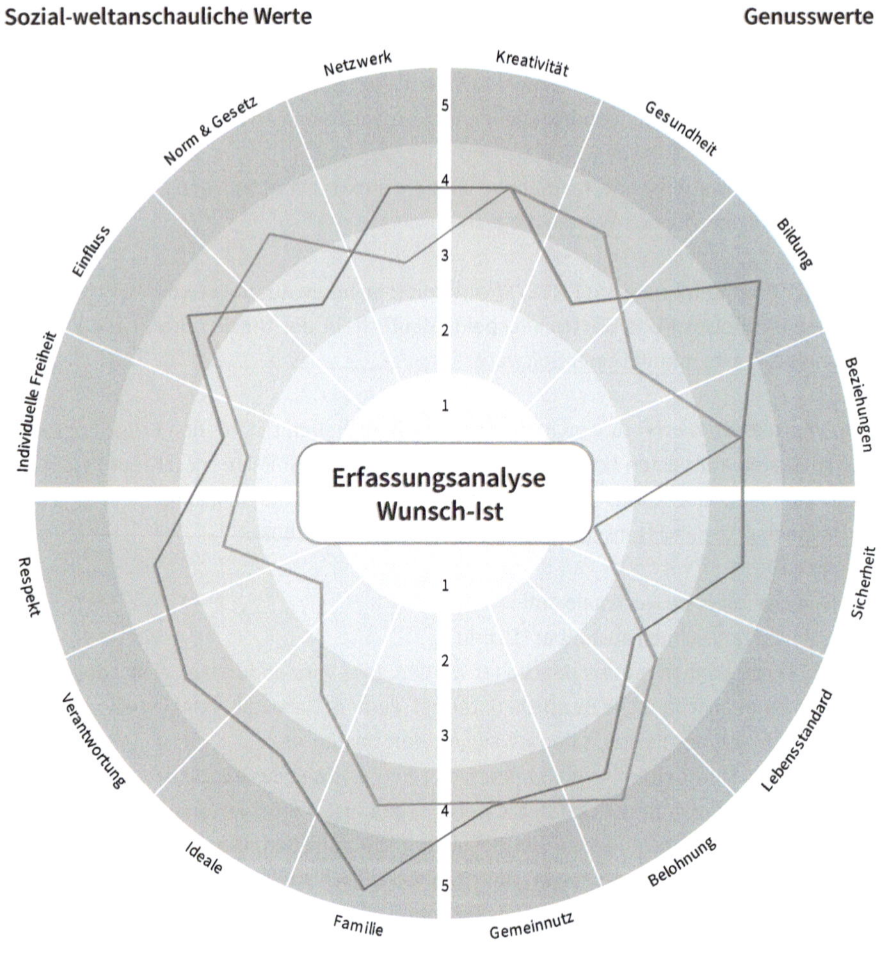

Abb. 2: Auswertung im Vergleich Ist- zu Wunsch-Werten auf Organisationsebene mit Kode®W (Quelle Kode GmbH)

Grundsätzlich sind folgende Vergleiche möglich:

- Vergleich der Ist- und Wunscheinschätzung auf Organisations- und Teamebene
- Vergleich der Ist-Einschätzungen mit Soll-Werten auf allen Ebenen
- Vergleich der Ist-Werte Individuum versus Ist-Werte Team oder Organisation
- Vergleich verschiedener Mitarbeitergruppen, z. B. Mitarbeiter versus Führungskräfte, Mitarbeiter in der Produktion versus Mitarbeiter im Vertrieb oder in der Verwaltung, junge versus ältere Mitarbeiter, Mitarbeiter in Deutschland versus Mitarbeiter in Frankreich usw.

Die Software erstellt auf dieser Basis eine detaillierte Auswertung mit einer Interpretation der Ergebnisse und individuellen Handlungsempfehlungen.

Auf Basis des Vergleiches der Ist- und Wunsch-Werte auf Organisationsebene bietet es sich an, mit einem repräsentativen Team aus dem jeweiligen Unternehmen Soll-Werte zu entwickeln. In diesem Workshop können vor allem folgende Leitfragen sinnvoll sein:

- Woher kommen wir als Organisation, was sind unsere Wurzeln, unsere bisherigen Werte?
- Wo stehen wir heute, verglichen mit anderen?
- Wohin wollen wir, was sollen zukünftig unsere besonders ausgeprägten Werte sein, die uns kennzeichnen?
- Welche der nicht so hoch beurteilten Werte sollten durch den Mitarbeiter oder die Teams verstärkt werden?
- Wie stark sollen die einzelnen Werte ausgeprägt sein?

Dieses Soll-Profil kann als Orientierung für die Beantwortung weiterer Fragen dienen:

- Welche Herausforderungen in der Praxis sind geeignet, die angestrebte Werteentwicklung zu ermöglichen?
- Welche Werteziele sollen dabei verfolgt werden?
- Wie sieht die konkrete Planung für diese Werteentwicklung auf der Organisations-, der Team- und der Individualebene aus?

Gütekriterien

KODE®W ist kein psychometrischer Test, also kein »Routineverfahren zur Untersuchung eines oder mehrerer empirisch abgrenzbarer Persönlichkeitsmerkmale mit dem Ziel einer möglichst quantitativen Aussage über den relativen Grad der individuellen Merkmalausprägung ...« (vgl. Lienert/Raatz, 1998). Sind schon Kompetenzen keine abgrenzbaren Persönlichkeitsmerkmale im Sinne der Testtheorie, so trifft dies für Werte noch weniger zu.

Unter dem qualitativen Aspekt betrachtet sind die Gütekriterien Objektivität, Reliabilität und Validität in KODE®W gut bis sehr gut erfüllt (vgl. Erpenbeck/Sauter, 2018).

Neben diesen Gütekriterien sind weitere Faktoren für Werte-, aber auch Kompetenzmessverfahren von Bedeutung.

Von Rosenstiel betont, dass »ein noch so objektives, reliables und valides Verfahren sich als Fehlentwicklung herausstellen [kann], wenn es in der Praxis nicht genutzt wird« (vgl. von Rosenstiel, 2000).

Die hohe soziale Validität (Akzeptanz) des KODE®W ist entscheidend. Deshalb wird auf den Nachweis des praktischen Nutzens großer Wert gelegt. Diese Akzeptanz schließt die Ökonomie des Einsatzes, die praktische Umsetzbarkeit, die Verständlichkeit und die Prozess- und Ergebnisgerechtigkeit ein.

Darüber hinaus haben wir für KODE®W weitere Kriterien definiert:

- Akzeptanz über die soziale Validität hinaus:
  - Fairness: Das Verfahren muss allen Teilnehmern die gleiche Chance bieten.
  - Transparenz: Das Verfahren soll während des gesamten Messprozesses für die Teilnehmer klar und verständlich sein.
  - Feedback: Die Teilnehmer erhalten eine aussagefähige Rückmeldung.
  - Mitwirkung: Die Beteiligten kommunizieren auf Augenhöhe.
- Ergonomie – Das Messverfahren soll folgenden Anforderungen genügen:
  - Flexibilität: Das Verfahren kann schnell und flexibel an veränderte Rahmenbedingungen angepasst werden.
  - Mitwirkung der Organisation: Im Prozess der Entwicklung und Einführung wird die jeweilige Organisation mit eingebunden.
  - Relevanz: Die Ergebnisse müssen von Nutzen sein, also für die gezielte Weiterentwicklung der Werte hilfreich sein.
  - Akzeptanz: Alle Beteiligten müssen das Verfahren akzeptieren, damit es sinnvoll in die vorhandenen Systeme eingebunden wird.
  - Passung: Das System muss für die Organisation passen. Deshalb ist vorab eine Analyse der aktuellen Situation erforderlich.
- Wirtschaftlichkeit – Das Verfahren muss mit vertretbarem Aufwand umgesetzt werden können:
  - geringer Pflegeaufwand
  - Verständlichkeit
  - garantierter Datenschutz nach der DSGVO

Zusammenfassung

- Werte sind wie Ordner zu verstehen. Diese bestimmen die menschliche Selbstorganisation oder beeinflussen sie zumindest maßgeblich; und zwar individuell-psychisch, sozial-kooperativ und kommunikativ. Es gibt vier Grundwerte – Genusswerte, Nutzenwerte, ethisch-moralische Werte und sozial-weltanschauliche Werte.
- Werte sind nicht wahr oder falsch, sondern Problemen und Situationen mehr oder weniger angemessen; es gibt keine wahren Werte.
- Werte lassen sich grundsätzlich nicht wie Informationen weitergeben. Das Aneignen von Werten ist erst mit bewussten Emotionen – oder besser – mit unbewussten Emotionen erfolgreich.
- Die Werteverankerung ist umso stärker, je größer die Labilisierung ist.
- Die Werteinteriorisation erfolgt bei der Bewältigung von Herausforderungen.
- Werte können auf Ebene der Individuen, der Teams und der Organisation erfasst und bewertet werden.
- Damit ist eine gezielte Entwicklung der Werte auf allen Ebenen der Organisation möglich.

Wertemanagement

Es wird eine ganzheitliche, systemische Konzeption des Wertemanagements benötigt, die unternehmensweit eine deutlich spürbare Entwicklung der Unternehmenskultur auf allen Ebenen bewirken kann. Die Kernfrage der Werteentwicklung in Unternehmen ist deshalb, wie Mitarbeiter, Teams und die gesamte Organisation Werte für die Bewältigung heutiger Aufgaben im Sinne der Unternehmensstrategie, aber auch für Herausforderungen, die gegenwärtig noch gar nicht bestehen, für die Nutzung von Technologien, die noch gar nicht existieren, entwickeln, um Probleme handlungssicher zu lösen, von denen wir heute noch nicht wissen, dass sie entstehen werden.

WERTEMANAGEMENT

Wertemanagement verstehen wir als ein System von Maßnahmen zur Gestaltung, Steuerung sowie Weiterentwicklung der selbstorganisierten Werteaneignung und -entwicklung auf individueller, -team- und organisationsbezogener Ebene, um die strategischen Ziele der Organisation zu erreichen.

Daraus leiten sich folgende Ziele des Wertemanagements ab:

- Werte auf organisationaler, teambezogener und individueller Ebene erfassen und im Sinne der Unternehmensstrategie entwickeln und verbinden;
- das Denken und Handeln aller Mitarbeiter und Führungskräfte einer Organisation sowie in den Teams im Sinne der Organisations- bzw. Teamziele verändern;
- die Interiorisierung personalisierter Werte im Prozess der Arbeit ermöglichen.

2.3 Organisationales Wertemanagement, Entwicklung und Kommunikation

Roman Sauter/Werner Sauter

Der Begriff der Kultur ist ein Wertebegriff.
Max Weber (zit. nach Weiß, 2010)

Die Werte auf Organisationsebene der Unternehmen bilden sich – ebenso wie die Werte auf Teamebene – in eigenen, organisationsübergreifenden Prozessen. Wenn sich eine Organisation entwickelt, dann verändert sie ihre Fähigkeiten und ihr konkretes Handeln. Organisationale Entwicklung muss deshalb bei der Gestaltung der erforderlichen Strukturen und Rahmenbedingungen ansetzen. Veränderungsprojekte, die auf der Ausformulierung von hohen Leitbildern und Grundsätzen beruhen, lösen allein keine Veränderung aus. Die Mitarbeiter erkennen schnell, dass auf die postulierten Wertephrasen keine Taten folgen, im Worst Case macht sich Zynismus breit. Deshalb schaden solche Kulturinitiativen oft mehr, als sie nutzen.

ORGANISATIONALES WERTE- UND KULTURMANAGEMENT

Organisationales Werte- und Kulturmanagement ist ein gesteuerter, systematischer Ermöglichungsprozess. Er hat das Ziel, die organisationalen Werte und damit die Unternehmenskultur von innen heraus zu optimieren, damit die strategischen Unternehmensziele erreicht werden.

Das unternehmensweite Werte- und Kulturmanagement leitet sich direkt aus den strategischen Anforderungen ab. Deshalb kommt der oberen Führungsebene eine zentrale Bedeutung als Initiator und Begleiter von Prozessen des Werte- und Kompetenzaufbaus in der Organisation zu (vgl. Fox, 2018).

Wertemanagement ist immer auch Kulturmanagement, Kulturmanagement ist Wertemanagement.

Obere Führung – organisationale Werte- und Kulturmanager
Das Topmanagement muss der Initiator des organisationsweiten Werte- und Kulturmanagements sein und sichert damit den Rahmen für eine erfolgreiche Umsetzung. Gleichzeitig macht es die hohe Bedeutung der Werte und Kompetenzen für den Erfolg der Organisation deutlich.

Im Einzelnen werden diese Bereiche definiert:
- Die Strategievorgaben machen deutlich, welche Ziele die Organisation mittel- und langfristig erreichen will und welche grundlegenden Anforderungen sich daraus für die organisationalen Werte und die Kompetenzen der Mitarbeiter aus Sicht der oberen Leitung ergeben.
- Die Prozessvorgaben begrenzen die relevanten Anwendungsbereiche und damit das Entstehen organisationaler Werte. Es ist deshalb zu definieren:
  - Welche Themenbereiche sollen für die Werte- und Kulturentwicklungsprozesse bevorzugt gewählt werden?
  - Welche »Spielregeln« sind bei diesen Prozessen grundsätzlich einzuhalten?
- Die Kommunikationsvorgaben legen fest, wie die Kommunikation der organisationalen Werte und der Kompetenzanforderungen in der Organisation grundsätzlich erfolgen soll.

Im nächsten Schritt hat die Geschäftsführung die Aufgabe zu lösen, die notwendige Struktur für ein systematisches organisationales Werte- und Kulturmanagement zu schaffen. Dafür müssen ausreichende personelle, technische und räumliche sowie finanzielle Ressourcen zur Verfügung gestellt werden.

Die obere Führung hat eine Signalfunktion für die Werte- und Kulturentwicklungsprozesse auf allen Ebenen. Das Ziel ist dabei, dass die Leitung möglichst viele Anlässe zur Kommunikation mit den Mitarbeitern nutzt, um organisationale Werte zu thematisieren und ihr eigenes Handeln danach auszurichten.

Gezieltes Werte- und Kulturmanagement

Die große Herausforderung der Unternehmen ist es, einen geplanten Wandel der Unternehmenskultur zu vollziehen. Eine gezielte Steuerung der Unternehmenskultur erfordert wegen des komplexen und vernetzten Charakters eine professionelle Erfassung von Ist- und Wunsch-Werten für die Organisation. Erst dadurch wird eine gezielte Kurssteuerung möglich. Die Struktur gliedert sich in Organisationsebene, Teamebene und Individualebene.

Für die Organisationsebene empfiehlt sich folgendes Vorgehensmodell:

Part 1: Werteerfassung Ist und Wunsch mit KODE®W

- Analyse und Bewertung
- Ableitung der Soll-Werte
- Mission der angestrebten Organisationskultur
- Vorschlag für Korridorthemen

Part 2: Organisationsweiter Kommunikationsprozess

- Marketing nach innen
- Barcamps, Workshops zur Weiterentwicklung der Organisationskultur

Part 3: Organisationale Werteentwicklung in der Praxis mit Korridorthemen

Part 4: Regelmäßige Entwicklungsreflexion

- Workshops, Barcamps etc.
- Werteerfassungen in Mitarbeitergesprächen

Zur Steuerung dieser Veränderungsprozesse beruft die Geschäftsleitung ein Wertemanagementteam als Motor der Neugestaltung. Das Team definiert die Strategie für diesen ausgewählten Bereich und steuert den Prozess zur Entwicklung/Erprobung eines innovativen Werteentwicklungssystems. Das Wertemanagementteam entwickelt zunächst Antworten auf die Leitfrage, auf welche Weise die spezifischen Werteentwicklungsprozesse auf organisationaler, teambezogener und individueller Ebene durchgeführt werden, damit sie den strategischen Vorgaben folgen. Dies bildet die Basis für den unternehmensweiten Wertemanagementprozess (siehe **Abb. 3**).

Die Unternehmensleitung definiert über die Strategievorgaben die Ziele des Werte- und Kulturmanagements, lässt aber die Handlungsweisen offen. Das Werte- und Kompetenzmanagementteam hat im Einzelnen nun folgende Aufgaben zu erfüllen:

- Steuerung des Prozesses zur Entwicklung der Mission für die angestrebten Unternehmenswerte/-kultur
- Erhebung/Analyse der aktuellen Organisationswerte (Ist-Werte) bzw. des bestehenden Werte- und Kompetenzmanagements (siehe **Abb. 3**)
- Steuerung der Prozesse zur Definition der organisationalen Soll-Werte

- organisationsweite Kommunikation zum Verständnis der ausgearbeiteten Entwicklungslösungen
- Konzeption, Realisierung und Pflegeprozess des Ermöglichungsraums für den Werte- und Kompetenzaufbau
- Aufbau einer agilen Entwicklungskultur zur Werte- und Kompetenzentwicklung auf Organisationsebene
- Kompetenzentwicklung der mittleren Führungskräfte als Wertemanager ihrer Teams und Mitarbeiter
- Werte- und Kompetenzentwicklung auf Teamebene, z. B. über Korridorthemen
- Kompetenzentwicklung der Prozessbegleiter auf der Ebene der individuellen Werteentwicklung (Learning Professionals)
- Aufbau von Werten, Kompetenzen und der Performanz auf individueller Ebene
- Begleitung der Entwicklungsprozesse auf individueller, teambezogener und organisationaler Ebene, z. B. über Pilotprojekte
- Evaluation und laufende Optimierung der Entwicklungsperformance

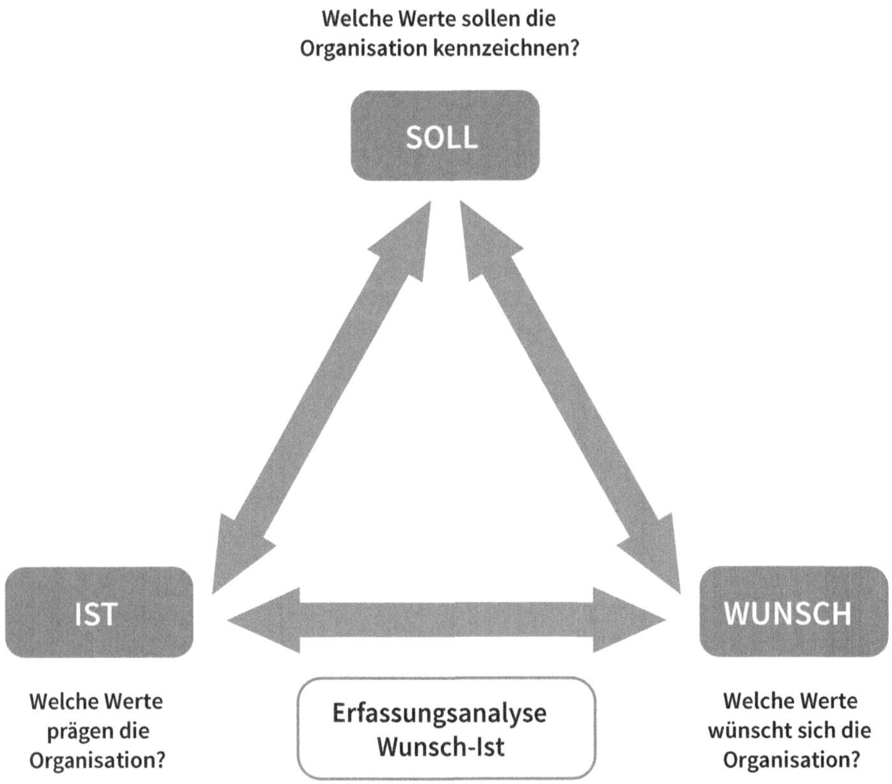

Abb. 3: Entwicklung eines Soll-Werteprofils auf Basis einer organisationsweiten Erhebung der Ist- und Wunsch-Werte

Unternehmensweiter Kommunikationsprozess

Eine wesentliche Voraussetzung für den Erfolg des Werte- und Kulturentwicklungsprojekts (vgl. Erpenbeck/Sauter, 2020b) ist eine hohe, organisationsweite Transparenz hinsichtlich

- der Bedeutung des Werte- und Kultur- sowie Kompetenzmanagements auf allen Ebenen für die Organisation;
- der jeweiligen Ziele des individuellen, des teambezogenen und des organisationalen Werte- und Kompetenzmanagements;
- der definierten Rahmenbedingungen der Entwicklungsprozesse;
- des Zustandekommens dieser Anforderungen;
- der transparenten Struktur für ein systematisches, organisationales Wertemanagement;
- der jeweiligen Prozesse des Werte- und Kompetenzmanagements auf den einzelnen Ebenen;
- der Kommunikation und Dokumentation der Ergebnisse.

Dabei ist es eine wesentliche Anforderung, allen Mitarbeitern und Führungskräften die Möglichkeit zu geben, sich über die Antworten auf diese Fragen zu informieren und ihre eigene Sicht, ihre Erwartungen oder Befürchtungen, einzubringen und über alle Hierarchieebenen zu diskutieren. Hierzu bietet sich als Systemlösung ein KI-basiertes Wissensmanagement an, weil dort die Fragen personen- und rollenbezogen diskutiert und automatisch beantwortet werden.

In einem sorgfältigen Kommunikationsprozess im Intranet – beispielsweise im Wissensmanagement-Tool – wird ein organisationsweiter Austausch über die Werte und Kompetenzen auf individueller, teambezogener und organisationaler Ebene sowie das Werte- und Kompetenzmodell ermöglicht. Anschließend werden die Ergebnisse aus diesen Erörterungen als gesicherter Wissenseintrag formuliert und in einem Workshop mit bis zu 20 Teilnehmern zu einer Mission zusammengeführt. Diese Kommunikation wird durch folgende Grundprinzipien geprägt:

- Sie ist offen für alle Mitarbeiter und Führungskräfte, eventuell auch Stakeholder, und setzt selbstorganisierte und problemorientierte Werte- und Kompetenzentwicklung voraus.
- Sie baut auf der dezentralen Infrastruktur des Intranets/Wissensmanagements auf.
- Sie vernetzt alle Mitarbeiter mithilfe geeigneter Workflow-Tools für New Work aus den Komponenten Learning Management System (LMS), Talent Management System (TMS) und Knowledge Management System (KMS).
- Sie ist auch in geschlossenen Wissensräumen nutzbar, um Entwicklungsprozesse im vertraulichen Rahmen zu ermöglichen.
- Sie kann durch Barcamps und Webcamps flankiert werden.
- Sie ist eine gute Chance zum Aufbau eines nachhaltigen Wissensmanagements (Schwarmintelligenz).

Die Kommunikation wird durch »Botschafter« aus dem Wertemanagementteam zu den einzelnen Themenbereichen begleitet. Diese stehen auch als Experten für Fragen zur Wertemanagementkonzeption zur Verfügung. Ist ein Knowledge Management System im Einsatz, sind die jeweiligen Ansprechpartner direkt bei den Wissenseinträgen angegeben.

Im Workshop werden aus den erzeugten Beiträgen vor allem folgende Ergebnisse formuliert:

- Mission des Werte- und Kompetenzmanagements in der Organisation
- Anforderungen an das Werte- und Kompetenzmanagementsystem
- Bewertung der vorgestellten Ideen, Systeme und Anpassungsvorschläge
- Ideen zur weiteren Gestaltung des Werte- und Kompetenzmanagementsystems
- Empfehlungen für die Gestaltung der Werte- und Kompetenzmanagementprozesse auf allen Ebenen

Das Wertemanagementteam definiert zum Ende des Workshops in Abstimmung mit der Unternehmensführung Korridorthemen (Schwerpunktthemen) für Werte, die von besonderer Bedeutung für die Organisation sind. Dabei werden die Wertethemen so ausgewählt, dass sie für die Organisation voraussichtlich die größte Hebelwirkung erzeugen.

Mit dem Begriff »Korridorthema« soll zum Ausdruck kommen, dass eine an der Unternehmensspitze entwickelte strategische Marschrichtung, gleichsam wie auf einem Gang, von oben nach unten durchgesetzt wird. In diesem Gang gibt es Türen, durch welche die einzelnen Führungskräfte und Mitarbeiter ihre Probleme in den Korridor einbringen und bearbeiten können (vgl. Stiefel, 1999).

Korridorthemen für das Werte- und Kompetenzmanagement können gemäß folgender Kriterien identifiziert und bearbeitet werden:

- Die ausgewählten Themen zum Werte- und Kompetenzmanagement müssen eine strategische Relevanz haben, d. h., im direkten Zusammenhang mit der Durchsetzung der Unternehmensstrategie stehen, und
- müssen einen direkten Bezug zum Arbeitsalltag sowie zu den Herausforderungen aller Mitarbeiter haben.
- Die Unternehmensführung startet jeweils die Bearbeitungszyklen der Korridorthemen mit einem symbolischen Akt, z. B. durch ein Video mit einer klaren Botschaft.
- Der Prozess wird durch das Werte- und Kompetenzmanagementteam gesteuert und begleitet.
- Alle Führungskräfte werden bei der Bearbeitung der Korridorthemen mit ihren jeweiligen Bedürfnissen und Problemstellungen einbezogen, einmal als Führungskräfte und einmal als Geführte.
- Sie übernehmen in ihrem jeweiligen Verantwortungsbereich die zentrale Rolle als Werte- und Kompetenzmanager.
- Die Bearbeitung erfolgt mit agilen Methoden, z. B. Design Thinking, Scrum oder Kanban, sodass die Mitarbeiter diese Methoden als Erfahrung erleben.
- Der Bearbeitungszeitraum umfasst jeweils zwischen 6 und 12 Monate.

In regelmäßigen Barcamps zur Reflexion, erhalten alle Mitarbeiter die Gelegenheit, ihre individuellen Fragestellungen offen zu diskutieren. Die Übung von (Online-)Barcamps ist ein wesentlicher Baustein von New Work.

BARCAMP

Ein Barcamp (Unkonferenz, Nichtkonferenz) ist ein offenes Treffen mit einer Vielzahl paralleler, offener Workshops mit jeweils bis zu 60 Minuten Dauer, deren Themen von den Teilnehmern, die damit als »Teilgeber« fungieren, vorgeschlagen und moderiert werden (vgl. Muuß-Merholz, 2020).

Kompetenzentwicklung von Wertemanagern

Ziel der Kompetenzentwicklung von Wertemanagern ist es, die Teilnehmer in die Lage zu versetzen, Werteerfassungssysteme professionell in ihre Beratungsprozesse zu integrieren und diese optimal im Werte- und Kulturmanagement ihrer Organisation einzusetzen. Deshalb umfasst diese Kompetenzentwicklung der Wertemanager den Beratungsprozess zur Werteerfassung und die Gestaltung des Werte- und Kulturmanagements in der Organisation.

Die Zielgruppe sind Führungskräfte, die als Wertemanager ihrer Teams handeln, aber auch professionelle Lernbegleiter, die insbesondere die Werteerfassung verantworten und Beratungsgespräche führen.

Den Teilnehmern wird deutlich, dass sie ihre Rolle als Veränderungsmanager mit Vorbildfunktion nur dann erfüllen können, wenn sie die erforderliche Kompetenz für diese Handlungsanforderungen nachhaltig aufbauen. Dabei erleben sie diesen Prozess aus Sicht eines Mitarbeiters, um gemeinsam auf Basis dieser Erfahrungen die strategischen Vorgaben und die Rahmenbedingungen für ihre Aufgabe als Wertemanager bzw. -berater zu definieren und ihre entsprechenden Kompetenzen aufzubauen.

Das Vorgehen für die Entwicklung der Wertemanager kann wie folgt aussehen:

Part 1: Webinar mit Führungskräften zur Planung der Kompetenzentwicklung zum Wertemanager, individuelle Werteerfassung mit KODE®W, individuelle Werte- und Kompetenzziele, Aufbauschema der Mitarbeiterentwicklung

Part 2: Planung der gezielten Werte- und Kompetenzentwicklung (ca. 1 Tag)

Part 3: Selbstorganisierte Werteentwicklung in der Praxis. Erarbeitung einer individuellen Werte- und Beratungskonzeption

Part 4: Abschluss Webinar (ca. 2 h). Offener Austausch, Präsentation der Konzepte

Das »Doppeldecker-Prinzip« nach Erpenbeck/Sauter beschreibt dabei auch hier, dass die Führungskraft zunächst selbst – sozusagen am eigenen Leib – die Erfahrung einer Werte- oder auch Kompetenzentwicklung gemacht haben muss, um selbst ein kompetenter Werteberater sein zu können. Wir begegnen diesem Thema auch im Kapitel »Kompetenz« (siehe Kapitel 3).

Die Teilnehmer erfahren ein Lernarrangement mit eigener Werteerfassung, mit der Analyse der Ergebnisse, ihren individuellen Wertezielen und ihrer personalisierten Werteentwicklung. Im intensiven Austausch mit anderen Teilnehmern und den Supervisoren entwickeln sie ihre individuelle Wertemanagementkonzeption für ihr Unternehmen oder ihren Kunden. Dabei erfahren sie die neuesten Erkenntnisse aus Forschung und Praxis, wenden diese auf ihr eigenes Praxisprojekt an und entwickeln eigene Lösungen in einem kollaborativen Prozess mit ihren Kollegen und Supervisoren auf Augenhöhe.

2.4 Himmelsblick der Führung auf die individuelle Wertebetrachtung

Petra Richard

Die heutige Arbeitswelt unterliegt tiefgreifenden Veränderungen. Hierarchien, Arbeitsprozesse und Wertesysteme werden grundlegend verschoben. Diese Entwicklung stellt Unternehmen, Führungskräfte und Mitarbeiter vor neue Herausforderungen.

In der Vergangenheit haben wir die Macht erlangt, die Welt um uns herum zu manipulieren und den gesamten Planeten umzugestalten, aber, weil wir die Komplexität der globalen Ökologie nicht verstanden haben, haben die Veränderungen, die wir vornahmen, das gesamte Ökosystem unabwendbar zerstört, und heute stehen wir vor einem ökologischen Kollaps. In diesem Jahrhundert werden uns Biotechnologie und Informationstechnologie die Macht verschaffen, die Welt in uns selbst zu manipulieren und uns selbst umzugestalten, aber, weil wir die Komplexität unseres Geistes nicht begreifen, könnten die Veränderungen, die wir vornehmen werden, unser mentales System derart aus dem Gleichgewicht bringen, dass es womöglich ebenfalls zusammenbricht.

»Himmelsblick der Führung auf die individuelle Wertebetrachtung« beinhaltet meine Erfahrung des Overview-Effektes, quasi wie ein Mosaikbild aus vielen Steinchen, das erst aus der Ferne erkennbar wird.

Die Zukunft des Arbeitsmarktes

Wir haben keine Ahnung, wie der Arbeitsmarkt im Jahr 2050 aussehen wird. Allgemein geht man davon aus, dass maschinelles Lernen und Robotik so gut wie jedes Metier verändern werden, von der Joghurtproduktion bis zum Yogaunterricht. Menschen verfügen über zwei Arten von Fähigkeiten – körperliche und kognitive. In der Vergangenheit konkurrierten Maschinen und Menschen hauptsächlich bei den groben körperlichen Fähigkeiten, während die Menschen hinsichtlich der Kognition den Maschinen stets weit überlegen blieben. Doch die künstliche Intelligenz (KI) übertrifft die Menschen allmählich in immer mehr dieser Fertigkeiten, auch im Verständnis menschlicher Emotionen. Aktuell kennen wir aber keinen dritten Tätigkeitsbereich – jenseits des körperlichen und des kognitiven –, in dem Menschen stets einen sicheren Vorsprung gegenüber Maschinen oder künstlicher Intelligenz haben werden.

Wir müssen zudem berücksichtigen, dass die KI-Revolution nicht nur mit Computern zu tun hat, die immer schneller und schlauer werden, sondern dass auch die bahnbrechenden Neuerungen in den Bio- und Gesellschaftswissenschaften im Schmelztiegel der Transformation Wirkung zeigen. Je genauer die Forschung in den Bereichen Neurowissenschaften und Verhaltensökonomie die biochemischen Mechanismen verstehen kann, denen menschliche Emotionen, Wünsche und Entscheidungen zugrunde liegen, desto besser können Computer menschliches Verhalten analysieren, menschliche Entscheidungen vorhersagen und vor allem menschliche Fahrer, Bankangestellte und Anwälte ersetzen.

1938 war die Situation der einfachen Leute in der UdSSR, in Deutschland oder den USA düster, aber man hat dem Mann auf der Straße fortwährend erklärt, er sei das Wichtigste auf der Welt und ihm gehöre die Zukunft (vorausgesetzt, dass es sich um einen »gewöhnlichen Menschen« und nicht um einen Juden oder einen Afrikaner handelte): Der Durchschnittsbürger blickte auf Wahlplakate – auf denen üblicherweise Bergleute, Stahlarbeiter und Hausfrauen in heldenhaften Posen abgebildet waren – und sah dort sich selbst:

»Dort auf dem Plakat, das bin ich! Ich bin der Held der Zukunft!«

2018 fühlt sich der Durchschnittsmensch zunehmend bedeutungslos. Auf Hightech-Konferenzen wirft man aufgeregt mit geheimnisvollen Worten um sich – Globalisierung, Blockchain, Genmanipulation, künstliche Intelligenz, maschinelles Lernen – und die einfachen Leute dürfen mit Recht vermuten, dass keines dieser Worte etwas mit ihnen zu tun hat. Wie kann die liberale Erzählung in einer Welt der Cyborgs und der vernetzten Algorithmen Relevanz behalten?

Im 20. Jahrhundert begehrten die Massen gegen ihre Ausbeutung auf und versuchten ihre wichtige wirtschaftliche Rolle in politische Macht zu übersetzen. Heute fürchten die Massen die Bedeutungslosigkeit.

Möglicherweise werden populistische Revolten im 21. Jahrhundert nicht gegen eine Wirtschaftselite aufbegehren, welche die Menschen ausbeutet, sondern gegen eine, welche die Menschen nicht mehr braucht. Die Herausforderung für die Führungskräfte von New Work liegt darin, den Mitarbeiter mit in diese neue Welt zu nehmen und ihn vor Bedeutungslosigkeit zu schützen.

Anforderungen des Arbeitsmarktes an den Einzelnen

Inmitten der großen Transformationsprozesse wird die Entwicklung und Stärkung des Einzelnen wesentlicher denn je! Die sich immer weiter beschleunigten Veränderungen in der globalisierten Welt stellen hohe Anforderungen an Mitarbeiter und Unternehmen. Mentale Orientierung, die Frage nach Lebenssinn und Lebensqualität, sind ebenfalls drängende Themen.

- Wie können wir die Welt verstehen lernen?
- Wie unser Denken ausbalancieren?
- Wie der Komplexität und Informationsflut begegnen?

Vielen Menschen macht die rasante Transformation Angst. Befürchtungen um den Verlust oder Erhalt des Arbeitsplatzes gehören dazu, vielfach auch, dass manche sich dem steigenden Druck, der Anpassung an die Digitalisierung, kaum noch gewachsen fühlen. Die Geschwindigkeit nimmt davon unbeeindruckt stetig Fahrt auf.

Angst zu verstehen bedeutet in erster Linie sich zu verdeutlichen, dass diese ein »unreines« Gefühl ist. Reine Gefühle sind Freude, Trauer oder Furcht, Erleichterung, Mut, auch das Fass-läuft-über-Gefühl. Angst besteht zu 50 Prozent aus Phantasie. Der dänische Philosoph Sören Kierkegaard beschreibt das Wesen der Angst als Schwindel der Freiheit. Der Magen verkrampft sich und die Kehle ist wie zugeschnürt. Im Gegensatz zur Furcht oder Besorgnis, die in der Regel einen bestimmten Grund haben, zieht die Angst hungrig ihre Kreise um das Büfett. Sie macht uns zittrig und raubt uns den Atem. Sie ist lähmend.

Um die Transformation zu begreifen, ist ein neues Denken erforderlich. Mit dem alten ist das unmöglich. Es geschehen – stark vereinfacht – beispielsweise in der digitalen Welt, durch Spracherkennung, Ereignisse und Situationen in der wahrnehmbaren Welt Phänomene, die wir selbst kreieren. Das haben wir zuvor auch getan, jedoch war die zeitliche Verzögerung, bis diese auf der Erfahrungsebene wahrnehmbar wurden, stark verlangsamt. Vor allem jedoch waren und sind uns die Tiefendimensionen der ökologischen, ökonomischen und sozialen Verflechtungen und Auswirkungen nicht bewusst.

Die höheren Ebenen, die mitschwingen

Sprechen wir einen Namen laut aus oder beschäftigen uns mit einem gewissen Thema, Winterreifen oder Urlaub, folgen zeitnah, wie von Zauberhand, Anrufe der entsprechenden Person oder entsprechende Angebote über digitale Anbieter.

Beispiel: Intuition oder Gedankenübertragung

Sie kennen sicher folgende Situation: Sie denken an jemanden und in Bruchteilen von Sekunden ruft die Person Sie an. Doch die Vernetzung der Algorithmen geht weiter. Sobald wir an den Namen einer Person denken und uns im Geiste damit beschäftigen, sprechen wir – in der Sensibilisierung von Hörbarkeit oder Lesbarkeit der digitalen Welt – laut. Die elektromagnetischen Wellen des Gehirns, z. B. Gammawellen, die wir erst über die Formung von Worten als hörbare Schwingung nach außen kommunizieren, werden bereits viel früher digital erkannt.

Dies hat zwei Effekte: Zum einen werden wir dadurch klüger – künstliche Intelligenz ist immer besser als natürliche Dummheit – und die erforderliche Beschleunigung der Prozesse mit dem Ziel der Transformation kann gelingen.

Der andere Effekt ist allerdings noch viel interessanter. Durch Menschen, die ein enormes Erfahrungswissen besitzen, kann und wird die Transformation bewusst gesteuert. Deren Bewusstsein schwingt auf einer höheren, transformierten Ebene, den sogenannten Beta-, Alpha-, Theta- oder Deltawellen. Diese Menschen sind im Übrigen auch diejenigen, die über eine ausgeprägte Spiritualität oder Herzensbildung verfügen oder diese entwickeln. Das bedeutet, die Welt und auch die Arbeitswelt wird in einen Zustand der Selbstorganisation übergeben. Das war vorher anders!

SELBST

Die Definition von »Selbst« hat unterschiedliche Ausprägungen. In Zusammenhang mit dem Verständnis der Komplexität von Geist wird dies am Begriff der Selbsterkenntnis deutlich, also der Fähigkeit des individuellen Erkenntnisvermögens oder – um es weniger philosophisch, sondern praktischer zu formulieren – der zu definierenden Lernkurve und Selbstreflexion.

Manchmal können wir etwas nur dadurch klären, dass wir uns dem stellen, was wir nicht wissen.
Pina Bausch

Transformation ist geistige Bewusstseinsveränderung – Scotti, bitte beamen! Da die Schöpfung in vollkommener Logik aufgebaut und zudem von Liebe durchdrungen ist, nähert sich die Welt der wahrnehmbaren Phänomene schrittweise diesem Ziel als neues Bewusstsein. Niedrige Schwingungen, die als Imprint im Gedächtnis unserer Körperzellen gespeichert sind, kommen da natürlicherweise an ihre Existenzgrenze. Auf dem Weg in den Zielzustand gilt es zu sortieren.

Was bleibt, was nehme ich mit? Alle Erfahrungen, die eine hohe Schwingung besitzen, können den Prozess mühelos durchlaufen. Alles, was uns in einer Trance, einer mentalen Endlosschleife von Traurigkeit oder Verlust gefangen hält, darf gereinigt oder transformiert werden.

Im Zielzustand wird es so sein, dass kein Denken mehr erforderlich ist, sondern Erkennen. Die Welt der Phänomene spielt uns die Antwort zu, bevor wir überhaupt eine Frage artikulieren könnten.

Die Fähigkeit zu beobachten, ohne zu werten, ist die höchste Form von Intelligenz.
Jiddu Krischnamurti

Um dies auf der körperlichen Ebene im Sinne gesunder nachhaltiger Digitalisierung zu verstehen, ist der Begriff »biologisches Fenster« interessant. Dr. William Ross Adey, ein in Australien geborener Professor für Anatomie und Physiologie, hat den Begriff »biologisches Fenster« geprägt (vgl. Adey/Bawin, 1976). Adey hatte den Kalziumausstoß von Gehirnzellen bei Hasen gemessen und dabei demonstriert, dass dieser Effekt nur unter dem Einfluss eines elektromagnetischen Feldes mit einer sehr niedrigen Frequenz (16 Hertz) zustande kommt. Seit dieser ursprünglichen Entdeckung gibt es in der Wissenschaft der Energiemedizin zahlreiche Übereinstimmungen, dass »biologische Fenster« sehr wichtig für die Wirkungsweise sind.

Die Zelle ist der Baustein des menschlichen Körpers. Der Organismus des Menschen besteht aus ca. 80 Billionen Zellen. Neben biochemischen Vorgängen kommunizieren unsere Zellen in Form von feinen elektromagnetischen Schwingungen (bioelektrische Signale). Dadurch werden große Mengen von Informationen ausgetauscht.

Unsere Zellen teilen sich in hunderte Zellgruppen auf. Das heißt, dass unsere Organe (Herz, Magen, Lunge, Leber usw.) aus Zellgruppen bestehen. Der Unterschied dieser spezifischen Zellen besteht aus Sicht der Energiemedizin darin, dass verschiedene Zellgruppen in unterschiedlichen Frequenzen schwingen. Innerhalb der Organe schwingen die Zellen in derselben Frequenz.

Die Zelle ist gegenüber ihrer Umgebung negativ geladen, mit einer Spannung von 70 bis 100 Millivolt. Ein gesunder Organismus ist von der Energie der Zelle abhängig. Eine wichtige Energiequelle für den Menschen und viele andere Lebewesen ist das natürliche Magnetfeld der Erde. Ein Teil unseres Gehirns (Hippocampus) schwingt in derselben Frequenz (7,8 Hertz) wie das Erdmagnetfeld und steuert lebenswichtige Vorgänge. Ohne das Signal des Erdmagnetfeldes wäre ein Leben für den Menschen nicht möglich.

Werden Zellverbände durch diverse dauerhafte Störfrequenzen (Elektrosmog, Erdstrahlen), aber auch durch Stress, negative Emotionen und Gedankenmuster in ihrer Funktion beeinträchtigt, so kann sich die Eigenschwingung der betroffenen Zellen verändern. Hartnäckige Störschwingungen können im Körper zu Fehlregulationen führen. Der Organismus ist gezwungen, unter ständigem Aufwand an Lebensenergie alles daranzusetzen, die Eigenschwingung zu erhalten (Quelle: www.top-quant.de).

Um es mit den Worten von Albert Einstein zu sagen:

Gleiche die Frequenz an die Realität an, die Du haben willst und Du wirst sie bekommen ohne dagegen etwas tun zu können. Es kann keinen anderen Weg geben. Das ist nicht Philosophie, das ist Physik.
Albert Einstein

Individuelle Werte

We all have »issues« because we all have a story. And no matter how much work you've done on yourself, we all snap back sometimes. So be easy on you. Growth is a dance. Not a light switch.
John Kim

Menschen suchen oft Beratung, weil sie nicht mehr unterscheiden können zwischen Wert und Unwert, weil sie ihre Maßstäbe verloren haben und in einer Grauzone des Beliebigen, des Belanglosen leben.

Werte jedoch leiten unser Handeln. An ihnen entlang entwickeln wir unsere Vorgehensweise, unsere Reaktionen. Sie sind ein wichtiger Fokus, wenn es darum geht, aus dem Überangebot von Möglichkeiten und Alternativen auszuwählen. Und das, was wir einmal ausgewählt haben, das, was uns erreicht, wird gefärbt durch die Tönung der Werte, die wir verinnerlicht haben.

Wir haben sie verinnerlicht? Werte sind weder inhaltlich, noch in ihrer Ausprägung oder Intensität universell gültig. Von Menschen für Menschen gemacht, hoffentlich funktional, angemessen, regen sie im guten Fall unsere innere Entwicklung an.

Aber wie kommen wir zu unseren Werten? Als Aneignung (wir übernehmen die Werte der Personen, von denen wir geprägt werden) und als Entwurf (die Essenz der Erfahrungen, aus denen wir Rückschlüsse ziehen, um daraus Vorentscheidungen treffen zu können). Werte bilden unser ganz persönliches Rückgrat, das wir hoffen mit anderen zu teilen.

Erfahrungslernen = Kompetenz

Was entsteht, ist ein Wertenetz. Verknüpfungen, Hierarchien, Geltungsgrenzen sind im Fluss und in sich nicht linear organisiert. Es entstehen Widersprüche und Ungenauigkeiten. Werte sind nicht in mathematischer Genauigkeit definiert, sie sind zwar Abstraktionen unseres Erlebens, aber eben dadurch auch voller Assoziationen und unerwarteter Blickwinkel. Sie bleiben unscharf, und das, was der eine unter »Freiheit« versteht, bedeutet für den anderen eher »Zwang«.

Trotz der anhaltenden Verschiebungen unseres Horizonts gibt es für uns durchaus eine Ordnung, die durch eine Differenzierung der Relevanz einzelner Werte entsteht. Die Wichtigkeit von Werten hängt wohl auch mit ihrer Fähigkeit zusammen, andere Werte und neue Situationen zu integrieren.

Das Verhältnis von Werten und Vernunft

In welchem Verhältnis stehen sie damit zur Vernunft, die doch wohl auch einen irgendwie gearteten »Führungsanspruch« in unserem Leben einnimmt?

Eine Konfrontation mit der Tatsache, dass die eigenen Werte für andere nicht unbedingt relevant sind, löst intensive Gefühle aus.

Ist es zu viel gesagt oder altmodisch, Werte als »Herzensbildung« zu bezeichnen? Sie können eine erstaunliche emotionale Wucht entwickeln. Durch ihre gefühlsmäßige Verankerung sind Werte eng mit unserer Persönlichkeit und dem tatsächlichen Handeln verknüpft. Noch ehe die Vernunft sich eingeschaltet hat oder eine Handlungsmaxime formulieren konnte, lässt uns das Gefühl zu wissen, was wichtig ist, schon reagieren.

Darin liegt die Stärke dessen, was Werte bedeuten können, und darin liegt auch die Gefahr. Wenn Vernunft und Wertempfinden ohne Verbindung sind, werden wir unansprechbar für Ansprüche von außen und über unsere eigene Person hinaus.

Werte, die so isoliert sind, leisten ihren Beitrag zu einer Immunisierungsstrategie. Also: An unseren Werten können wir wachsen. Und schrumpfen.

Einen Einblick in sein eigenes Wertesystem zu haben ist notwendig, um uns als ganze Person, mit Kopf, Herz, Perspektive und Mitbewohnern, in einer Welt einzurichten, in der wir uns wohlfühlen können.

In der Beraterpraxis stellen sich Fragen wie:

- Was ist mir wichtig im Leben?
- Vorher: Wie viel ist es wert?
- Nachher: War es das wert?

Fazit

Nur wer mit sich selbst in gutem Kontakt ist, kann sowohl die Souveränität als auch das Vertrauen entwickeln, die viele New-Work-Prozesse brauchen.

Der Aufbau einer Vision

Der Aufbau einer gemeinsamen Vision kann eine wirksame Methode sein, um die Leitgedanken eines Unternehmens zu formulieren. Dabei wird das System oder die Organisation als eine Anordnung von sich überschneidenden Gemeinschaften betrachtet, die um eine gemeinsame Bedeutung gruppiert sind. Es geht um die Bedeutung, welche die Arbeit in der Organisation für jeden Mitarbeiter erhält; sie hat den Wert eines Beitrags, den jeder für die Gemeinschaft leisten kann. Obwohl dieses Ideal ein wenig hochgesteckt anmutet, ist die Idee dahinter interessant. Und die Sache funktioniert, denn die Vorstellung, einen Wert zu haben und etwas Wertvolles beitragen zu können, ist eine starke Motivation für die innere und äußere Beteiligung.

Die Arbeit verkörpert einen Wert, sie ist Ausdruck einer Wertevorstellung, einer inneren Haltung. Angenommen, Sie hätten die Möglichkeit, eine solche Arbeit für sich zu finden und in einer solchen Organisation mitzuarbeiten:

- Welche Werte würde diese Arbeit verkörpern?
- Welchen Ruf hätte sie?
- Was wäre der tiefere Zweck?
- Wer wären die Kunden?
- Welche Art von Produkten und Dienstleistungen würde diese Organisation auf dem Markt anbieten?

- Welche Entwicklung halten Sie für die beste, die diese Organisation um ihrer selbst willen durchlaufen sollte?
- Wie würde sich die Zusammenarbeit unter allen Beteiligten gestalten?
- Wie würden die Mitarbeiter auf gute und schlechte Zeiten reagieren?

Notieren Sie für sich selbst die Werte, die Ihnen bei der Beantwortung bewusst werden, und tauschen Sie sich mit anderen darüber aus. Vergleichen Sie die Visionen mit der Realität und notieren Sie Kritikpunkte. Entwickeln Sie Alternativen. Finden Sie heraus, welche Nahziele Sie Ihrer (oder der gemeinsamen) Vision näherbringen würde. Arbeiten Sie mit Kontrasten: Was würde Sie von der Vision abbringen?

Übersicht über allgemeingültige Werte: Reiss Motivation Profile
Nachfolgend möchte ich Ihnen gerne als Orientierungshilfe eine Übersicht von Werten geben, die in einer der größten empirischen Studien erhoben wurde und kulturunabhängig allgemeingültig genannt werden darf.

Steven Reiss hat in den 1990er-Jahren, gemeinsam mit der Psychologin Susan Haverkamp, das Reiss Motivation Profile entwickelt, eine wissenschaftlich fundierte Einschätzung dessen, was Menschen antreibt und motiviert (Quelle: https://psychologie-news.stangl.eu). Durch eine Reihe von empirischen Studien, identifizierte Steven Reiss 16 grundlegende Bedürfnisse von Menschen und entwickelte dazu ein Diagnosetool mit 128 Aussagen zu verschiedenen Lebensbereichen. Anhand eines wissenschaftlich-statistischen Verfahrens werden daraus die individuellen Ausprägungen der sogenannten Lebensmotive eines Menschen ermittelt.

Beim Reiss Profile handelt es sich um keinen Persönlichkeitstest im klassischen Sinn, sondern es geht darum herauszufinden, nach welchen Kriterien jemand im Leben seine Entscheidungen trifft, wobei diese Kriterien oft unbewusst oder nur schwach reflektiert sind. Das führt dazu, dass man ohne eine Motivationsanalyse gar nicht so genau sagen kann, warum man sich so verhält, wie man sich verhält.

Inzwischen findet das Reiss Motivation Profile weltweite Verbreitung und wird in unterschiedlichen Praxisfeldern angewendet, unter anderem im Bereich Human Resources, der Führungskräfteentwicklung und -ausbildung, der Selbstreflexion, in der Konfliktlösung, der Beratung, im Coaching, im Sport, im Bereich der Familien- und Paarberatung, im Marketing sowie im Gesundheits- und Wellnessbereich.

Folgende 16 Lebensmotive beschreibt das Profil:

1. **Macht/Einflusskraft**
   Das Lebensmotiv »Macht« gibt Auskunft darüber, ob jemandem eher Führung und Verantwortung oder die Übernahme von Dienstleistung wichtig ist.

2. **Unabhängigkeit**
   Das Lebensmotiv »Unabhängigkeit« sagt etwas darüber aus, wie jemand seine Beziehungen hinsichtlich der Aspekte Autonomie oder Verbundenheit zu anderen Menschen gestaltet.
3. **Neugier**
   Das Lebensmotiv »Neugier« beschreibt, welche Bedeutung das Thema »Wissen« für jemanden im Leben hat und wozu er Wissen erwerben möchte.
4. **Anerkennung**
   »Anerkennung ist eine Pflanze, die vorwiegend auf Gräbern wächst« (Robert Lemke). Das Lebensmotiv »Anerkennung« macht eine Aussage darüber, durch »wen« oder durch »was« jemand sein positives Selbstbild aufbaut (vgl. Stangl, 1989).
5. **Ordnung**
   Die Ausprägung im Lebensmotiv »Ordnung« zeigt an, wie viel Strukturiertheit oder Flexibilität jemand in seinem Leben benötigt.
6. **Sammeln/Sparen**
   Das Lebensmotiv »Sparen/Sammeln« kommt in seiner evolutionären Entsprechung aus dem »Anlegen von Vorräten«. Die Ausprägung offenbart, wie viel es jemandem emotional bedeutet, Dinge zu besitzen. Steinhart und Jiang (2019) haben untersucht, wann und warum eine Bedrohung des Selbstbildes Sparabsichten beeinflusst, wobei Daten aus sieben Studien, einer Umfrage und sechs Experimenten zeigen, dass Menschen, die eine Bedrohung ihres Selbstbildes erfahren, zu negativen Erwartungen an ihre Zukunft neigen. Daher zeigen diese Menschen eine größere Bereitschaft Geld zu sparen als nicht bedrohte Menschen, die sich eher Sorgen um ihre Lebensumstände machen und daher anfangen zu sparen, weil sie mit einer möglichen Notsituation rechnen und ihre Zukunft absichern wollen. Hinzu kommt, dass Menschen mit mehr sozialen Kontakten und einer größeren Zufriedenheit mit ihrem Sozialleben dazu tendierten, weniger Geld zu sparen, d. h., Freunde können Geld als psychologische Ressource ersetzen und Individuen die Angst vor ihrer Zukunft nehmen. Eine gefühlte Unsicherheit erhöht die Bereitschaft zum Geldsparen, doch wer von vertrauten Menschen umgeben ist, denkt seltener an Geld als Reserve.
7. **Ehre**
   Bei dem Lebensmotiv »Ehre« geht es darum, ob jemand nach Prinzipientreue strebt oder eher zweckorientiert ist.
8. **Idealismus**
   Das Lebensmotiv »Idealismus« betrachtet den altruistischen Anteil der Moralität und gibt Auskunft darüber, wie viel Bedeutung Verantwortung in Bezug auf Fairness und soziale Gerechtigkeit hat.
9. **Beziehungen**
   Bei dem Lebensmotiv »Beziehungen« wird die Bedeutung von sozialen Kontakten dargestellt. Hierbei spielt die Quantität der Kontakte eine entscheidende Rolle.
10. **Familie**
    Das Lebensmotiv »Familie« gibt Auskunft darüber, welche Bedeutung das Thema Fürsorglichkeit für jemanden hat (bezogen auf die eigenen Kinder).

11. **Status**
    Beim Lebensmotiv »Status« geht es um den Wunsch, entweder in einem elitären Sinne »erkennbar anders« oder aber unauffällig und genauso wie die anderen zu sein.
12. **Wettkampf/Rache**
    Beim Lebensmotiv »Rache/Kampf« spielt insbesondere der Vergleich mit anderen eine Rolle. Dazu gehören auch die Themen Aggression und Vergeltung einerseits sowie Harmonie und Konfliktvermeidung andererseits.
13. **Eros**
    »Eros« als Lebensmotiv gibt Auskunft über die Bedeutung von Sinnlichkeit im Leben eines Menschen. Dazu gehören neben der Sexualität auch alle anderen Aspekte von Sinnlichkeit (z. B. Design, Kunst, Schönheit).
14. **Essen**
    Das Lebensmotiv »Essen« fragt nach der Bedeutung, die Essen als Selbstzweck für jemanden hat, d. h., wie viel der Genuss an Essen zur Lebenszufriedenheit beiträgt.
15. **Körperliche Aktivität**
    Das Lebensmotiv »körperliche Aktivität« dreht sich darum, wie wichtig körperliche Aktivität (Arbeit oder Sport) für die Lebenszufriedenheit ist.
16. **Emotionale Ruhe**
    Das Lebensmotiv »emotionale Ruhe« kann auch mit emotionaler Stabilität umschrieben werden und fragt nach der Bedeutung stabiler emotionaler Verhältnisse für die Lebenszufriedenheit (vgl. Stangl, 2020).

Meist besteht das Wertegerüst eines Menschen aus drei bis fünf Werten. Diese Erkenntnis lässt sich aus meiner Erfahrung auf Organisationen übertragen (Bridges, 1997).

Die Vorteile eines Wertecoachings

Gemeinsam mit einem weiteren Verfahren, dem Myers Briggs Type Indicator (MBTI), lassen sich Organisationen analysieren und entwickeln. Dieser Indikator gibt Auskunft über die Kompetenz (auch die zu entwickelnde) und das Verhalten in folgenden Situationen:

- Konflikt
- Belastbarkeit
- Teamarbeit
- Kommunikation
- Entscheidungsfindung
- Einfluss
- emotionale Intelligenz
- Karriereförderung
- Führungskompetenz
- Veränderung
- Selbstführung

Ein Wertecoaching kann für ein Unternehmen sehr erkenntnisreich sein, insbesondere, weil Werte unter- oder überrepräsentiert, also negativ übertrieben werden können und dadurch zukünftig im Wachstum stagnieren oder mit Disruption konfrontiert sind.

Beispiel: Übertriebene Sparsamkeit

Der übertriebene Wert der Sparsamkeit kann in Geiz ausufern und den Großteil der Ressourcen einer Organisation auf diesen Aspekt ausrichten. Hypereffizientem Controlling oder komplexen Regularien der Bedarfsbeschaffung und einer äußerst peniblen Arbeitszeiterfassung werden in einer solchen Organisation ein hoher Stellenwert eingeräumt. Z. B. Saturns Hohelied auf kleine Preise (»Geiz ist geil«) – hier bedarf es dann einer Korrektur durch die Schwestertugend Großzügigkeit.

Herr der Vergangenheit ist, wer sich erinnern kann.
Herr der Zukunft ist, wer sich wandeln kann!
Chinesisches Sprichwort

In vielen Unternehmen konnte ich den Umgang mit Veränderung begleiten und erleben. Beispielsweise den Turnaround eines internationalen Speditions- und Logistikunternehmens mit hanseatischen Wurzeln. Dort war das zentrale Nervensystem, die IT, desolat, die Unternehmenskultur geprägt vom »ehrbaren, hanseatischen Kaufmann« und von familiärer Höflichkeit. Beim ersten Strategiemeeting innerhalb des 50-köpfigen Führungsteams zeigte sich, dass kein Problembewusstsein vorhanden war, dafür aber ein wahrnehmbares Führungsvakuum. Gemäß der Maxime »Wenn ich kein Problem sehe, habe ich keins!« war es schwer, dieser Organisation zu vermitteln: »Eisberg voraus!«

Es wurden innerhalb des Projekts Rollen im Topmanagement neu besetzt und »Kellergeheimnisse« ans Licht gebracht, die IT zeitgemäß erneuert und dies an allen wichtigen internationalen Häfen und Warehouses umgesetzt. Aber … nach einiger Zeit stellte sich heraus, dass intern wichtige Rollen erneut mit dem alten Topmanagement besetzt wurden und die neuen Personen wieder ausschieden. Wieso? Weil einem der größten Werte der Organisation im Restrukturierungsprozess keine Aufmerksamkeit geschenkt wurde: der Ehre.

Beispiel: dm-Drogeriemarkt

Der Konzern entschied für 30 Führungskräfte und Teamleiter in zwei Regionalgruppen im Projekt »Freiraum« über eine Dauer von 14 Monaten ein Budget von X Euro pro Person zur freien Verfügung zu stellen. Voraussetzung war, dass die gewählte Entwicklungsmaßnahme einen wertschöpfenden Nutzen für den Mitarbeiter im Unternehmen enthält. Über eine Empfehlung fragte man mich an, innerhalb des Budgets ein Angebot abzugeben. Nach einigem Überlegen entschied ich mich dagegen, alle Einzelmaßnahmen anzubieten und damit das gesamte Budget abzuschöpfen. Mir gefiel der ganzheitliche Ansatz zur Entwicklung von Selbstverantwortung und Selbstorganisation, insbesondere weil einige Jahre zuvor meine Expertise innerhalb der Forschungstage von IMO – dem Institut für internationale Organisationsentwicklung – für den dm-Drogeriemarkt angefragt worden war.
Die Kernfrage damals: »What about the soul in the company?«

Mein Angebot umfasste schließlich drei Themenfelder und reichte von Führungskompetenz, über Work-Life-Balance bis hin zum Einzelcoaching und der Persönlichkeitsentwicklung. Dabei baute ich einen Stolperstein ein. Wenn mehr als sieben Personen eine Maßnahme buchten, reduzierte sich der Preis für jeden weiteren Teilnehmer. Zudem blieb innerhalb des Budgets für jeden Einzelnen ausreichend Spielraum um Event-Tickets, Einzelcoachings oder Kurse jeglicher Art zu buchen.

Spannend zu beobachten war die Auswahl der Kommunikationspartner bzw. Gruppensprecher, die Art der Informationssammlung, der Konsens- sowie Entscheidungsfindung innerhalb der beiden Regionalgruppen. Konkret: »Wie gehe ich mit dem Geschenk von Freiheit und Selbstbestimmung um?«

Anfangs waren die Teilnehmer noch sehr stark auf Führung und Steuerung angewiesen. Klare Strukturen, Zeitvorgaben und Aufgaben waren wichtig. Dann folgte jedoch ein Prozess des internen Austauschs, der Selbstorganisation. Nach dem ersten Seminar buchten alle 30 weitere Maßnahmen und einige kamen zudem zu einer Führungskräfte-Woche an die Mosel.

Wieso? Weil jeder Einzelne sowie die Gruppe individuell Wertschätzung erfuhr.

Zukunftskompetenzen
Wenn wir Topmanager fragen, was sie dazu bringt, blaue Ozeane (unberührte Märkte oder Industriezweige mit wenig oder gar keinem Wettbewerb) aufzuspüren und Veränderungen durchzusetzen, sagen die meisten: ein sehr entschlossener Führer oder eine ernste Krise.

Das chinesische Schriftzeichen für Krise besteht aus zwei Zeichen. Das eine steht für Gefahr, das andere für Chance. Also eine gefährliche Chance. BaZi, der 10.000-jährige Kalender der chinesischen Weisheit, ist eine empirische, also eine Erfahrungswissenschaft. Die Analyse der Zeitqualität führt zu Erkenntnissen und erläutert Einflussfaktoren. So unangenehm Krisen auch sein mögen, langfristig gesehen verbirgt sich manchmal auch Gutes darin. Sie reißen uns aus der Gleichgültigkeit, wecken unsere Kraftreserven, zeigen uns, dass wir über Grenzen hinausgehen können und fördern unsere Persönlichkeitsentwicklung.

Menschen lernen beispielsweise:
- das Leben mehr zu schätzen;
- sich und ihre Bedürfnisse wichtig zu nehmen;
- sich selbst weniger wichtig zu nehmen;
- zum Glauben zu finden;
- ihre Gesundheit wichtig zu nehmen;
- innere Stärke zu entwickeln.

Wird das Jahr 2020 die Welt verändern?
Das hat jedes Jahr getan, doch die Zukunft hat neue Spielregeln definiert. Wer das Spiel versteht, wird viel Freude haben. Das neue Jahr bringt, was kollektiv verursacht wurde. Auf der persönlichen Ebene das, was individuell verursacht wurde.

Mit dem bisherigen Wissen und Verhalten machten wir »business as usual«. Das Betreten neuer Bewusstseinsräume in einer globaleren, digitaleren und komplexeren Welt verlangt andere Kompetenzen.

Wir werden uns damit vertraut machen, dass diese Welt mentaler und vor allem auch spiritueller Art sein wird. Achtsamkeit, Weisheit und Demut ermöglichen den Zugang.

Damit erschließen sich Ressourcen, werden Gehirnareale aktiviert, die bisher im Bewusstsein des Menschen geschlummert haben. Dies ist mittlerweile neurowissenschaftlich gesichert.

> Die Veränderungen in der Gesellschaft, Wirtschaft, Politik, im Gesundheitswesen und der Bildung sind revolutionär.

Damit nähern wir uns fundamentalen Fragen wie:
- »Wer bin ich?« oder
- »Wozu bin ich da?« und
- »Was ist mein einzigartiger Beitrag zum Weltgeschehen?«

12 Merkmale sind dem bewussten Menschen zugeordnet:
1. **Bewusstsein seiner selbst**: wissen, woran man glaubt, was man wertschätzt und was einen zutiefst motiviert
2. **Spontanität**: den Augenblick leben und auf dessen Erfordernisse antworten
3. **Visionen und Werte**: handeln aufgrund von Prinzipien und innerer Überzeugung, die man glaubwürdig lebt
4. **Ganzheitlichkeit oder Holistik**: übergreifende Muster, Beziehungen und Verbindungen wahrnehmen; einen Sinn für Zugehörigkeit haben
5. **Mitgefühl**: mitfühlen können und tiefe Empathie empfinden
6. **Unterschiedlichkeit wertschätzen**: Menschen aufgrund ihrer Andersartigkeit wertschätzen
7. **Gegen den Strom schwimmen**: sich gegen die Masse stellen und die eigene Überzeugung vertreten
8. **Demut**: einen Sinn dafür haben, dass man Mitspieler im Spiel des Lebens (Zohar/Marshall, 2004) ist und welchen Platz man in der Welt hat
9. **Fragen nach den Ursachen stellen**: das Bedürfnis, die Dinge zu verstehen und ihnen auf den Grund gehen zu wollen
10. **Dinge in einen neuen Kontext zu stellen**: die Situation oder das Problem mit Abstand betrachten, das größere Bild wahrnehmen; Probleme in einem größeren Kontext sehen

11. **Widerstand positiv nutzen**: aus Fehlern, Rückschlägen und Leid lernen und daran wachsen
12. **Berufung**: sich berufen fühlen, zu dienen und etwas zu geben

Wieso ist diese Form des Bewusstseins wichtig für die Gestaltung von Zukunft?
Nachhaltige wertorientierte Zukunftskompetenzen sind Schlüsselfähigkeiten, die es Menschen ermöglichen, mit der zunehmenden Komplexität und Veränderung durch Digitalisierung sowie anderen Megatrends flexibel umzugehen und diese zu gestalten, um den nachhaltigen Erfolg von Wirtschaft und Gesellschaft zu sichern (Deutsche Initiative Gesunde Digitalisierung, 2019).

Um unser Leben als menschliche Daseinsform auf diesem Planeten zu sichern, sind die Überwindung des Egos – Definition des Begriffs Ego nach Carl Gustav Jung und der von ihm geschaffenen Bezeichnung Schattenintegration, welche die Integration der unbewussten Persönlichkeitsaspekte des Menschen in die Gesamtpersönlichkeit beschreibt – und die Entwicklung von Altruismus erforderlich. Wir sollten kulturell kreativ gemeinsam Zukunft schaffen. Eigene Talente bündeln und als einzigartiges Berufsmosaik anwenden.

Im **Anthropozän**, einer neuen **geochronologischen Epoche,** nämlich dem Zeitalter, in dem der Mensch zu einem der wichtigsten Einflussfaktoren auf die biologischen, geologischen und atmosphärischen Prozesse auf der Erde geworden ist, gilt es, sich den Herausforderungen zu stellen.

3 Ein strategischer Anker namens Kompetenz

Götz Piwinger

Was ist Kompetenzmanagement und weshalb ist es von strategischer Bedeutung?
Im Allgemeinwissen hat sich ein Missverständnis über den Begriff Kompetenz etabliert. Deshalb wollen wir hier anfangs einige Schlagworte zu diesem Thema erläutern, um diese anschließend zu einem gemeinsamen Verständnis zusammenzufügen.

Qualifikation ist der theoretische Teil der Kompetenz und damit eine Untermenge. Kompetente Menschen sind immer qualifiziert, aber qualifizierte nicht zwingend kompetent.

Handlungsbereitschaft unterscheidet sich von Handlungsfähigkeit, denn die reine Fähigkeit kann – falls nicht aktiviert – ein passives Schattendasein führen und bringt somit keinen produktiven Beitrag für das Unternehmen.

Praktische Erfahrung ist eine Voraussetzung für Kompetenz, denn erst die Kombination aus Qualifikation und Handlungserfahrung ist die Basis für Kompetenz. Das einfache Beispiel des Führerscheinerwerbs verdeutlicht diesen Anspruch, denn nur Theorie, Praxis und Regeln ermöglichen selbstbestimmtes Autofahren. Um kompetent handeln zu können, muss man auch **dürfen**. »Dürfen« ist ein wichtiger Baustein für kompetenzorientiertes Handeln – und in der Konsequenz auch die Fähigkeit zum eigenverantwortlichen Handeln.

Daraus ergibt sich die zweite Ausbaustufe der vereinfachten Formel aus Kapitel 2 – Die Bedeutung von Werten.

Qualifikation + Werte + emotionale Handlungserfahrung = Kompetenz

Warum ist das »Dürfen« in der Formel nicht enthalten? Es gehört in der Theorie teilweise zum Kompetenzmanagementrahmen. Dieser ist eine Erweiterung der Ermöglichungsdidaktik (Arnold/Schüßler, 2003). Der Anspruch dieses Buches ist aber der Praxisbezug. Der Kompetenzmanagementrahmen beschreibt die Rahmenbedingungen, die ein Unternehmen schaffen muss, um kompetenzorientierte Führung zu ermöglichen. Dazu gehören organisatorisch-kulturelle Veränderungen und IT-Systeme, mithilfe derer diese New-Work-Komponente als 360-Grad-Prozess in der Praxis gelebt werden kann. Ganz so einfach ist es mit der Beschreibung der Kompetenz also nicht!

Nun wird aber auch schnell klar, warum Kompetenzmanagement so wichtig für New Work im Unternehmen ist. Das eigenverantwortliche Handeln der Mitarbeiter und Teams muss ermöglicht werden. Der Abschied von klassischen Hierarchien, Befehls- und Genehmigungsstrukturen betrifft zunächst die traditionellen Führungskräfte, denn sie müssen sich kompetenzorientiertes Führen meistens erst aneignen. Darin liegt eine gewisse Rekursion, denn auch bei der Entwicklung von Führungskräften ist Kompetenzmanagement einzusetzen, um sie zur kompetenzorientierten Führung zu befähigen. Dies erfordert in jedem Fall den Einsatz externer Berater.

Kompetenzmanagement ist das kontinuierliche Zusammenwirken von Kompetenzrahmen, Kompetenzbestimmung, Kompetenzmessung und Kompetenzentwicklung. Die große Klammer darum bilden die Rahmenbedingungen aus geeigneter Software und der Führungskultur. Jede Organisation befindet sich in einem individuellen Reifegrad. Manche Unternehmen haben bereits ein Kompetenzmodell oder haben bereits Kompetenzen definiert, andere stehen noch auf der grünen Wiese. Um jedes Unternehmen mit den optimalen Handlungsempfehlungen genau dort abzuholen, wo es steht, haben wir den Competence Management Action Plan entwickelt. Der Competence Management Action Plan (C-MAP) ist Teil eines New Work Masterplans (siehe **Abb. 4**).

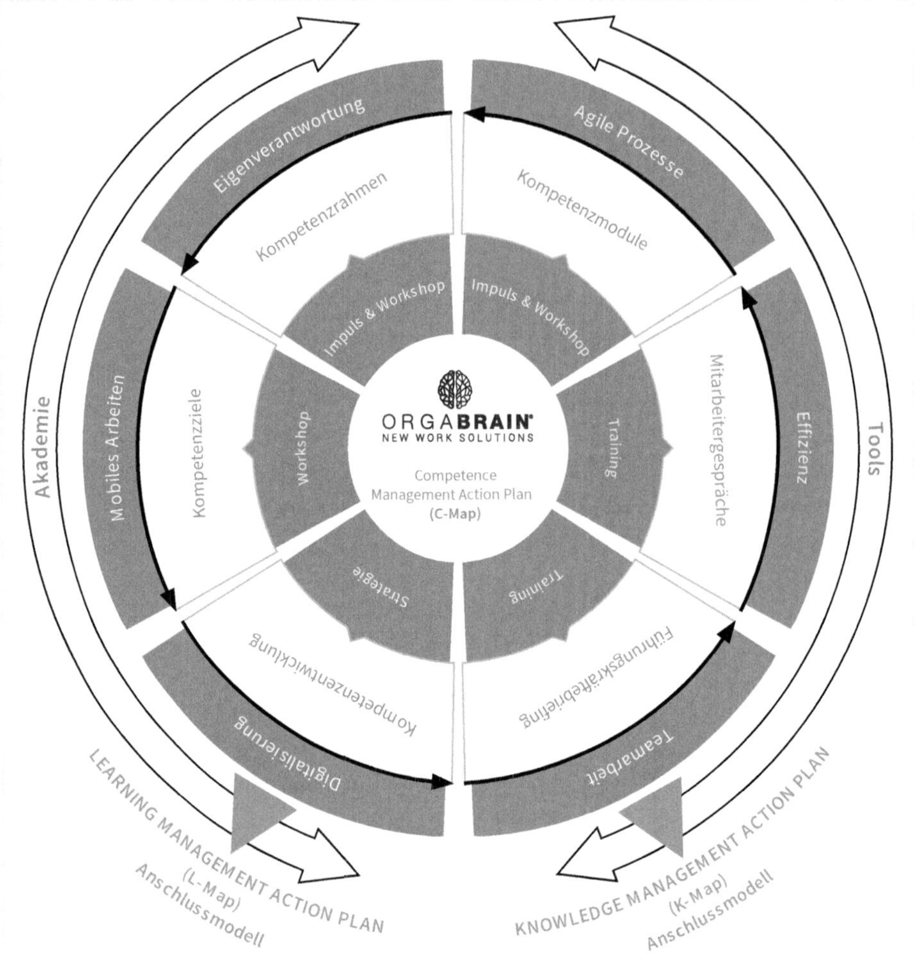

Abb. 4: Der Competence Management Action Plan (C-MAP) von Orgabrain – Teil des New Work Masterplans

Der Competence Management Action Plan ist ein agiles Handlungsmodell und damit ein praktisches Werkzeug zur Umsetzung von Kompetenzmanagement im Unternehmen. Er funktioniert wie folgt:

Der dunkle Außenring ist der Motivations- oder auch **Painring**. Er ist drehbar (!) und beschreibt die aktuellen Teilziele des Unternehmens. Mehrfachdrehungen sind möglich. Wenn Sie beispielsweise die Eigenverantwortung der Mitarbeiter stärker nutzen wollen – z. B. um eigene E-Learnings in den Fachabteilungen zu erstellen – und Sie haben noch keinen Kompetenzrahmen, dann würden wir den Ring auf die abgebildete Zwölf-Uhr-Stellung drehen. Daraus ergibt sich das Handlungsformat »Impulsreferat« und »Workshop« zur gemeinsamen Bestimmung eines Kompetenzmodells. An zwei Stellen – etwa auf 4 Uhr und auf 20 Uhr – sind Konnektoren zu erkennen. Diese bilden die Verbindung zu den anderen beiden Management Action Plans (Learning Management Action Plan, Knowledge Management Action Plan) und erzeugen in ihrer Gesamtheit den New Work Management Action Plan (NW-MAP). Die Umsetzung von New Work im Unternehmen kann – den agilen Gesetzen folgend – durch mehrere parallel laufende MAPs erfolgen, in diesem Fall mit dem Competence Management Action Plan.

Die Umsetzung aller beschriebenen Handlungsmodelle ist für Unternehmen jeder Größe denkbar. Es gibt keine Beschränkung auf große Betriebe! Auch das Ingenieurbüro, der Handwerksbetrieb oder die Softwarebude nutzen diese Methoden. Der Unterschied macht sich in der betriebswirtschaftlichen Auswirkung bemerkbar, die bei größeren Betrieben naturgemäß langfristig deutlich stärker ausfällt.

Kompetenzmanagement steht im unmittelbaren Kontext mit »Werten« und »Lernen«, denn beides sind mathematische Untermengen der Kompetenz. Wenn wir bei der Kompetenz ansetzen, müssen wir uns also zwingend auch die anderen beiden Themen ansehen. In den weiteren Kapiteln lasse ich Prof. Dr. Werner Sauter und Roman Sauer zu Wort kommen, damit Sie ein möglichst ganzheitliches und tiefgehendes Verständnis des Themas Kompetenzen erlangen und dieses vor allen Dingen auch anderen vermitteln können!

3.1 Kompetenzmanagement mit KODE® und KODE®X

Roman Sauter/Werner Sauter

Handeln lernt man durch Handeln.
Diethelm Wahl

Die New-Work-Transformation bedeutet einen umfassenden Wandel der betrieblichen Bildung, denn Wissens- und Qualifikationsziele erweitern sich zu Kompetenzzielen.

Kompetenz – mehr als Wissen und Qualifikation

Um diese Begriffe verstehen und damit handeln zu können, müssen wir sie auseinandernehmen, differenzieren und neu zusammensetzen.

Wissen, Qualifikation und Kompetenz werden im alltäglichen Sprachgebrauch oftmals gleichbedeutend verwendet. Fertigkeiten, Wissen oder Qualifikationen sind notwendige Voraussetzungen, nicht jedoch das Ziel der Mitarbeiterentwicklung. Am Ende zählt die Fähigkeit, Aufgaben in der Praxis selbstorganisiert zu bewältigen und effektiv zu handeln.

Es gibt keine Kompetenzen ohne Wissen, Fähigkeiten und Qualifikationen (siehe **Abb. 5**). Wissen und Qualifikation sind aber keine Kompetenzen. Sie bilden lediglich die notwendige Voraussetzung für den Kompetenzaufbau. Es hat sich in der betrieblichen Bildung durchgesetzt, die Bereitschaft zum selbstorganisierten, kreativen Handeln unter Unsicherheit, in eine offene Zukunft hinein, als Kompetenzen zu bezeichnen.

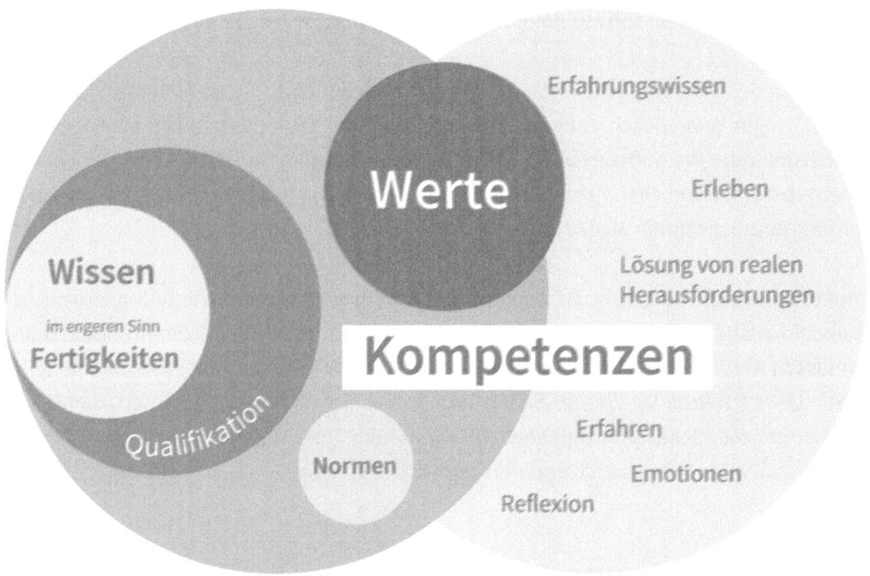

Abb. 5: Vom Wissen zur Kompetenz

Wissen

WISSEN

»Wissen ist die Kombination von Daten und Informationen unter Einbeziehung von Expertenmeinungen, Fähigkeiten und Erfahrungen. Diese Kombination hilft dabei, bessere Entscheidungen treffen zu können. Wissen kann explizit und/oder implizit, persönlich und/oder kollektiv sein.« (vgl. European Commission, 2004)

Wichtig für die Entwicklung von Lernkonzepten ist die Unterscheidung von Wissen im engeren und im weiteren Sinn, da sich daraus unterschiedliche Lernprozesse ableiten (vgl. Erpenbeck/ Sauter, 2015):

- **Wissen im engeren Sinne**, d. h. Informations-, Fach- und Sachwissen *(= wissen was)*, reicht sicher nicht aus, komplexe Problemstellungen in der Praxis zu lösen. Die Mitarbeiter benötigen zusätzlich motivatorisches Wissen, wie Normen und Werte *(= wissen warum)*, aber auch prozedurales Wissen *(= wissen wie)*, um Prozesse zu verstehen und zu beeinflussen.
- **Wissen im weiteren Sinne entsteht**, wenn die Menschen Informationen wahrnehmen, bewerten und mit eigenen Erfahrungen in Beziehung setzen. Im weiteren Sinne wird das Wissen deshalb um Regeln, Werte, Normen, Kompetenzen und Erfahrungen, aber auch Emotionen und Motivationen erweitert.
- **Wissen kann nicht einfach übertragen werden**. Es muss im Gehirn des Lernenden neu geschaffen werden. Wissen lässt sich deshalb nicht »vermitteln«, wie es häufig formuliert wird, es sei denn, man glaubt an die Wirksamkeit des Nürnberger Trichters. Dagegen kann Wissen aber durch die Lernenden selbstorganisiert aufgebaut werden.

Wissen im engeren und im weiteren Sinne ist die wesentliche Voraussetzung für Kompetenzentwicklungsprozesse. Auch das Wissensmanagement kann, wie das Wissen selbst, in einem engeren und einem weiteren Sinne definiert werden. Dies hat Konsequenzen für die jeweiligen Lernprozesse, aber auch die Auswahl der digitalen Tools. Denn dort soll es möglich sein, erweitertes Wissen durch erlebtes Lernen zu erlangen. Dazu müssen jedoch die Rahmenbedingungen stimmen.

Qualifikation

Qualifikationen sind handlungszentriert und in der Regel so eindeutig zu fassen, dass sie in Zertifizierungen außerhalb der Arbeitsprozesse überprüft werden können.

> QUALIFIZIERUNG
>
> Qualifizierung bezeichnet klar abgegrenzte Komplexe von Wissen im engeren Sinn sowie Fertigkeiten und Fähigkeiten, über die Personen bei der Ausübung beruflicher Tätigkeiten verfügen müssen, um anforderungsorientiert handeln zu können.

In diesem Rahmen sind außerdem folgende Begriffe von Bedeutung:

- **Fertigkeiten** bezeichnen durch Übung erlangte Fähigkeiten im Beruf, die oftmals stereotyp sind. Fertigkeiten im kognitiven Bereich sind z. B. Sprechen, Lesen oder Rechnen. Sie sind handlungszentriert und werden in Abhängigkeit von Begabung und Talent, insbesondere aber auch von Übungen und auf der Grundlage bereits erworbener Fertigkeiten, Kenntnisse und Erfahrungen individuell aufgebaut.
- **Fähigkeiten** bezeichnen verfestigte Systeme verallgemeinerter psychophysischer Handlungsprozesse (vgl. Hacker, 1973). Sie erfordern psychische Bedingungen und persönliche Eigenschaften von Menschen.

QUALIFIKATIONEN

Qualifikationen sind keine Kompetenzen, bilden aber eine wesentliche Voraussetzung dafür.

Häufig wird der Anspruch erhoben, z. B. von vielen Business Schools, mit Qualifikationsmaßnahmen Kompetenzen zu entwickeln. Jedoch ist es nicht möglich, mit noch so komplexen Fallstudien oder Planspielen, Kompetenzen aufzubauen, weil in diesen Lernszenarien keine realen Herausforderungen zu bewältigen sind. So können in Rollenspielen sehr wohl Strategien und Techniken trainiert werden. Kompetenzen zur Führung von schwierigen Gesprächen werden sich aber erst dann entwickeln, wenn die Erfahrungen aus vielen realen, emotional beladenen Gesprächen verinnerlicht werden.

Kompetenzen

Wir gehen im Folgenden von einem Kompetenzbegriff nach Erpenbeck und Heyse aus, der sich in unserer Praxis sehr bewährt hat, weil er sich an den realen Problemstellungen im Betrieb orientiert, als Zielorientierung für die Mitarbeiter und Führungskräfte dienen kann und weil diese Kompetenzen wirtschaftlich erfasst werden können (vgl. Faix, 2012).

KOMPETENZEN

Kompetenzen sind Fähigkeiten in offenen, unüberschaubaren, komplexen, dynamischen und zuweilen chaotischen Situationen kreativ und selbstorganisiert zu handeln (Selbstorganisationsdispositionen).

Kompetenzen schlagen sich immer in Handlungen nieder. Sie sind keine Persönlichkeitseigenschaften (vgl. Erpenbeck/Hasebrook, 2011). Kern dieser Kompetenzauffassung ist, dass jedes Wissen »an sich« emotional durchdrungen, emotional »imprägniert« werden muss, um zu Wissen »für uns« und damit zu Kompetenz zu werden. Treiber dieser emotionalen Imprägnierung können Begeisterung, Interesse, Neugier, Angst und vieles mehr sein – aber niemals werden Kompetenzen als »formale Fertigkeiten« verstanden, die anhand von beliebigen Inhalten erworben werden können.

Ein Verstand ohne Gefühle ist untauglich (vgl. Lehrer, 2009).

Erfahrungen kann man nur selbst machen. Kompetenzen kann man deshalb ebenfalls nur selbst – in neuartigen, offenen und realen Problemsituationen kreativ handelnd – erwerben. Man kann Kompetenzen als Fähigkeiten beschreiben, zu handeln ohne bekannte Lösungswege »qualifiziert« abzuarbeiten, ohne das Resultat schon von vornherein zu kennen.

Kompetenzen ermöglichen es uns, auch dann zu handeln, wenn wir nur unvollkommenes oder gar kein Wissen über die jeweilige aktuelle Herausforderung haben. Dies ist beispielsweise in krisenartigen Situationen die Regel.

Wir sind in solchen Situationen trotzdem handlungsfähig, wenn wir auf verinnerlichte Regeln, Werte und Normen zurückgreifen können, die als »Ordner« unserer sozialen Selbstorganisation wirken und damit unser soziales Handeln regulieren (vgl. Haken/Schiepek, 2010). Dies erklärt, warum Menschen mit großer Erfahrung in schwierigen Situationen häufig intuitiv das »Richtige« tun.

Den Kern der Kompetenzen bilden Werte (vgl. Fischer, 2019).

> Verinnerlichte (interiorisierte) Werte sind Ordner selbstorganisierten Handelns.

Werte ermöglichen es, auch in unsicheren Lagen zu handeln. Sie »überbrücken« oder ersetzen fehlendes Wissen, schließen die Lücke zwischen Wissen im engeren Sinne und dem Handeln.

Kompetenzen setzen ein hohes Niveau an Qualifizierung voraus. Menschen mit hoher Kompetenz sind stets auch qualifiziert, Hochqualifizierte sind jedoch nicht zwangsläufig auch kompetent.

Kompetenzmessung

Die notwendige Voraussetzung für gezielte Kompetenzentwicklungsprozesse bildet die Kompetenzmessung, auf der die individuellen Lernprozesse aufbauen können.

Die Frage, wie Kompetenzmodelle gestaltet werden können, wird maßgeblich durch das zugrunde liegende Kompetenzverständnis beantwortet. Noch immer werden in zahlreichen Unternehmen und Organisationen wunderbar objektive, reliable und valide Persönlichkeitstests eingesetzt und von versierten Psychologen, die testtheoretisch bestens geschult sind und statistische Methoden perfekt beherrschen, zum Maßstab der Personalauswahl und Personalentwicklung gemacht. Dagegen gibt es ernsthafte Einwände.

Der ursprüngliche Glaube, durch Intelligenz- und Persönlichkeitstests vernünftige Vorhersagen über das Potenzial an Handlungs- und Arbeitsfähigkeit der Mitarbeiter treffen zu können, wurde von McClelland (vgl. Adams, 1997) und von Boyatzis (1982) bereits frühzeitig widerlegt.

> Kompetenzen schlagen sich immer in Handlungen nieder. Sie sind keine Persönlichkeitseigenschaften.

Die sehr stabilen Persönlichkeitseigenschaften sind für Unternehmen bei der Einschätzung von Mitarbeitern oder Bewerbern viel weniger interessant als die vergleichsweise schnell zu entwickelnden Handlungsfähigkeiten in Form von Kompetenzen (vgl. Hossiep/Mühlhaus, 2005). Zudem ist der Schluss von Persönlichkeitseigenschaften auf Handlungsfähigkeiten fragwürdig. Selbst wenn beispielsweise bei einem potenziellen Vertriebsmitarbeiter die Persönlichkeitseigenschaft »Extraversion« zu 90 Prozent mit einer hohen Akquisitionsstärke gekoppelt wäre, kann sich ein Unternehmen gehörig und kostenaufwendig irren, wenn es zufällig an einen der Bewerber gerät, die zu den 10 Prozent gehören, die zwar vollkommen extrovertiert sind, aber bei Akquisitionsaufgaben gänzlich versagen, beispielsweise weil ihnen die Komponente »Konsequenz« fehlt.

Grundlegende Erfassungsmethoden für Kompetenzen

> Der beste Prädiktor für zukünftiges Handeln, und damit für Kompetenzen, ist vergangenes Handeln (vgl. Erpenbeck, 2012).

Die moderne Sozialforschung stellt ein großes Methodenarsenal bereit, um auch mit subjektiven Einschätzungen gewonnene Daten verlässlich interpretieren und perspektivisch nutzen zu können (vgl. Erpenbeck/Sauter, 2007).

Die üblichen Testkriterien, Objektivität, Reliabilität und Validität, können bei Kompetenzmessungen nur bedingt angewandt werden, da es keine Kompetenzen ohne Emotionen gibt und sie deshalb nicht allein quantitativ gemessen werden können (vgl. Erpenbeck et al., 2017). Deshalb greift man in der betrieblichen Bildung gerne auf das Konzept der sozialen Validität zurück. Dabei müssen für Kompetenzmessungen die Anforderungen der testtheoretischen Validität durch Faktoren ersetzt werden, die zu einer hohen Akzeptanz bei den Entscheidungsträgern und den Mitarbeitern führen. Dies setzt eine umfassende Information, die Beteiligung der Betroffenen, eine hohe Transparenz und eine offene Kommunikation voraus. Gelingt es, diese soziale Validität zu erzeugen, eignen sich die Kompetenzmessmethoden sehr gut als Basis für eine Ermöglichung selbstorganisierter Kompetenzentwicklungsprozesse.

Als Königsweg zur Kompetenz erweist sich mehr und mehr die kluge Kombination qualitativer und quantitativer Verfahren, sogenannte hybride Verfahren (vgl. Erpenbeck, 2012). Im Zentrum steht dabei meist ein Rating, d. h. eine skalierte Abfrage von Kompetenzen, die im jeweiligen Kompetenzmodell mithilfe von Handlungsankern festgelegt werden.

Kompetenzmodelle

> KOMPETENZMODELLE
>
> Kompetenzmodelle kann man als Anforderungskatalog an die Mitarbeiter beschreiben, in welchem die Kompetenzen zur Leistungserbringung und Problemlösung messbar und für jeden verständlich dokumentiert sind.

Vor der Bestimmung von Kompetenzmodellen sind deshalb strategische, strukturelle und prozessuale Fragen zu klären:

- Wie wird die Zukunft des Unternehmens in den kommenden zwei bis drei Jahren aussehen?
- Mit welchen organisatorischen Voraussetzungen will die Unternehmung mit den kommenden Herausforderungen fertigwerden?
- Welche Strukturen werden benötigt, um die Aufgaben erfolgreich zu bewältigen?
- Welche Prozesse sind für den Erfolg der Unternehmung besonders wichtig?
- Wie müssen diese Prozesse gestaltet werden?
- Welche selbstorganisativen, kreativen Fähigkeiten müssen die Mitarbeiter und Führungskräfte aufbauen, damit sie diese Ziele erreichen können?

Die Kompetenzziele, die daraus abgeleitet werden, können in zwei Ausprägungen gestaltet werden:

- Ein **generalisiertes Kompetenzmodell** für das gesamte Unternehmen: die wichtigsten, allgemeinen Kompetenzen, die alle Mitarbeiter im Unternehmen erfüllen sollten.
- Viele **spezialisierte Kompetenzmodelle**: Auf Basis einer Schnittmenge allgemein wichtiger Kompetenzen werden für einzelne Bereiche, Funktionen oder Prozesse spezifische Kompetenzmodelle entwickelt.

Die Elemente dieses strategischen Kompetenzmodells zeigt **Abb. 6**.

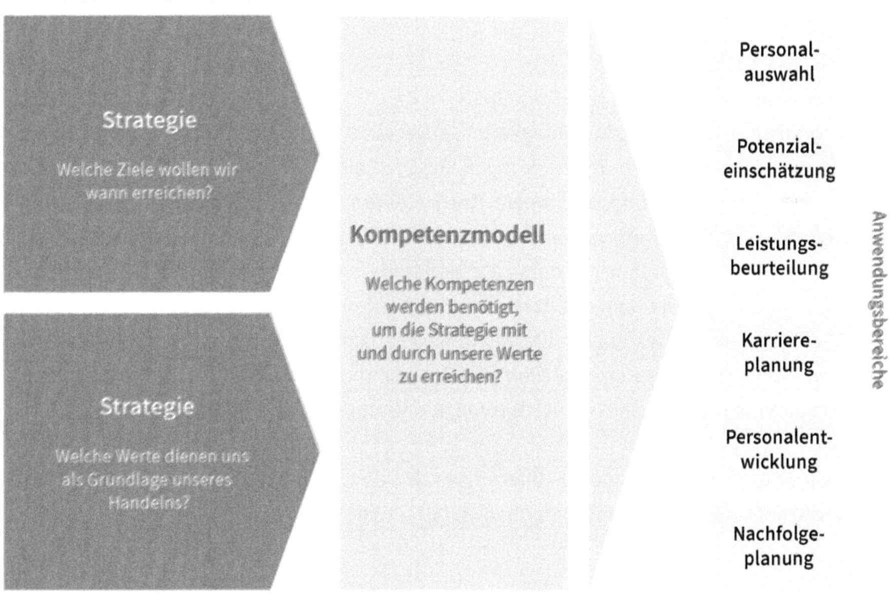

Abb. 6: Strategieorientiertes Kompetenzmodell und Anwendungsbereiche

Im Folgenden beschreiben wir diesen Ansatz für Kompetenzmodelle am Beispiel von KODE® und KODE®X, die sich in der empirischen Kompetenzforschung und der betrieblichen Praxis weitgehend durchgesetzt haben (vgl. Heyse et al., 2019).

Kompetenzen können danach in vier Grunddimensionen kompetenten Handelns aufgeteilt werden (vgl. Heyse/Erpenbeck, 2007; siehe **Abb. 7**).

Abb. 7: Kompetenz-Grunddimensionen

Grunddimensionen kompetenten Handelns

- ***Personale Kompetenzen*** sind Fähigkeiten, sich selbst gegenüber klug und kritisch zu sein, produktive Einstellungen, Werthaltungen und Ideale zu entwickeln.
- ***Aktivitäts- und handlungsorientierte Kompetenzen*** sind Fähigkeiten, alles Wissen, die Ergebnisse sozialer Kommunikation sowie persönliche Werte und Ideale willensstark und aktiv umsetzen zu können und dabei alle anderen Kompetenzen zu integrieren.
- ***Fachlich-methodische Kompetenzen*** sind Fähigkeiten, mit fachlichem und methodischem Wissen gut ausgerüstet, auch sehr schwierige Probleme schöpferisch zu bewältigen.
- ***Sozial-kommunikative Kompetenzen*** sind Fähigkeiten, sich aus eigenem Antrieb mit anderen zusammen- und auseinanderzusetzen, kreativ zu kooperieren und zu kommunizieren.

Diese Kompetenzen können weiter differenziert werden. Ein bewährtes Beispiel dafür ist der Kompetenzatlas nach Heyse und Erpenbeck (2007) (siehe **Abb. 8**).

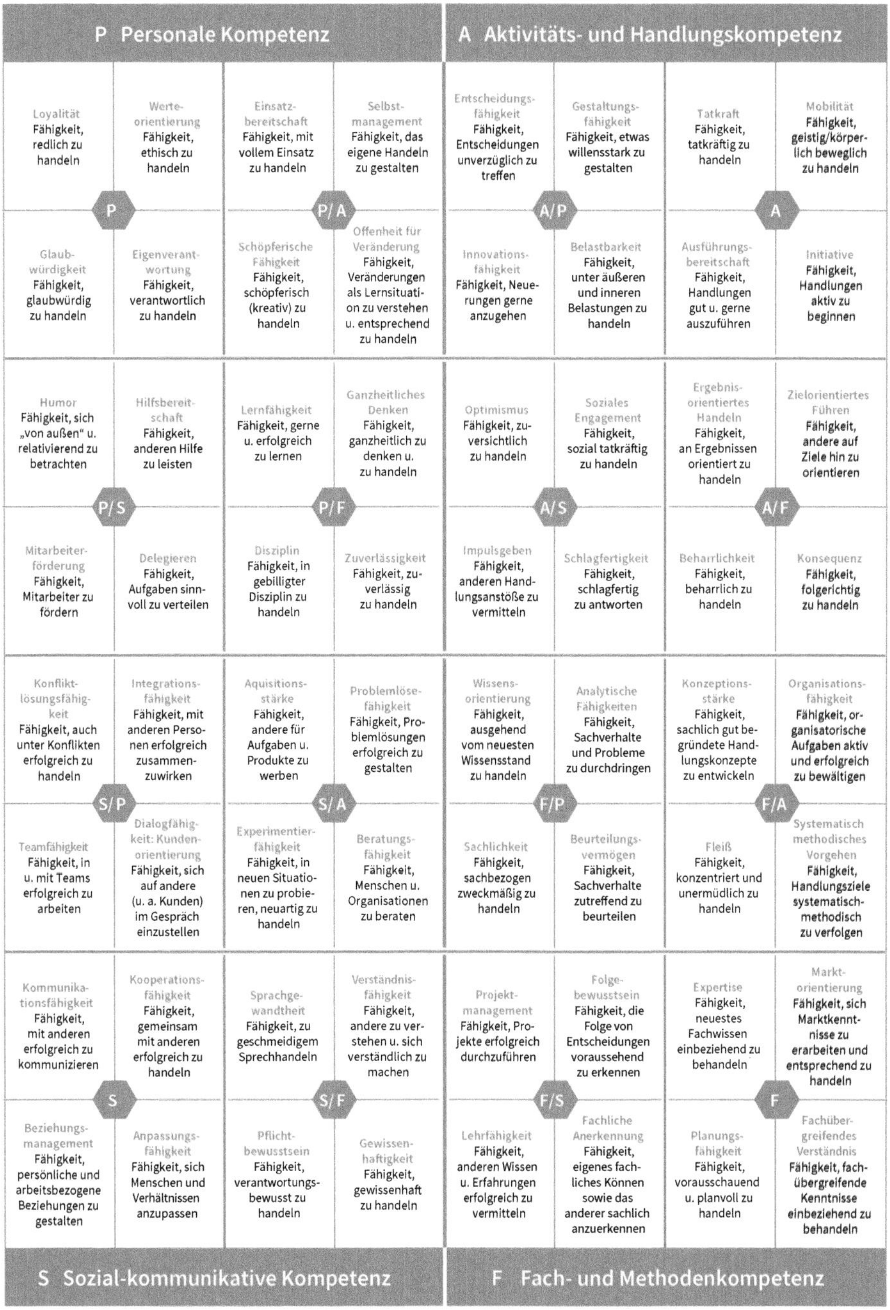

Abb. 8: KODE® Kompetenzatlas (Quelle: KODE GmbH 2007)

Kompetenzen werden durch konkrete Handlungsweisen - sogenannte Handlungsanker - in die Arbeitspraxis gebracht und werden damit beobachtbar, messbar und beurteilbar. Die meisten Kompetenzen eines Kompetenzprofils lassen sich mit drei bis sechs Handlungsankern gut erfassen. Die Ausprägung der Kompetenzen werden dann durch Ratingverfahren auf unterschiedlichen Skalen - von »kaum vorhanden« bis »außerordentlich stark vorhanden« und sogar »im Übermaß vorhanden« (Überziehung) - eingeschätzt.

Die Entwicklung eines bedarfsgerechten Kompetenzmodells erfolgt in drei Phasen (vgl. North/ Reinhardt, 2005; siehe **Abb. 9**).

Abb. 9: Entwicklungsprozess eines Kompetenzmodells

Damit werden unternehmensweit individuelle, selbstorganisierte Kompetenzentwicklungsprozesse ermöglicht, die sich an den strategischen Erfordernissen, aber auch den Bedürfnissen der Mitarbeiter orientieren.

- **Modellierungsphase**: Am Anfang steht die Modellierungsphase, in der das grundlegende Kompetenzmodell und die Methoden der Kompetenzmessung nach den vorher dargestellten Kriterien ausgewählt werden. Ausgangspunkt ist die Unternehmensstrategie, die einen meist mittelfristigen Zeithorizont (ca. zwei Jahre) betrachtet. Orientiert an diesem Bedarf können das Kompetenzmodell und die Messmethode ausgewählt werden. Damit werden die Kompetenzfelder, die grundlegenden Kompetenzen und die Handlungsanker für das Unternehmen vorgegeben. Diese bilden wiederum die Grundlage für das Kompetenzmesssystem.

- **Identifikationsphase**: Auf Basis der Ergebnisse aus der Modellierungsphase werden die Anforderungsprofile aller im Unternehmen vorhandenen Stellen erhoben und deren Funktionen systematisch erarbeitet. In der Praxis beginnt man mit der Modellierung der geschäftsrelevanten Schlüsselpositionen. Diese können anhand folgender Kriterien identifiziert werden:
  - ***Strategische Relevanz:*** Wird ein direkter Mehrwert für das Unternehmen geschaffen? Werden strategische Ziele – bezogen auf Markt, Kunde oder Produkt – nicht erreicht, wenn die Stelle nicht besetzt wäre? Würde der kurzfristige Unternehmenserfolg verhindert, wenn die Stelle nicht besetzt wäre?
  - ***Finanzielle Relevanz:*** Hat die Position einen wesentlichen Einfluss auf den Umsatz, den Gewinn oder die Profitabilität? Wären kurzfristige Kostensteigerungen oder Umsatzeinbußen zu befürchten, wenn die Stelle nicht besetzt wäre?
  - ***Vernetzung mit Stakeholdern:*** Ist die Position wichtig für die Beziehungen zu den Kunden, Lieferanten oder sonstigen für das Unternehmen wichtigen Gruppen? Um wie viele Kontakte handelt es sich?
  - ***Mangel an geeigneten Kandidaten:*** Sind mit der Besetzung der Position hohe Anforderungen (Qualifikationen, Kompetenzen) verbunden? Gibt es sonstige Hindernisse, welche die Besetzung der Stelle erschweren?
  - ***Komplexität:*** Werden hohe Anforderungen an den Stelleninhaber, insbesondere in Hinblick auf Prozesse, Kundenanforderungen oder Länderspezifika, gestellt?

Nun können die Mitarbeiterkompetenzen für die identifizierten Schlüsselpositionen abgeleitet und in einem Kompetenzkatalog als Soll-Anforderung zusammengefasst werden. In der Praxis ist es nicht sinnvoll, mit beispielsweise 64 Kompetenzen, wie sie der Kompetenzatlas von Erpenbeck und Heyse vorgibt, zu agieren, da ein solches Zielsystem für die Steuerung der individuellen Lernprozesse zu unübersichtlich ist. Wir haben jedoch gute Erfahrungen damit gemacht, für die einzelnen Mitarbeitergruppen daraus Soll-Profile mit 12, teilweise bis zu 16 Kompetenzen zu extrahieren, die für die jeweiligen Herausforderungen besonders wichtig sind.

In einem weiteren Schritt definieren ausgewählte Fach- und Führungskräfte mit umfangreichen Erfahrungen in der jeweiligen Zielgruppe in einem moderierten Workshop funktionsspezifische Kompetenz-Soll-Profile. Auf Basis von Standardformulierungen leiten sie dabei Definitionen und Handlungsanker ab, die sich an der unternehmensinternen Sprache und dem konkreten Bedarf der jeweiligen Zielgruppe orientieren. Damit entstehen unternehmens- und aufgabenspezifische Kompetenzprofile. Hierbei hat sich folgende Vorgehensweise bewährt: Welche drei bis fünf strategischen Ziele werden mit der Stelle verfolgt?

- Welche 12 bis 16 strategischen Kompetenzanforderungen (z. B. aus dem Kompetenzatlas) mit allgemeiner Verbindlichkeit sind für den Stelleninhaber notwendig?
- Wie können diese Kompetenzanforderungen unternehmensspezifisch formuliert werden?
- Mit welchen Handlungsankern können diese Kompetenzen operationalisiert werden?
- In welcher Ausprägung bzw. Bandbreite sollten diese Kompetenzen vorhanden sein?

Das Ergebnis dieser intensiven Entwicklungsprozesse wird in folgendem Beispiel deutlich. Aus Handlungsankern können durch die Messungssysteme Fragen zur Erhebung der Kompetenzen abgeleitet werden.

- **Validierungsphase:** Im Abgleich mit den jeweiligen Soll-Profilen werden nun die Ist-Kompetenzen der Mitarbeiter erhoben. Dies erfolgt häufig mit einer Selbsteinschätzung, die schrittweise durch Fremdeinschätzungen, z. B. durch Lernpartner, Prozessbegleiter oder Führungskräfte (360-Grad-Messung) erweitert wird. Die Kompetenzmessungen erfolgen im Regelfall online, verbunden mit einer detaillierten Auswertung durch die Software.

Die Ergebnisse aus der Validierungsphase können nun mit den Soll-Profilen verglichen werden. Es hat sich bewährt, die Auswertung mit dem Prozessbegleiter zu besprechen, damit der Mitarbeiter daraus die notwendigen Konsequenzen für seine Entwicklungsplanung ziehen kann. Diese Prozesse lassen sich im Unternehmensalltag durch integrierte Kompetenzmanagementsysteme (Talent Management Systems – TMS) lebendig umsetzen.

Im darauffolgenden Entwicklungsgespräch mit der Führungskraft des Mitarbeiters werden vor diesem Hintergrund alle notwendigen Maßnahmen besprochen und vereinbart, die der Mitarbeiter nach Rücksprache mit seinen Lernpartnern und seinem Prozessbegleiter innerhalb seines Ermöglichungsraums vorschlägt, um seine Kompetenzen bedarfsgerecht zu entwickeln. Im digitalen System betrachtet, ist dieser Vorgang ein Modul im gesamten 360-Grad-Personalentwicklungsprozess. Das Mitarbeiterentwicklungsgespräch ist ein Touchpoint in der Employee Experience Journey und in der IT ein Part des Learning Management System und Talent Management System (siehe **Abb. 10**).

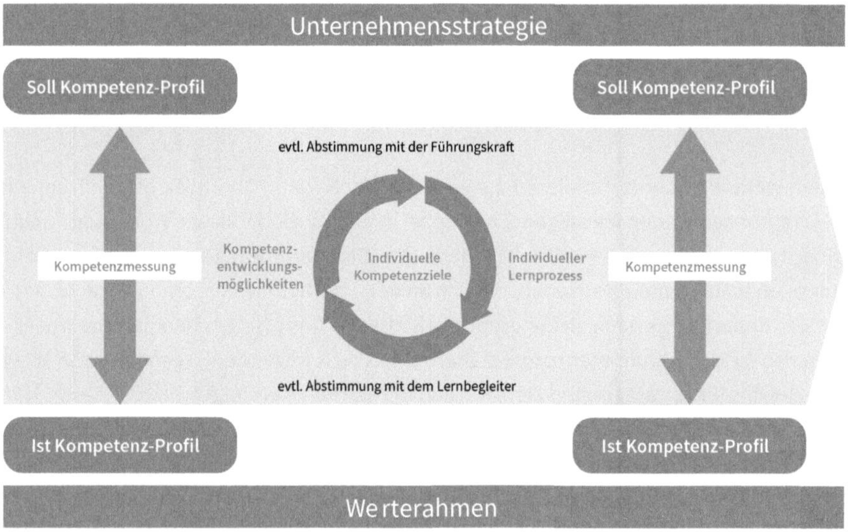

Abb. 10: Von der Kompetenzmessung zum individuellen Lernprozess

Damit wird eine individuelle und bedarfsgerechte Kompetenzentwicklung möglich.

3.2 Wie werden Kompetenzen gemessen?

Roman Sauter/Werner Sauter

Das methodisch am weitesten entwickelte und verbreitete Erfassungssystemverfahren für Kompetenzen ist KODE® und KODE®X, das Volker Heyse und John Erpenbeck entwickelt haben und seit etwa 20 Jahren laufend optimieren. Diese Verfahren genießen am Markt eine breite Akzeptanz und werden in einer Vielzahl von Unternehmen und Bildungsinstitutionen seit fast zwei Jahrzehnten eingesetzt.

> KODE®-VERFAHREN
>
> Das KODE®-Verfahren (Kompetenzdiagnose und -entwicklung) ist ein grundlegendes Einschätzungsverfahren für den Vergleich von Kompetenzausprägungen. Das System umfasst Selbst- und Fremdeinschätzungen, eine detaillierte grafische und verbale Analyse der Ergebnisse, Vorschläge zur Kompetenzentwicklung und vielfältige Reflexionen und Übungen (vgl. Sauter/Staudt, 2016).

Es gibt in diesem Messsystem kein Idealprofil, daher ist keine Manipulation der Ergebnisse möglich. Das System beurteilt Kompetenzen nur positiv, nicht negativ.

Auf der Basis der Messergebnisse können Empfehlungen für die Mitarbeiter und Führungskräfte entwickelt werden. Hierbei werden Zeitvergleiche, aber auch Abgleiche von Selbst- und Fremdbild genutzt. Damit können die persönlichen Kompetenzen der erfassten Mitarbeiter, aber auch die Effizienz der Zusammenarbeit gesteigert werden (Beispiel eines Kompetenzprofils siehe **Abb. 11**).

KODE® verknüpft vier verschiedene Fragen miteinander:

- ***Handlungsideal:*** Was ist für mich sehr wichtig? Was sollte sein? Wie wichtig ist es mir (im Sinne von Mission, Sinn, Werte)? Was hätte ich am liebsten? Was sollte idealerweise sein?
- ***Handlungserwartung:*** Was nehme ich mir vor? Was will ich erreichen? Was ist mein Ziel? Was soll passieren?
- ***Handlungsvollzug:*** Was mache ich? Wie viel Kraft, Zeit, Energie investiere ich? Wie verhalte ich mich? Worauf nehme ich Einfluss?
- ***Handlungsresultat:*** Was habe ich erreicht? Welches Resultat nehme ich wahr? Wie bin ich bei anderen angekommen? Wie kompetent sehen mich die anderen?

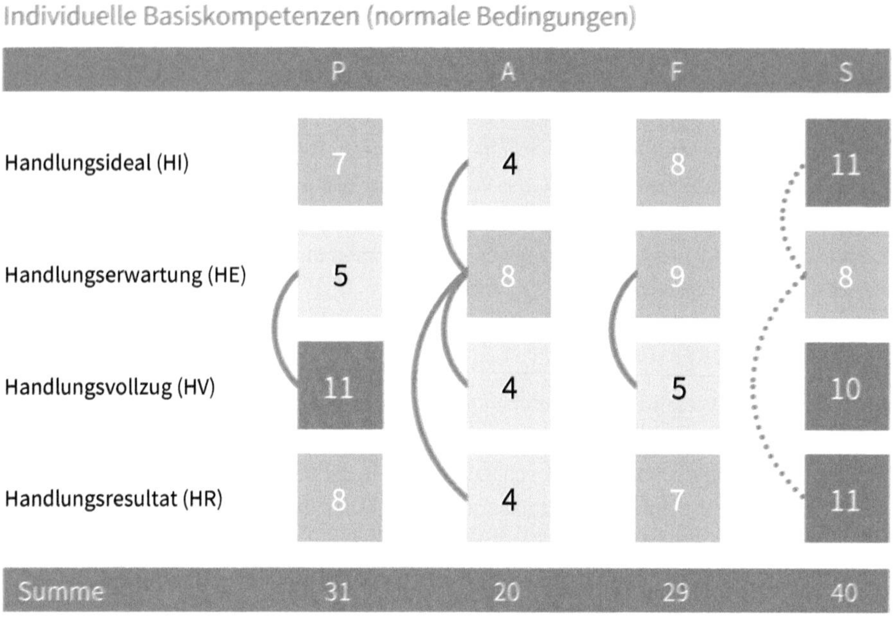

P Personale Kompetenz (31 Punkte)
A Aktivitäts- und Handlungskompetenz (20 Punkte)
F Fach- und Methodenkompetenz (29 Punkte)
S Sozial-kommunikative Kompetenz (40 Punkte)

≥ 3 und ≤ 5 **Gering**
≥ 6 und ≤ 9 **Mittel**
≥ 10 und ≤ 12 **Hoch**

•••••• Differenzen der Grundwerte von 3 (sofern keine Differenzen ≥ 4 vorhanden)
—— Differenzen der Grundwerte ab 4

Angezeigt werden Differenzen paarweise zwischen HI-HE sowie HE-HV, HE-HR, HV-HR

Abb. 11: Beispiel der Analyse eines Kompetenzprofils

Weiterhin entwickelt das System auf Basis der Selbsteinschätzung verschiedene Interpretationsangebote, Reflexionen und Handlungsempfehlungen.

Damit ermöglicht KODE® eine erste Sensibilisierung der Mitarbeiter und Führungskräfte für die Notwendigkeit der Kompetenzorientierung und der individuellen Kompetenzentwicklung. Weiterhin erhalten die Mitarbeiter konkrete Hinweise auf ihre persönlichen Kompetenzentwicklungsmöglichkeiten, sodass sie ihre persönliche Kompetenzentwicklung zielgerichtet planen und steuern können.

> KODE®X baut auf dem gleichen Kompetenzmodell wie KODE® auf. Es verfeinert diesen Ansatz durch weiterführende instrumentelle Entwicklungen, insbesondere durch ein unternehmensspezifisches Soll-Profil mit meist 12 bis 16 Kompetenzen für eine bestimmte Funktion, das mit dem Ist-Profil abgeglichen wird.

KODE®X vereint Anforderungsanalyse, Soll-Profile sowie Selbst- und Fremdeinschätzungen. Es ist ein hybrides Messsystem, das auf Soll-Kompetenzprofilen basiert. Dabei werden folgende Ziele verfolgt:

- Ermittlung organisationsspezifischer Kompetenzanforderungen von strategischer Bedeutung und Ableitung in individuelle Kompetenzanforderungen
- Definition von aufgabenspezifischen Kompetenzanforderungen in Form von Soll-Profilen
- Erfassung der individuellen Kompetenzausprägungen (Ist-Profile) und Kompetenzpotenziale
- Vergleich von Soll- und Ist-Profilen
- Ableitung der individuellen Kompetenzentwicklungsmöglichkeiten
- Definition individueller Kompetenzentwicklungsziele
- Kompetenzzertifizierung

Im Abgleich mit den jeweiligen Soll-Profilen werden die Ist-Kompetenzen der Mitarbeiter erhoben. Dies erfolgt häufig mit einer Selbsteinschätzung, die schrittweise durch Fremdeinschätzungen, z. B. durch Lernpartner, Prozessbegleiter oder Führungskräfte (360-Grad-Messung) erweitert wird. Die Kompetenzmessungen erfolgen meist online. Ein Praxisbeispiel eines Soll-Ist-Kompetenzprofilabgleichs mit Selbst- und Fremdeinschätzung zeigt **Abb. 12**.

KODE®X ist kein Verfahren, das völlig objektiv ist, weil die Soll-Profile aus der Unternehmensstrategie abgeleitet werden und eine Vielzahl an Verfahren und Instrumenten integriert werden. Mit Expertenratings, professionell moderierten Einschätzungen der Entwicklungsprozesse in Entscheiderteams und Kompetenzeinschätzungen aus verschiedenen Blickwinkeln sowie Vergleichsprofilen zu anderen Tätigkeiten in der Praxis werden jedoch Aussagen mit einer hohen Objektivität möglich. Hier ist die soziale Validität – also die innerliche Akzeptanz der Methode – bei anspruchsvollen Personalverantwortlichen und Beratern sehr wichtig. Kompetenzen lassen sich messen und zertifizieren. Damit können sie auch gezielt entwickelt und gemanagt werden.

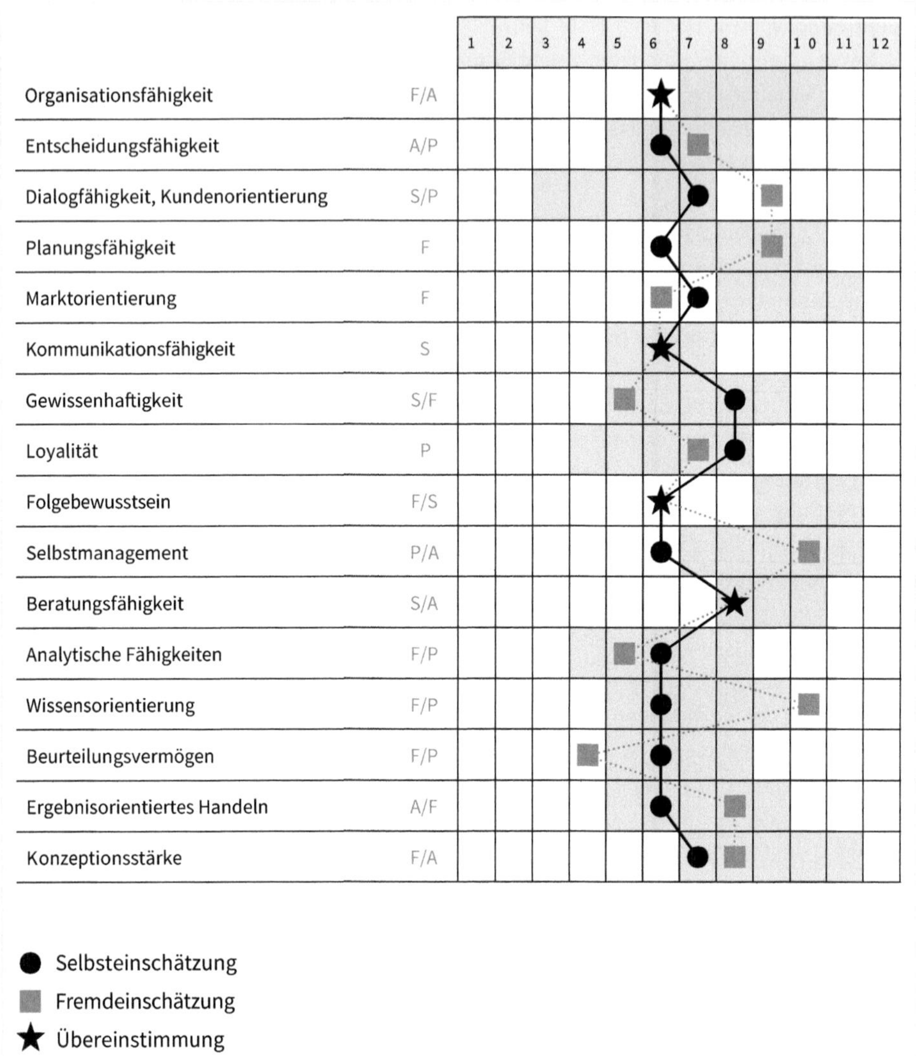

Abb. 12: Praxisbeispiel: Abgleich Soll-Ist-Kompetenzprofil mit Selbst- und Fremdeinschätzung (Quelle: KODE GmbH)

3.3 Gezielte Kompetenzentwicklung

Roman Sauter/Werner Sauter

Lernen findet auch im 21. Jahrhundert überwiegend im Seminar statt. Die Mehrheit der Entwicklungsprogramme in Unternehmen basiert nach wie vor auf Seminarreihen, in denen viel Wissen angeboten und in Fallstudien, Rollenspielen oder anderen Übungen gefestigt werden soll. Eines der größten Probleme von Fach- und Führungsseminaren ist, dass viele Informationen vermittelt, aber kaum Kompetenzen entwickelt werden. Kompetenzentwicklung setzt voraus, dass die Lernenden in realen Arbeitssituationen Widersprüche, Konflikte oder Verunsicherungen schöpferisch verarbeiten, um so zu neuen Emotionen und Motivationen gelangen.

> **Kompetenzen** werden zu zentralen Zielen von Lernprozessen, die am Workplace, im Prozess der Arbeit und im Netz stattfinden. **Wissensaufbau** und **Qualifizierung** bilden die notwendige Voraussetzung dafür.

Voraussetzung dafür ist, dass die Bereiche des Wissensaufbaus, der Qualifizierung sowie der Kompetenzentwicklung auf dieses Ziel hin ausgerichtet werden. Hierfür bieten sich folgende Methoden an (siehe **Abb. 13**).

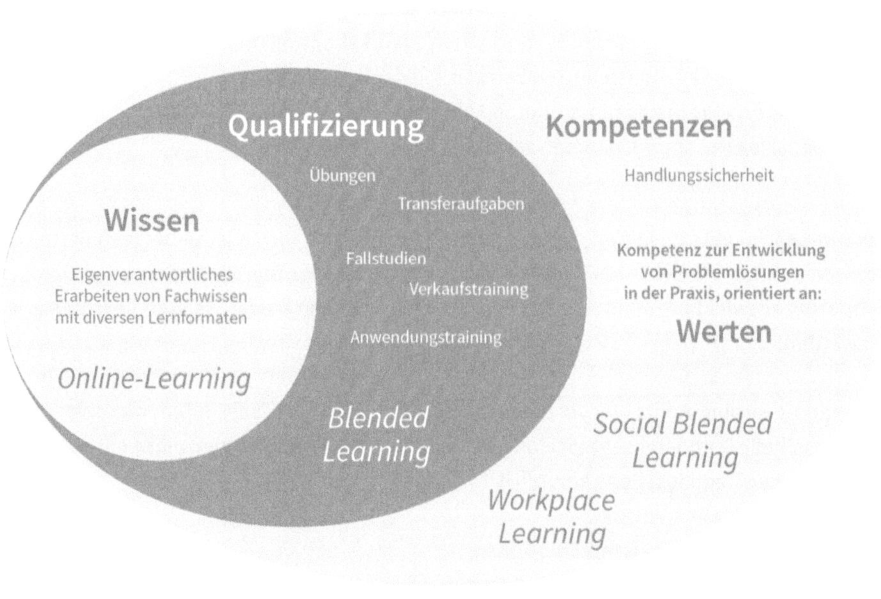

Abb. 13: Bildungsziele und Methoden

Für den **Wissensaufbau** und die Basisqualifizierung der Mitarbeiter und Führungskräfte haben sich digitale Lernarrangements bewährt. Mit der Möglichkeit der neuen digitalen Systemlösungen ist es möglich, personen- und situationsgenaue Lernformate, wie E-Learning, Webinar, Podcast, Videotraining, Immersive Learning usw. in beliebigen Kombinationen anzubieten.

Digital gestütztes Lernen bietet den Vorteil, dass jeder Lernende selbstgesteuert, d.h. exakt an seinem Bedarf orientiert, und aktiv lernen kann. Er kann darüber hinaus seine Lernzeit, seinen Lernort sowie sein Lerntempo und seinen Lernstil individuell bestimmen. Voraussetzung für effiziente E-Learning-Systeme sind Lernarrangements, die den Lernenden über herausfordernde Aufgaben und Übungen während der gesamten Lernzeit aktiv fordern.

In Arrangements der Kompetenzentwicklung sehen wir E-Learning in der Funktion, das notwendige Fachwissen »on demand« zur Verfügung zu stellen, wenn der Mitarbeiter bestimmtes Wissen zur Lösung seiner Herausforderungen in der Praxis benötigt. In bestimmten Themenbereichen, z.B. bei Sicherheitsfragen, werden wir E-Learning jedoch weiterhin im Sinne von »Vorratslernen« einsetzen müssen.

Für die **Qualifizierung** der Mitarbeiter und Führungskräfte haben sich Blended-Learning-Arrangements bewährt. Dieser Lernansatz, den wir seit über 20 Jahren in Praxisprojekten umsetzen, hat sich in allen unseren Projekten als besonders effizient erwiesen.

> BLENDED LEARNING
>
> Blended Learning (engl. Blender = Mixer) ist ein internet- bzw. intranetgestütztes Lernarrangement, das problemorientierte Workshops mit meist mehrwöchigen Phasen des selbstgesteuerten Lernens auf der Basis von Web Based Trainings oder Lernvideos und der Kommunikation über ein Learning Management System bedarfsgerecht miteinander verknüpft.

Blended-Learning-Arrangements ermöglichen in erster Linie formelle, selbstgesteuerte Lernprozesse auf Basis von Curricula mit dem Ziel der **Qualifizierung**. Wird dieses Ziel durch die **Kompetenzentwicklung** ersetzt, muss Blended Learning zum **Social Blended Learning** erweitert werden.

In Blended-Learning-Konzepten, in denen neben dem Ziel des Wissensaufbaus und der Qualifizierung auch die Kompetenzentwicklung ermöglicht werden soll, können diese mit der Praxis-, Coaching- oder Trainingsebene kombiniert werden.

Kompetenzentwicklung nur mit Emotionen

Kompetenzen werden in Entscheidungs- und Handlungsprozessen aufgebaut, die nicht nur mit vorhandenem Wissens gelöst werden können, sondern bei denen sogenannte **kognitive Dissonanzen**, d.h. innere Widersprüche, entstehen. Diese stehen zu den bisherigen Erfahrungen und persönlichen Entscheidungen bzw. getroffenen Entscheidungen im Widerspruch. In diesem Prozess der Labilisierung, in dem diese Dissonanzen erlebt und bewältigt werden, entstehen neue Lösungsmuster und Werte und damit Kompetenzen. Der damit ausgelöste emotionale Spannungszustand, die »emotionale Labilisierung« ist die entscheidende Voraussetzung jeder Verinnerlichung von Werten und damit für den Aufbau von Kompetenzen. Je größer das emotionale Gewicht, desto tiefer werden die zur Auflösung der Dissonanz führenden Werte später im »Grund der Seele« verankert. Diese bestimmen wiederum die Handlungen in vergleichbar herausfordernden Situationen.

Deshalb ist bei der Entwicklung von Lernkonzeptionen die zentrale Frage, welche physischen, psychischen und sozialen Prozesse für Menschen derart relevant sind, dass sie zu wirkungsvollen emotionalen Anstößen oder Irritationen, also zur Werte- und Kompetenzentwicklung führen. Hierfür bieten sich drei Stufen an (vgl. Erpenbeck/Sauter, 2007; vgl. Sauter/Sauter/Wolfig, 2018).

Bei der **Praxisstufe** handelt es sich immer um ein Handlungslernen.

Das Handeln kann im Arbeitsprozess oder im sozialen Umfeld geschehen, beispielsweise bei der Lösung von Konfliktsituationen. Wie dabei gelernt wird, ist ein spezieller Fall des Lernens im Arbeitsprozess. Es kann sich beispielsweise um die Fähigkeit handeln, mit neuen Technologien selbstorganisiert und kreativ umzugehen, um diese für die Entwicklung der eigenen Kompetenzen zu nutzen.

Die **Coaching-Stufe** ergänzt die Praxisstufe der Werte- und Kompetenzentwicklung.

Der Begriff Coaching hat ebenso viele Spielarten wie der Kompetenzbegriff (vgl. Migge, 2005; vgl. Radatz, 2006; vgl. Braun/Gawlas/Schmalz, 2004).

COACHING

Wir verstehen unter Coaching die Beratung und Begleitung einer oder mehrerer Personen durch einen oder mehrere Coaches, die den Teilnehmer bei der Bewältigung komplexer Handlungen befähigen, selbstorganisiert optimale Ergebnisse hervorzubringen.

Mit diesem Verständnis von Coaching greifen wir den Ansatz des Peer Working auf. Das heißt nichts anderes, als die Selbstorganisation des Handelns, also Kompetenzen zu entwickeln. Folgerichtig stärkt Coaching in beruflichen Entwicklungsprozessen die Fähigkeit des Coachee zur Selbstorganisation im Sinne einer »Hilfe zur Selbsthilfe«. Es handelt sich überwiegend um arbeitsbezogene Selbstreflexion. Sie kann von Person zu Person, aber auch im Netz erfolgen.

Die **Trainingsstufe** kann an die vorgenannten Lernformen anknüpfen. Wir betrachten sie als eine besondere Art von beabsichtigter Kompetenzentwicklung, nicht scharf abtrennbar, aber doch deutlich abhebbar von Praxis oder Coaching.

Voraussetzung der *Kompetenzentwicklung auf der Trainingsstufe* ist, dass die Lernenden reale Herausforderungen, z. B. in Praxisprojekten oder in Praxisanwendungen, zu bewältigen haben.

Zunehmend können die Mitarbeiter Tools zur Kommunikation und zum Austausch von Erfahrungswissen sowie zur kollaborativen Bearbeitung von Aufgaben im Netz nutzen.

Mit *Social Media*, besonders durch Team-Wissensbildung in einem Knowledge Management System, wird nicht nur Wissen im engeren Sinne entwickelt, vielmehr wird durch das Zusammenwirken auch die Verinnerlichung von Werten und damit auch von Kompetenzen initiiert.

Social Blended Learning
Das Ziel der Werte- und Kompetenzentwicklung erfordert eine wesentliche Erweiterung und damit eine grundlegende Veränderung des Blended-Learning-Konzeptes (vgl. Sauter/ Sauter/ Wolfig, 2018).

Ein Social-Blended-Learning-Arrangement ist kompetenzorientiertes Blended Learning in Verbindung mit einem herausfordernden Praxisprojekt bzw. einer herausfordernden Praxisaufgabe und der Einbindung von teambasiertem Wissensaustausch, um kompetenzorientiertes Lernen zu ermöglichen.

Dieses Entwicklungsarrangement weist deshalb gegenüber den rein qualifikationsorientierten Arrangements folgende zusätzliche Merkmale auf:

- Die Vision und Ziele der individuellen Werte- und Kompetenzentwicklung leiten sich aus einer vorangegangenen systematischen Erfassungen ab.
- Kompetenz wird dabei als die Fähigkeit aller Mitarbeiter gesehen, sich in offenen und unüberschaubaren, komplexen und dynamischen Situationen kreativ und selbstorganisiert zurechtzufinden; Kompetenzen werden als Selbstorganisationsdispositionen verstanden.
- Interiorisierte (verinnerlichte) Werte bilden die notwendige Voraussetzung für den Aufbau der Kompetenzen.
- Den »roten Faden« der selbstorganisierten, personalisierten Entwicklungsprozesse bildet das jeweilige Praxisprojekt oder herausfordernde Aufgaben im Rahmen der Arbeitsprozesse.

Die Priorisierung erfolgt in Abstimmung mit der Führungskraft auf Basis der Werte- und Kompetenzmessung. Die Bearbeitung erfolgt mit einer hohen Planungsdisziplin (Planning):

Die Lernenden übernehmen die **Verantwortung** für ihre Werte- und Kompetenzentwicklung und nutzen aktiv die Instrumente des Ermöglichungsraums sowie ihr Netzwerk aus Lernpartnern, Prozessbegleitern, Experten und Führungskräften.

- **Time-boxing**: Enge Zeitvorgaben fördern die Zielfokussierung, z. B. durch Sprint-Iteration.
- **Backlog**: Die Lerngruppe definiert gemeinsam Entwicklungspakete, die bearbeitet werden.

- **Daily Stand-up**: Die Mitarbeiter einer Entwicklungsgruppe bringen sich täglich auf den aktuellen Stand, einmal wöchentlich erfolgt ein Erfahrungsaustausch über das Projekttagebuch.
- Die Entwicklungskonzeption optimiert die Bedingungen der Möglichkeit dieser Werte- und Kompetenzentwicklung im Praxisprojekt und im Netz **(Praxisstufe)**. Der Entwicklungsprozess schließt **systematische Projektphasen** ein, die in reale Entscheidungssituationen und damit in echte Labilisierungsprozesse münden.
- Der notwendige **Wissensaufbau** und die **Qualifizierung** erfolgen mithilfe von zielgerichteten Lernmodulen, z. B. mit Online-Trainings, Videos oder Podcasts – und zwar auf Abruf, genau dann, wenn das Wissen benötigt wird. Wissen und Qualifikation sind dabei nicht das Ziel, sondern eine notwendige Voraussetzung für die Nutzung der New-Work-Systeme, um damit den Aufbau von Werten und Kompetenzen zu gestalten.
- Kompetenzorientierte **Entwicklungsprogramme** sind eine notwendige Voraussetzung für die weiteren Entwicklungsschritte. Sie orientieren sich an der Erfahrungswelt der Mitarbeiter und beinhalten herausfordernde (Dissonanz erzeugende) Praxis- und Projektaufträge. Deshalb ist es wichtig, dass Entwicklungsprogramme **zielorientierte Konflikte** induzieren. Dies ist beispielsweise dadurch möglich, dass die Mitarbeiter über dissonante Übungen und Transferaufgaben in ihrem Erfahrungsbereich eigene Lösungen für Projekt- oder Praxisherausforderungen entwickeln, die sie in einer Community of Practice analysieren und gemeinsam weiterentwickeln. Damit bewegen sie sich wieder in ihrem gewohnten Bereich der Problembearbeitung. Die Prozessbegleitung gibt dabei nur minimale Hilfe bei der Problemlösung.
- Erfahrungsaustausch und Problemlösung in Netzwerken **(Wissensräume/Communities)** bilden den Kern der Entwicklungsprozesse.
- Die Entwicklungspartner reflektieren regelmäßig über den Entwicklungsprozess und ihre Zusammenarbeit **(Retrospektive)**.
- Diese personalisierten Entwicklungsprozesse werden durch professionelle Prozessbegleiter **(Methodenverantwortliche)** unterstützt **(Coaching-Stufe)**.
- Die Führungskräfte ermöglichen die Entwicklungsprozesse ihrer Mitarbeiter **(Produktverantwortliche)**.
- Nach Möglichkeit werden Werte- und Kompetenztrainings in realistischen Entwicklungsszenarien mit integriert **(Trainingsstufe)**.
- Der Entwicklungserfolg wird anhand der Leistungsergebnisse **(Performanz)** gemessen. Projektlösungen werden den internen oder externen Kunden vorgestellt (Review). Wissenstests werden nur noch dann durchgeführt, wenn gesetzliche Vorschriften oder Ähnliches dies verlangen (z. B. bei Sicherheitsthemen).

Diese praxis-projektorientierte Konzeption ist als Kompetenzentwicklungsprozess gestaltet. Als Basis der Entwicklungsarrangements dienen tätigkeitsspezifische Kompetenzprofile. In einem Beratungsgespräch mit dem Prozessbegleiter definieren die Mitarbeiter vorab ihre individuellen Kompetenzziele, eventuell auch Werteziele, die sie in den kommenden Wochen oder

Monaten anstreben. Die Ergebnisse dieser Erhebungen bleiben vertraulich und sind nur dem Mitarbeiter und dem Prozessbegleiter bekannt.

Anschließend vereinbaren die Mitarbeiter in einem Entwicklungsgespräch mit ihrer jeweiligen Führungskraft ein **herausforderndes Praxisprojekt oder Praxisaufgaben** mit überprüfbaren Zielen, die sich an den strategischen Zielen der Unternehmung ausrichten. Die Auswahl dieser Herausforderungen orientiert sich dabei an definierten Werte- und Kompetenzzielen. Die Ziele im Bereich des Wissensaufbaus und der Qualifikation ergeben sich unter Umständen dabei aus dem vorgegebenen Lernrahmen, den die Personalentwicklung bzw. das Kompetenzmanagement aufgebaut hat.

Die **didaktische Analyse** im Bereich des Wissensaufbaus und der Qualifizierung erfolgt durch das Kompetenzmanagement, während die Kompetenzentwicklungsprozesse durch die Mitarbeiter selbst, in Abstimmung mit ihren Lernpartnern, der Führungskraft und eventuell dem Prozessbegleiter organisiert werden.

Die **methodische Analyse** übernimmt ebenfalls weitgehend der Prozessbegleiter, der den Lernenden innerhalb des Ermöglichungsraums Vorschläge für Lernmethoden, Sozialformen und Lernmedien unterbreiten kann. Die Lernenden entscheiden in Abstimmung mit ihren Lernpartnern und dem Prozessbegleiter, welche Methoden sie nutzen wollen.

Die individuellen Werte- und Kompetenzentwicklungsprozesse starten mit einem **Kick-off,** in dem insbesondere folgende Elemente integriert werden:

- Einführung in die Konzeption und Systeme der Kompetenzentwicklung mit Social Blended Learning;
- Bildung von Lerntandems und Lerngruppen;
- Entwicklung von »Spielregeln« für die Tandem- und Gruppenarbeit sowie die Gestaltung der Projekttagebücher;
- eventuell Festlegung von Gruppenaufgaben (z. B. Recherchen), deren Ergebnisse im nächsten Workshop präsentiert werden;
- verbindliche Vereinbarungen für die selbstorganisierte Lernphase.

In den **selbstorganisierten Lernphasen** verknüpfen die Teilnehmer formelle und informelle Lernprozesse zu einem systematischen, personalisierten Werte- und Kompetenzentwicklungsprozess. Diese werden in Anlehnung an die Struktur von Massive Open Online Courses (hier: cMOOCs, riesige offene Onlinekurse in Form von Seminaren oder Workshops) strukturiert. Die Entwicklungsprozesse in der Selbstlernphase sind dabei durch folgende Merkmale gekennzeichnet:

Blended Learning: Ein eventuell vorgegebener Wissensaufbau und die Qualifizierung erfolgen selbstgesteuert durch die Mitarbeiter. In regelmäßigen Webinaren und Workshops können offene Fragen geklärt werden.

Entwicklung der Kompetenzen in der Praxis: Die vereinbarten Praxisprojekte ermöglichen die selbstorganisierten Werte- und Kompetenzentwicklungsprozesse. Diese werden regelmäßig anhand von Werte- und Kompetenzmessungen sowie eventuell von Kennziffern gemeinsam durch den Mitarbeiter, seinen Entwicklungspartner und die Führungskraft analysiert und bewertet.

- **Workplace Learning:** Wichtigster Entwicklungsort für den Werte- und Kompetenzaufbau ist der Arbeitsplatz. Dort findet das Lernen individuell und primär statt. Das notwendige Wissen und die erforderlichen Qualifikationen werden innerhalb des Ermöglichungsraums bedarfsgerecht aufgebaut.
- **Kompetenzorientiertes Lernen:** Die regelmäßigen Werte- und Kompetenzmessungen werden gemeinsam mit dem Prozessbegleiter systematisch ausgewertet. Auf dieser Grundlage werden die Entwicklungsprozesse in einem dynamischen Prozess durch die Mitarbeiter in Abstimmung mit ihren Entwicklungspartnern und der Führungskraft laufend angepasst.
- **Social Learning**: Werte- und Kompetenzentwicklung findet im Netzwerk mit Lernpartnern sowie in Communities of Practice statt. Dies kann durch folgende Elemente gefördert werden:
  - Erfahrungsberichte, Best Practices etc.
  - gemeinsame Bearbeitung von Erfahrungsberichten, z. B. aus Projekten
  - gemeinsamer Aufbau und Weiterentwicklung eines Wissenspools mit Erfahrungswissen, Dokumenten, Links etc. (Knowledge Management)
  - Erarbeitung von Arbeitshilfen, z. B. Checklisten
- **Personalisiertes Lernen**: Die Lernenden nutzen vielfältige Angebote des Mobile und Micro Learnings, aber auch Open Resources, die ihnen innerhalb des Ermöglichungsraums angeboten werden.
- **Lernwegflankierung**: Sie erfolgt durch Entwicklungspartner, die Führungskraft und den Prozessbegleiter.

Werte und Kompetenzen können grundsätzlich auch auf Teamebene aufgebaut werden. Dieser Entwicklungsprozess kann beispielsweise initiiert werden, indem die Mitarbeiter ein gemeinsames »**Korridorthema**« (Schwerpunktthema) im Team bearbeiten.

Ein Beispiel dafür kann die Optimierung der Teamarbeit sein. Mit einem gemeinsam entwickelten Handlungsraster werden die Mitarbeiter sensibilisiert, in möglichst alle relevanten Handlungen teamfördernde Elemente zu integrieren. Die Erfahrungen in diesen Entwicklungsprozessen werden in einem gemeinsamen Kommunikationsprozess, z. B. über Lerntagebücher, aufgearbeitet und über das kompetenzorientierte Wissensmanagement dokumentiert.

In den regelmäßig stattfindenden Workshops, die jeweils auf die selbstorganisierten Lernphasen folgen, bringen die Mitarbeiter ihre Erfahrungen und offene Fragen aus ihren Praxisprojekten ein und präsentieren ihre Lösungen zu komplexen Gruppenaufgaben, die sie z. B. in Lerngruppen erarbeitet haben. Sie erhalten in der Diskussion weiterhin Hilfen für die jeweils nächste Phase der selbstorganisierten Werte- und Kompetenzentwicklung. Schließlich werden verbindliche Vereinbarungen für die kommende Selbstlernphase getroffen.

Ein definiertes Ende der Werte- und Kompetenzentwicklungsprozesse ist nicht vorgesehen. Der Abschluss-Workshop bildet deshalb nicht das Ende des Entwicklungsprozesses, sondern die Schnittstelle zum darauffolgenden selbstorganisierten Werte- und Kompetenzaufbau in der Praxis, am Workplace. Damit initiiert Social Blended Learning den Übergang zum Social Workplace Learning.

Die Anforderungen an die Mitarbeiter wandeln sich fundamental, da sie diese Entwicklungsprozesse eigenverantwortlich gestalten. Sie werden dabei jedoch durch die Begleitung ihrer Lernpartner sowie durch die Führungskraft und den Prozessbegleiter wirkungsvoll unterstützt. Eine neue Entwicklungskultur entsteht. Sie erfordert ein radikales Umdenken, die Veränderung des Handelns aller Beteiligten, da Lernroutinen, die über Jahrzehnte aufgebaut wurden, sich nur über Jahre hinweg wieder verändern können.

Dieses Entwicklungsarrangement eignet sich vor allem für die Initiierung selbstorganisierter Kompetenzentwicklung in Unternehmen, die bisher durch fremdorganisierte Lernprozesse geprägt sind. Da der Entwicklungsprozess mit einem Kick-off beginnt, werden die Mitarbeiter zunächst in einer gewohnten Lernumgebung abgeholt. Im Kick-off entwickeln sie dann gemeinsam mit professioneller Begleitung die notwendigen Planungen für ihre Selbstlernphasen. Unsere Erfahrungen zeigen dabei, dass solche Entwicklungsprozesse mit einer hohen Erfolgswahrscheinlichkeit initiiert werden können, wenn im Kick-off die Grundlagen für eine hohe Verbindlichkeit der vereinbarten Entwicklungsprozesse, aber auch für eine Flankierung der personalisierten Entwicklungsprozesse durch Lernpartner und Prozessbegleiter gelegt werden.

Kompetenzentwicklung im Arbeitsprozess und im Netz – Social Workplace Learning
Sind die Mitarbeiter gewohnt, die Ermöglichungsräume für ihre eigenen Entwicklungsprozesse erfolgreich zu nutzen, können wir davon ausgehen, dass sie nach und nach dazu übergehen, diese Möglichkeiten auch außerhalb geplanter Maßnahmen zu nutzen – Arbeiten und Lernen wachsen damit zusammen.

Die Mitarbeiter organisieren nunmehr ihre Kompetenzentwicklung selbst und in eigener Verantwortung mit Unterstützung ihres Netzwerkes (Community of Practice). Dabei nutzen sie alles, was ihnen im Ermöglichungsraum, beispielsweise in New-Work-Systemen und im Handlungsbaukasten, zur Verfügung gestellt wird. Ihre Entwicklungsprozesse werden bei Bedarf von Prozessbegleitern und der jeweiligen Führungskraft unterstützt. Regelmäßige Workshops oder Mitarbeitergespräche bieten die Möglichkeit, die Prozesse zu reflektieren und aktuelle Fragestellungen mit Kollegen und Experten zu diskutieren. Für neue Mitarbeiter wird regelmäßig ein Kick-off angeboten.

Agile Lernprozesse am Workplace in den selbstorganisierten Phasen sind durch folgende Merkmale gekennzeichnet:

- **Regelmäßige Kick-offs für neue Mitarbeiter**: Neue Mitarbeiter erhalten im Rahmen eines Kick-offs mit Unterstützung ihres Prozessbegleiters sowie ihrer Führungskraft die Möglichkeit, sich mit dem innovativen Werte- und Kompetenzentwicklungskonzept und dem Ermöglichungsraum vertraut zu machen, Kompetenzmessungen zu erfahren, ihre personalisierten Kompetenzentwicklungsprozesse zu planen, Prozesspartnerschaften und -gruppen zu bilden sowie sich in Communities of Practice einzubringen.

- **Kompetenzziele**: Die Optimierung der Handlungsfähigkeit der Mitarbeiter in der Praxis und damit ihres Beitrags zum Unternehmenserfolg ist das Richtziel. Dies erfordert individuelle, selbstdefinierte Kompetenzziele, die sich konsequent an den Entwicklungsmöglichkeiten von jedem Lernenden orientieren.
- **Werte- und kompetenzorientiertes Lernen**: Die Kompetenzentwicklung wird regelmäßig aus verschiedenen Blickwinkeln, dem des Lernenden, seines Lernpartners, des Prozessbegleiters oder der Führungskraft, gemessen, analysiert und ausgewertet. Der gesamte Lernprozess wird mithilfe eines Werte- und eines Kompetenzerfassungssystems konsequent auf die individuellen Entwicklungsmöglichkeiten der Mitarbeiter hin ausgerichtet. Im Abgleich dieser individuellen Kompetenzen mit den Rahmenbedingungen und den Möglichkeiten des Entwicklungssystems definiert jeder Mitarbeiter seine persönlichen Kompetenzentwicklungsziele. Dies erfolgt meist in einem Diskussionsprozess mit dem Entwicklungspartner, eventuell dem Prozessbegleiter und der Führungskraft. Auf dieser Grundlage werden die Entwicklungsziele bei Bedarf immer wieder angepasst und die Entwicklungsprozesse durch die Mitarbeiter selbst in Abstimmung mit ihren Entwicklungspartnern und eventuell dem Prozessbegleiter laufend optimiert. Damit entwickelt jeder Mitarbeiter seine individuelle Entwicklungsstrategie.
- **Selbstorganisiertes Lernen**: Innerhalb des Ermöglichungsraums, den die Mitarbeiter über die soziale Lernplattform nutzen können, organisieren sie ihren Entwicklungsprozess in Abstimmung mit ihren Entwicklungspartnern und eventuell dem Prozessbegleiter selbst. Dabei orientieren sie sich an den Vereinbarungen mit ihrer eigenen Führungskraft und an dem verbindlichen Werterahmen des Unternehmens. Mithilfe ihrer **E-Portfolios** können die Mitarbeiter ihre persönlichen Lernprozesse planen und dokumentieren. Neben den Ergebnissen der regelmäßigen Werte- und Kompetenzerfassung dokumentieren sie dort ihre wichtigsten Lernunterlagen, Ausarbeitungen oder Präsentationen. Sie können selbst entscheiden, wer Einsicht in diese Sammlung nehmen darf. Die Mitarbeiter können auch die Möglichkeiten von Open Resources nutzen oder sich in freien Communities austauschen.
- **Individueller Wissensaufbau und Qualifizierung**: Dieser Bereich wird über eine Vielzahl stark modularisierter Online-Trainings ermöglicht, die das erforderliche systematische und aktuelle Wissen zur Verfügung stellen. Jeder Mitarbeiter eignet sich damit gezielt das fehlende Wissen bei Bedarf an, dass er zur Lösung in der Praxis benötigt. Lernmethodik und -geschwindigkeit, aber auch Ort und Zeitpunkt der Bearbeitung der Lernprogramme und Aufgabenstellungen werden von jedem Mitarbeiter selbstverantwortlich festgelegt.
- Insbesondere bei jungen Fach- und Führungskräften können Projekte mit realen Aufgabenstellungen, die aufgrund ihrer Komplexität eine längerfristige Projektbearbeitung erfordern und die sonst eventuell an externe Unternehmensberatungen vergeben werden würden, die Kompetenzentwicklungsprozesse gezielt beschleunigen.

- **Orientierung und Reflexion in regelmäßigen Workshops**: In einem analogen Blended-Learning-Konzept können die Mitarbeiter ihre Erfahrungen regelmäßig in Workshops reflektieren und anwenden. Offene Fragen aus der Praxis, den Projekten oder Transferaufgaben werden bei Bedarf mit Experten und oberen Führungskräften bearbeitet. Es wird immer wieder weiterführendes Wissen ausgetauscht, vor allem zu aktuellen Inhalten oder aus der unternehmensbezogenen Führungspraxis. In diversen Übungen werden Methoden und Techniken im »Labor« trainiert. Darüber hinaus erhalten die Mitarbeiter in der Diskussion Hilfen für die Zeit des selbstorganisierten Entwicklungsprozesses. Schließlich werden jeweils verbindliche Vereinbarungen für die jeweils nächste Prozessphase getroffen. Weiterhin werden in die Workshops Elemente mit Event-Charakter, z. B. Kaminabende mit höhergestellten Führungskräften oder Outdoor-Übungen, integriert.
- **Kompetenzorientiertes Erfahrungsmanagement**: Die Erfahrungen, die Mitarbeiter in ihren Entwicklungsprozessen aufbauen, tauschen sie mit ihren Entwicklungspartnern über Tagebücher **(Blogs)** aus und entwickeln sie **im Rahmen der Community of Practice** zu gemeinsamen Wertungen weiter. Die Gruppenmitglieder verpflichten sich, diese Tagebücher zu lesen und zu kommentieren, bei Bedarf Hilfestellungen und Anregungen zu geben. Dadurch entsteht ein netzbasierter Entwicklungsprozess, der alle Gruppenmitglieder an den gewonnenen Erfahrungen teilhaben lässt. Gleichzeitig werden Entwicklungsprozesse im Netz initiiert, geübt und systematisch optimiert. Es entwickelt sich ein unternehmensweites Kompetenznetzwerk.

Social Workplace Learning bedeutet konsequent umgesetzt einen Paradigmenwechsel. Nicht mehr die Personalentwickler oder die Trainer sind primär für die Entwicklungsprozesse der Mitarbeiter verantwortlich. Die Mitarbeiter organisieren vielmehr ihre Kompetenzentwicklung selbst und in eigener Verantwortung. Formelle Lernprozesse zum Wissensaufbau und zur Qualifikation bilden dafür oft die notwendige Voraussetzung, sind aber nicht das Ziel.

Die Mitarbeiter erhalten in diesem Entwicklungssystem die Möglichkeit, Werte- und Kompetenzziele und die dafür erforderlichen Grundlagen eigenverantwortlich zu definieren, ihre Entwicklungsprozesse innerhalb des Ermöglichungsraums selbst zu organisieren und umzusetzen und Problemlösungen in der Praxis allein oder kollaborativ zu finden.

4 Lernen als Teil der Arbeit

Götz Piwinger

Zum Thema Lernen finden unzählige Konferenzen, Messen und Events statt und alle haben etwas gemeinsam: Sie verlieren sich in kleinen Verästelungen. Was mich als Gast oder manchmal auch als Referent dabei stört, sind die selbstverliebten Praxisberichte von Angestellten größerer Unternehmen. Sie verwenden große Buzzwords, hinter denen sich bei näherer Betrachtung Miniprojekte verstecken. Um »Lernen« im Sinne von New Work zu verstehen, muss man auf der Meta-Ebene denken und handeln. Dazu sind einige Grundverständnisse zu klären.

LERNEN

Lernen ist, neue Erfahrungen in jeder Form zum bestehenden Portfolio beizusteuern.

Dabei dürfen wir zwischen individuellem Lernen und organisationalem Lernen differenzieren. Natürlich steht beides auch im Zusammenhang. Versuchen wir es aufzulösen:

Erinnern wir uns an den Anfang dieses Buches, als ich den Vergleich des Menschen mit Wildschweinen und Fischen vornahm. Das Fazit lautete: »Weil uns Menschen die Fähigkeit zur Schwarmintelligenz fehlt, brauchen wir digitale Krücken.« Organisationale Schwarmintelligenz entsteht durch das sogenannte kollaborative Lernen oder durch neuronales Lernen. Als Säugetier ähneln wir am ehesten dem Schwarzwild. Da wir menschlich, aber in wesentlich isolierteren Lebensräumen als die Wildschweine zu Hause sind, gerät die Mensch-zu-Mensch-Kommunikation im Sinne gemeinsamer Erfahrungen in den Hintergrund. Mit sozialen Medien werden primär Informationen ausgetauscht, deren Wahrheitsgehalt und Wert nicht zur persönlichen Entwicklung beitragen können. Lernen muss wieder Teil der persönlichen und gemeinschaftlichen Erfahrungsbildung werden.

Zwischenfazit

Weil uns Menschen die Schwarmintelligenz fehlt, brauchen wir digitale Krücken! Dies könnten Wissensmanagementprozesse sein oder 360-Grad-Workflow-Lösungen.

Wir wollen und können nicht immer mit der gleichen Methode oder im gleichen Format lernen. Denn Lernen muss genau dann möglich sein, wenn wir es benötigen, und dann bitteschön auch in geeigneter Form.

Beispiel: Automatisches Lernvideo
Sie sind Techniker und sollen eine Maschine warten – einen Filter tauschen. Sie erfassen den QR-Code oder das IFRC-Signal mit ihrem mobilen Endgerät und erhalten folgende Meldung: »Ich bin ein Häcksler und ich bin gefährlich. Wie ich sehe, hast du noch keine Sicherheitseinweisung zu mir bekommen. Hier ist dein Lernvideo. Bitte arbeite es durch. Bei Erfolg öffne ich meine Wartungsklappe für dich.«

Ich wähle dieses Beispiel bewusst, um zu zeigen, wie allgegenwärtiges Lernen in unserem Alltag vonstattengeht. Das Beispiel ist übrigens keine Zukunftsmusik, sondern Teil des HR Innovation Awards, den ich mit diesem Workflow 2017 erstmals gewann. Konsequent weitergedacht, müssen Lernformate zu ein und demselben Thema in unterschiedlichsten Formaten bereitstehen. Das bedeutet eine grundsätzliche Neustrukturierung des Lernangebots in unterschiedliche Formate, um unterschiedliche Persona zu erreichen.

PERSONA-PRINZIP

Das Persona-Prinzip im Kontext Lernen beschreibt die Stereotypen einer Zielgruppe und deren typisches Lernverhalten.

Beispiel: Gewerblicher Azubi
Für das Lernen neben der Ausbildung bevorzugt die Persona »Azubi« die Nutzung des mobilen Endgeräts zu jeder Zeit, an jedem Ort. Außerdem soll das Wissen primär über Videos und Animationen erfolgen, gerne auch in 3-D. Folglich muss dieser Zielgruppe der Zugang zu dem Lernrahmen auch außerhalb der Firma ermöglicht werden. Technisch gesehen, sollten alle Lerninhalte in diesem Fall auch responsiv, d. h. auf allen Endgeräten laufend, programmiert sein.

Beispiel: Pivot-Tabellen in Excel
Wenn ich dieses Wissen/diese Fähigkeit für mein Projekt benötige, gebe ich in meinem KI-gesteuerten Suchfeld das Wörtchen »Pivot« ein. Die KI kennt meine Rollen und Rechte, meine Gruppenzugehörigkeiten, meine Stelle, meine Qualifikationen (Lessons Learned) und meine bevorzugte Lernmethode! Ergebnis: Wenn ich bereits Excel-Kenntnisse habe, erhalte ich ein E-Learning Nugget, um zu lernen, Pivot-Tabellen anzulegen. Bin ich aber ein Anfänger, dann bekomme ich als Ergebnis eine Erklärung, was Pivot-Tabellen überhaupt sind.

KI-gesteuerte Systeme verbinden idealerweise **Learning Management** (Content und Verwaltung), **Kompetenz- und Talentmanagement** (Personalentwicklung) und **Wissensmanagement** (Informations- und Organisationsentwicklung). Die Eingabe durchsucht alle Komponenten, um das perfekt passende Lernergebnis für mich zu finden.

Wir werden uns daran gewöhnen, dass die neuen Lernformate vielfältig sind. Es können E-Learnings, Videos, 3-D-Lernen (Immersive Learning), Podcasts oder Augmented-Reality-Simulationen sein, um nur einige Beispiele zu nennen. In jedem Fall entsteht eine neue Disziplin in der Weiterbildung: das Media Asset Management. Das bedeutet: die Verwaltung von Lernbausteinen in unterschiedlichen Formaten zu einem Thema. Diese Lernbausteine werden – je nach Bedarf – im Projekt oder im entsprechenden Moment im situativ passenden Format bereitgestellt. Das klingt zunächst wie Science-Fiction, doch wir erleben dieses Vorgehen schon heute. Durch die Internationalisierung der Mitarbeiter beim Einsatz in Deutschland müssen Lernmedien aufgrund fehlender Lesekenntnisse durch Piktogramme und symbolische Videos sowie gamifizierte Tests ausgebaut werden. Der Lerninhalt bleibt zwar gleich, aber es kommen neue Formate hinzu.

Dieses Thema wird uns im Kapitel über das Wissen (siehe Abschnitt 5.1) noch einmal begegnen, denn Lernmedien sind auch immer Wissenseinträge!

Zukunftsgefahr Learning Management System

Daraus ergibt sich die Erkenntnis, dass Lernmanagement eine Teilmenge von Wissensmanagement ist! Denn jede Information unterstützt das Lernen: sei es eine Bedienungsanleitung, ein Schaltplan, ein Video, ein Foto oder eben auch ein E-Learning oder Webinar, aber auch das Angebot für Präsenztrainings. Die KI-Suche durchforstet das Knowledge Management System, das Competence Management System und das Learning Management System. Deshalb ist der Einsatz eines reinen Learning Management System zu kurz gesprungen. Es ist jedem nun klar, dass sich diese Erkenntnis früher oder später durchsetzen wird, nur: Dann haben Sie ihr neues Learning Management System bereits in Betrieb und wir alle wissen, was ein Systemwechsel in der Praxis bedeutet! Auf der Meta-Ebene denken heißt auch: in digitalen Prozessen denken. Alle Theorien und Methoden müssen im Unternehmensalltag praktisch umsetzbar sein. Aus diesem Grund habe ich auch zu diesem Thema ein neues Handlungsmodell entwickelt, den Learning Management Action Plan, kurz L-MAP (siehe **Abb. 14**).

In der Onlineversion des L-MAP ist der äußere, dunkle Motivations- oder Pain-Ring wieder drehbar. Sollte Ihre Motivation also allgemein »Digitalisierung« lauten, weil Ihre Lernlandschaft überwiegend aus Präsenzveranstaltungen besteht, dann wäre der nächste, logische Schritt die Digitalisierung der Lernformate dort, wo es sinnvoll und möglich ist. In diesem Fall wäre die Stellung des Handlungsmodells genau wie in der Abbildung und als Ergebnis kämen die Analyse der bestehenden Lernformate und die Umsetzung nach speziellen Kriterien als Handlungsempfehlung heraus.

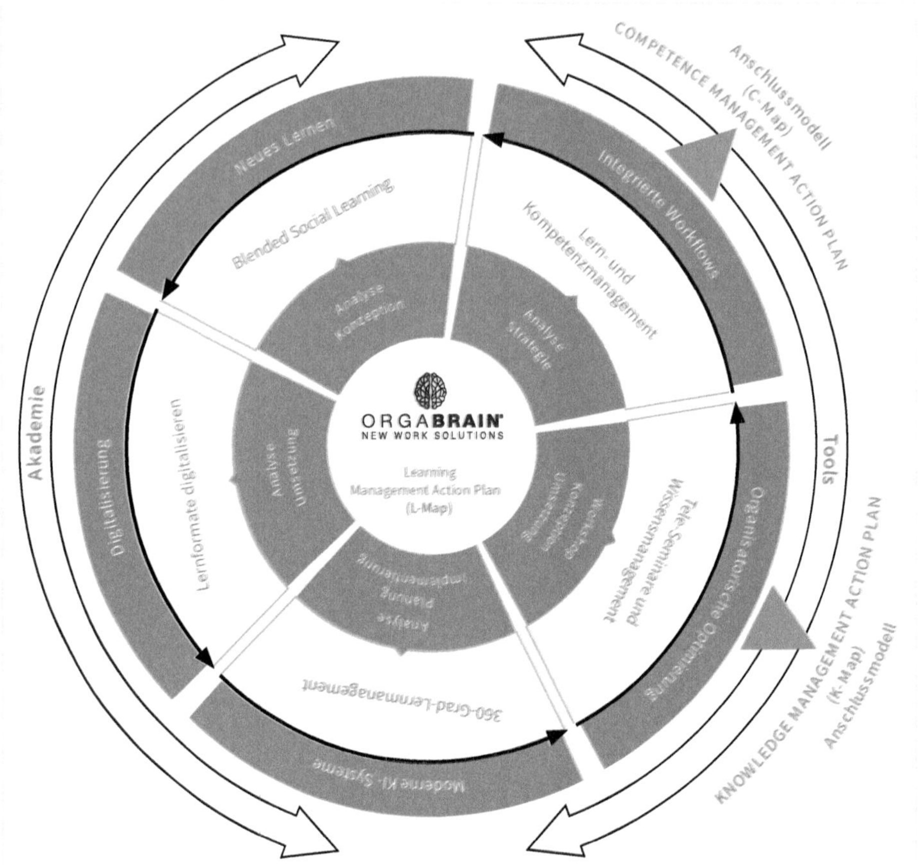

Abb. 14: Learning Management Action Plan (L-MAP) (Quelle: Orgabrain GmbH & Co. KG)

Dieses agile Modell ermöglicht die Ableitung eines Ziels zum Thema (momentaner Reifegrad) bis hin zum passenden Handlungsformat. Dieses Verfahren wird so lange wiederholt, bis keine Drehung mehr erforderlich ist, und es ermöglicht die schrittweise, agile Transformation in Richtung New Learning als Teil des New Work Flow.

Nur wenn Lernen als natürlicher Bestandteil der Arbeit verstanden wird, können Unternehmen in Zukunft erfolgreich sein.

70-20-10 war gestern

Unter Zuhilfenahme der Digitalisierung können neue Methoden und Ansätze genutzt werden. Speziell meine ich in diesem Fall die VR/AR-Technologie, schnelles Internet und KI. Die innere Trennung der 70-20-10-Regel ist inzwischen überholt, weil beispielsweise eine Maschinensimulation innerhalb eines E-Learnings bereits die 10 und die 20 zusammenwachsen lässt. Und die 70 – also die (berufliche) Prägung eines Menschen – ist innerhalb des Lernprozesses, beispielsweise durch die Verinnerlichung von Werten, ebenfalls variabel geworden. In der Kompetenzentwicklung – dem ganzheitlichen Lernen – verschmelzen die drei Zahlen der 70-20-10-Theorie zu immer neuen Aufteilungen.

Nach dem 70-20-10-Modell lernen Mitarbeiter zu 70 % durch praktische Erfahrungen (Prägung), 20 % des Wissens wird durch Kommunikation erworben (Imitation) und lediglich 10 % werden dem formalen Lernprozess zugeschrieben (»Vorratslernen«).

Gerade beim organisationalen, vernetzten Lernen sind solche Theorien nicht mehr seriös haltbar. Peer-to-Peer Learning, Learning out Loud oder vernetztes Lernen sind nichts anderes als Lernen im Team. Dafür muss es uns gelingen, das digitale Merkmal »Sharing« in die Unternehmenskultur zu übertragen. Für das situationsgenaue Lernen im Team gab es schon viele Begriffe, die alle ihren Platz hatten, z. B. »kollegiale Fallberatung«, doch die Verfügbarkeit KI-gesteuerter Systeme ermöglicht das interdisziplinäre Lernen über Bereiche, Rollen und Stellen hinweg, auch zeitlich asynchron. Dafür wird eine KMS-Komponente benötigt, um gemeinsames Wissen versioniert und vor allem in Form eines Workflows abzubilden. Leider neigen Unternehmen derzeit zu »Spontankäufen«, um digital zu werden. Besonders beliebt sind Apps, wie Slack, Confluence, Teams und viel andere. Das sind alles gute Programme, doch leider scheitern sie beim Thema Wissensmanagement. Erinnern Sie sich an das Szenario der KI-Suche nach einem passenden Wissenseintrag? Die Suche durchforscht Lern-, Talent- und Wissensmanagement im Sinne von »single source of truth«.

Wie kommt das Wissen ins System?

Wissen muss in **klaren Prozessen** entstehen. Die Informationen und Dokumente sind zwingend versioniert. Es muss **geschützte Wissensräume** nach bedachten Rollen & Rechten geben. Wir alle kennen Teamchats oder Foren. Aber wir kennen auch die Problematik, genau die Ergebnisse zu bekommen, die man auch wirklich sucht. In unserem Fall greifen wir das Format Forum auf, binden es aber in einen 360-Grad-Unternehmensworkflow ein. Beispielsweise stellen wir sicher, dass dann, wenn eine Wissensdiskussion zu einem Ergebnis kommt, dieses als gesicherter, versionierbarer Wissenseintrag deklariert werden und allen gewünschten Mitarbeitern zur Verfügung gestellt werden kann.

Szenario Wissenserstellung im Team

Ihr Wissensmanager stellt fest, dass es viele Suchanfragen zum Thema »Pivot-Tabellen« gibt, aber keine Ergebnisse. Er erstellt im System eine Aufgabe für seinen Product Manager: »Bitte erstelle einen Wissenseintrag zum Thema Pivot-Tabellen bis zum xx.xx.xxxx.« Der PM schart nun, wie man das in

Whatsapp tun würde, ein Team im virtuellen Raum um sich: IT, Trainer, Azubi, Fachabteilung, Endkunde etc. Hier zeigt sich schon die interdisziplinäre Teamarbeit. Das Team erstellt im System kollaborativ ein kleines E-Learning und reicht es an den Wissensmanager weiter. Er genehmigt die Lösung als gesicherten Wissenseintrag. Dieser Wissenseintrag, in Form eines E-Learnings, ist nun für berechtigte Nutzer abrufbar. In diesem Beispiel wurde Wissen im Team erstellt und geteilt.

Wenn man sich dieses Szenario nun mit dem Faktor 50 oder 100 parallel vorstellt, dann entsteht die lernende Organisation oder auch Schwarmintelligenz. Das ist die perfekte Form von organisationalem Lernen.

In beiden Fällen, dem individuellen und dem organisationalen Lernen, muss es gelingen, alle Mitarbeiter zu befähigen, selbstorganisiert zu lernen. Wenn wir uns auch hier zu Herzen nehmen, dass Methode und System in Einklang stehen müssen, um erfolgreich zu sein, hilft uns der L-MAP stets weiter. Neues Lernen kann man nicht einfach »anschalten«, denn der Ermöglichungsraum (vgl. Sauter, 2017) beinhaltet auch die Bereitstellung der technischen Rahmenbedingungen. Die Einführung besteht aus wachsenden Prozessen, die sogar parallel abgearbeitet werden können. Schön ist die Handlungsklarheit für New Learning, allerdings brauchen wir für die Umsetzung – je nach Unternehmensgröße – eine gewisse Zeit. Lernen ist ein wichtiger Teil von New Work. Lernen hat verschiedene Ausprägungen, z. B., ob man implizites oder explizites Wissen vermittelt. New Learning bedeutet auf jeden Fall ganzheitliches Lernen und damit Kompetenzentwicklung. Dabei spielen die Führungskräfte eine maßgebliche Rolle. Prof. Dr. Werner Sauter und Roman Sauter haben im Folgenden beispielhafte Konzepte dafür entwickelt.

4.1 Führungskräfte als Mentoren und Entwicklungspartner

Roman Sauter/Werner Sauter

Führungskräfte übernehmen in Social-Blended-Learning-Arrangements eine Schlüsselrolle als Entwicklungspartner/Mentor ihrer Mitarbeiter (vgl. Sauter/Sauter, 2013).

> Der Mentor gibt Erfahrungen und Eindrücke an einen Mentee mit dem Ziel weiter, ihn in seiner persönlichen oder beruflichen Werte- und Kompetenzentwicklung zu fördern.

Das Ziel des Mentoring ist es, die Entwicklungsprozesse der Mentees mithilfe des Netzwerkes seiner Führungskraft zu intensivieren und sie beratend zu begleiten. Im Mentoring-Prozess liegt der Effekt immer mehr auf dem Transfer von implizitem Wissen und Werten des Mentors, der dafür den entsprechenden Erfahrungshintergrund mitbringen sollte. Diese Erfahrungen und Werte sind eine exzellente Ergänzung zu dem expliziten Wissen, das beim Mentoring genutzt werden kann.

Zusätzlich zu den genannten Vorteilen fördert ein Mentoring die Vernetzung der Mitarbeiter in der Organisation, insbesondere mit Entscheidern. Umgekehrt erhalten die Mentoren ein eindeutiges Feedback von der Basis und lernen selbst einen anderen Blickwinkel auf die Organisation kennen. Erfahrungsgemäß wirkt sich Mentoring auch bei den Mentoren günstig auf ihr Führungshandeln aus. So entwickelt sich ein positiver Kultureffekt für die Organisation und eine soziale Interaktion über die Bereiche und Hierarchieebenen hinweg (interdisziplinäre Kommunikation). Damit aus Führungskräften Mentoren werden, muss zunächst auch diese Zielgruppe eine Kompetenzentwicklung erfahren.

Kompetenzentwicklung der Führungskräfte

Die gezielte Werte- und Kompetenzentwicklung von Führungskräften ist eine konstruktive Leistung jedes Einzelnen. Dieser Prozess kann jedoch durch den Aufbau eines bedarfsgerechten Ermöglichungsraums mit professioneller Lernbegleitung initiiert und gefördert werden. Damit werden sich die Rollen und damit das Geschäftsmodell der betrieblichen Bildung grundlegend weiterentwickeln.

Für eine gezielte Werte- und Kompetenzentwicklung wird anstatt von Seminaren eine Werte- und Kompetenzentwicklung benötigt, mit der die Zielgruppe systematisch die erforderlichen Werte und Kompetenzen (auch für heute noch nicht bekannte Herausforderungen) selbstorganisiert und kreativ im Arbeitsprozess aufbaut. Dabei wachsen Arbeiten und Lernen zusammen.

Eine wesentliche Voraussetzung für den Erfolg der Werte- und Kompetenzentwicklung für die Führungskräfte ist eine hohe, organisationsweite Transparenz über die Bedeutung des Werte- und Kompetenzmanagements auf allen Ebenen der Organisation:

- Ziele des individuellen, des teambezogenen und des organisationalen Werte- und Kompetenzmanagements;
- Rahmenbedingungen der Entwicklungsprozesse;
- die geplanten Entwicklungsprozesse auf allen Ebenen;
- die Kommunikation und Dokumentation der Ergebnisse.

Da der Fokus auf der Erarbeitung und Umsetzung von Werte- und Kompetenzförderung der Führungskräfte liegt, sollte das Lernarrangement nach folgenden Prinzipien gestaltet werden:

- Ein umfassendes Kompetenzentwicklungsprogramm konzipieren und umsetzen;
- Werte- und Kompetenzerfassungen in die Entwicklungsprozesse der Führungskräfte integrieren;
- die Inhalte zentral, kontextbezogen und jederzeit verfügbar bereitstellen;
- in den jeweiligen Modulen Werte, Sinn und Prinzipien verinnerlichen;
- gezielt die jeweiligen Werte und Kompetenzen selbstorganisiert entwickeln;
- ein gezieltes Werte- und Kulturmanagement im gesamten Team der Führungskräfte sowie im jeweils eigenen Team gestalten;
- Kollaboration und Austausch von Erfahrungswissen in Netzwerken fördern.

Didaktik und Methodik

Die vorgeschlagene Konzeption der Werte- und Kompetenzentwicklung basiert auf dem Ansatz der »**Ermöglichungsdidaktik**« (vgl. Arnold, 2017). Das Ziel ist, für die Führungskräfte einen optimierten Lernraum zu schaffen, in dem sie ihre Werte und Führungskompetenzen selbstorganisiert entwickeln können.

Wie ein Entwicklungsarrangement auf einen Lernenden wirkt – wie er den Input aufnimmt und interpretiert, wie er verarbeitet, was er wahrgenommen hat, und wie viel er davon später, wenn er sein Wissen anwenden möchte, überhaupt noch im Gedächtnis hat – kann nicht zentral geplant werden (vgl. Schüßler, 2007). Deshalb können Wissen und Werte sowie Kompetenzen nicht vermittelt werden. Es wird nicht mehr der Anspruch erhoben, man könne Lernprozesse direkt beeinflussen (vgl. Wahl, 2006). Auch widerspricht diese »Erzeugungsdidaktik« dem Menschenbild, das für eine wirksame Entwicklungspartnerschaft zwischen Führungskräften und Mitarbeitern erforderlich ist.

ERMÖGLICHUNGSDIDAKTIK

Ermöglichungsdidaktik hat zum Ziel, den Lernenden alles an die Hand zu geben, damit sie ihre Entwicklungsprozesse problemorientiert und selbstorganisiert gestalten können (vgl. Arnold, 2017).

Die Ermöglichungsdidaktik ist die pragmatische Antwort auf die wirtschafts- und bildungspolitisch propagierte Forderung nach **lebenslangem Lernen** und damit auch bedeutsam für **agile Entwicklungskonzeptionen**. Die Entwicklungssituation sollte deshalb nicht vom Inhalt abhängen, sondern aus dem Fokus des Lernenden als Lernrahmen gestaltet werden (vgl. Wahl, 2006).

ERMÖGLICHUNGSRAUM

Der Ermöglichungsraum ist eine digitale Lösung, die didaktische, methodische, materielle und mediale Aspekte in einem 360-Grad-Workflow so anordnet, dass die Chance für die angestrebten Entwicklungsprozesse auf allen Ebenen möglichst hoch wird.

Die Personalentwicklung wandelt sich zu einem Werte- und Kompetenzmanagement, das sich nicht mehr auf die detaillierte Planung von Lehr-/Lernprozessen (Planungsfixierung), sondern auf die Ermöglichung des selbstorganisierten Aufbaus von Wissen, Qualifikation, Werten und Kompetenzen in personalisierten Lernprozessen (Realisierungsfixierung) konzentriert. In diesem systemischen Ansatz wird der Lernende als Ganzes gesehen und es werden sein Umfeld und seine individuellen Bedürfnisse, die immer eng mit den emotionalen Strukturen verknüpft sind, berücksichtigt. Der Lernbegleiter schafft die Bedingungen für die selbstorganisierte Entwicklung der Führungskräfte (vgl. Sauter/Sauter/Wolfig, 2018).

Lernende erhalten deshalb vielfältige Angebote innerhalb des Lernrahmens, die es ihnen ermöglichen, ihr Wissen sowie die erforderliche Qualifikation (formelles Lernen) selbstorganisiert aufzubauen und zu sichern und bei der Bewältigung herausfordernder Aufgaben ihre Werte und Kompetenzen zu entwickeln.

Die Führungskräfte müssen dementsprechend eine hohe Methoden-, Medien-, Selbstorganisations- und Selbstlernkompetenz entwickeln. Sie übernehmen die Rolle eines Entwicklungspartners – Mentors – ihrer Mitarbeiter.

Da die Führungskräfte reale oder fiktive Problemstellungen zunehmend online bearbeiten, wird auch Werte- und Kompetenzentwicklung mit modernen Systemen auf breiter Ebene möglich. Denn heute können Lernende die emotionalen Labilisierungsprozesse auch online erfahren.

Die digitale Lernwelt deckt in diesem Kontext beide Bereiche des Lernens ab:

- **Individuelles und kooperatives Lernen**: formelles Lernen im Rahmen vorgegebener Lernziele und Inhalte mit verschiedenen Trainingsmethoden und einer Learning Community (Selbstlernmedien);
- **Individuelles und kollaboratives Arbeiten = Werte- und Kompetenzentwicklung**: informelles Lernen, indem allein und mit Entwicklungspartnern kollaborativ Transferaufgaben oder Problemstellungen aus der Praxis oder in Praxisprojekten bearbeitet werden und der Austausch von Erfahrungen in Communities of Practice *(Soziales Lernen – Social Collaboration)* stattfindet.

Die Online-Lernwelt verbindet die Führungskräfte mit den Instrumenten, die sie für ihre Lern- und Führungspraxis benötigen. Sie ist sehr gut geeignet, Werte- und Kompetenzentwicklungsprozesse online zu steuern.

Werte und Kompetenzen können nicht vermittelt werden. Sie können nur in neuartigen, offenen und realen Problemsituationen kreativ handelnd und selbstorganisiert erworben werden. Aus der strategischen Zielsetzung leiten sich die funktions- und personenbezogenen Richtziele ab (vgl. Erpenbeck/Sauter, 2007).

Führungskräfte ...

- entwickeln ihre Werte und ihre Führungskompetenz in Hinblick auf die strategischen Anforderungen der Unternehmung in einem langfristigen Lernprozess, der niemals endet;
- erfassen regelmäßig ihre Werte und Kompetenzen und leiten daraus weitere personalisierte Entwicklungsschritte ab;
- gestalten ihre Lernprozesse praxis-, projekt- und selbstorganisiert im Rahmen des Werte- und Kompetenzentwicklungssystems;
- bauen ihr persönliches Werte- und Kompetenznetzwerk auf und pflegen es stetig.

Aus dieser Zielsetzung ergeben sich die **individuellen Feinziele** und der **Rahmen der Lernprozesse**, mit denen die Führungskräfte ihre Führungskompetenz aufbauen.

Die Werte und Kompetenzen der Führungskräfte werden nach dem **Prinzip des exemplarischen Lernens** entwickelt. Deshalb wird das Führungswissen im Rahmen von Transferaufgaben, in herausfordernden Führungssituationen und in der Auseinandersetzung mit Projekterfahrungen der Lernpartner angewandt. Deshalb basiert dieses Lernkonzept auf persönlichen, herausfordernden – teilweise auch kritischen – Führungsprojekten, die jede Führungskraft während ihres Entwicklungsprozesses in Abstimmung mit dem Vorgesetzten/seinem Führungsteam im Team bearbeitet. Dabei wird sie sowohl von ihrer eigenen Führungskraft, dem Lernbegleiter sowie den Lernpartnern begleitet.

Zusammengefasst ergibt sich folgender **didaktischer Rahmen** für die zukünftigen, selbstorganisierten Lernprozesse der Führungskräfte:

- Die Richtziele der Entwicklungsmaßnahmen der Führungskräfte werden in einem Konzeptions-Workshop, gemeinsam mit erfahrenen Führungskräften und der Personalentwicklung, definiert.
- Die Führungskräfte legen auf Basis ihrer individuellen Werte- und Kompetenzmessung ihre persönlichen Werte- und Kompetenzziele fest.
- Sie vereinbaren mit ihrem jeweiligen Vorgesetzten geeignete, herausfordernde Transferaufgaben und Führungsprojekte, in denen sie ihre mitarbeiter- und teambezogenen Führungskompetenzen entwickeln können.
- Der selbstorganisierte Aufbau des erforderlichen Fachwissens und der entsprechenden Qualifizierungsmöglichkeiten erfolgt durch modularisierte Online-Trainings in unterschiedlichen Formaten, die in Zusammenarbeit mit der Personalentwicklung festgelegt werden.
- Die Ziele der Entwicklungsmaßnahme sind auf die selbstorganisierte Lösung von Praxisproblemen ausgerichtet und damit handlungsorientiert und nachhaltig.
- Die Lernprozesse sind auf die jeweiligen Führungskräfte fokussiert und basieren auf selbstorganisierten Lernphasen.
- Die Führungskräfte sind primär selbst für ihren Lernerfolg verantwortlich.
- Die Lernprozesse finden überwiegend in Netzwerken von Lernpartnern, Lernbegleitern und Führungskräften statt.
- Komplexe Problemlösungen werden durch die Führungskräfte im Rahmen der kollegialen Beratung, bei Bedarf aber auch in der Kommunikation mit Experten entwickelt.
- Die Führungskräfte entwickeln ihr Erfahrungswissen durch den Austausch in Communities selbstorganisiert weiter.

Themenbereiche für eine personalisierte Werte- und Kompetenzentwicklung

Folgende beispielhaft aufgeführten Themenbereiche können als Rahmen für Führungsprojekte zur personalisierten Werte- und Kompetenzentwicklung in den einzelnen Selbstlernphasen bearbeitet werden:

- **Sinnstiftung:** Gestaltung und Begleitung des Prozesses zum Aufbau einer kollektiven Sinnstiftung; gezielte Werteentwicklung auf Teamebene (Kulturmanagement)
- **Strategieorientierung:** strategische Orientierung für die Entwicklungsprozesse der Mitarbeiter, strategische Standortbestimmung der Teams auf Basis von teambezogenen Wer-

teerfassungen; Steuerung zunehmender Komplexität und veränderter Prozesse, z. B. im Spannungsfeld des demografischen Wandels, des strukturellen Wandels und der Digitalisierung, Flexibilisierung und Individualisierung sowie der sozialen Ungleichheit; aktive Mitgestaltung der Strategieentwicklungsprozesse der jeweiligen Teams; gezielte Entwicklung des teamübergreifenden Denkens und Handelns (organisationales Wertemanagement)
- **Ziel- und Ergebnisorientierung:** Ermöglichung selbstorganisierter, zielorientierter Prozesse der Problemlösung durch meine Mitarbeiter; Entwicklung einer Führungskultur, die selbstorganisiertes, zielorientiertes Arbeiten meines Teams fördert; Initiierung und Ermöglichung agiler Arbeitsprozesse in meinem Verantwortungsbereich
- **Vernetzung und Zusammenarbeit:** Ermöglichung der Teamentwicklung meiner Mitarbeiter durch gezieltes Werte- und Kompetenzmanagement; Förderung des Aufbaus von analogen und digitalen Netzwerken (Communities of Practice)
- **Innovationsförderung:** Analyse der Konsequenzen der digitalen Transformation für meine Mitarbeiter und für mich als Führungskraft; Identifizierung von geeigneten Innovationsfeldern in meinem Verantwortungsbereich; Initiierung und Begleitung von Innovationsprozessen; Entwicklung einer Innovationskultur in der Organisation
- **Werteorientierte Führung:** gezieltes Wertemanagement in meinem Team; Entwicklung einer positiven, bedarfsgerechten Führungskultur in meinem Team; Optimierung der Arbeitgeberattraktivität und der Mitarbeiterbindung; Aufbau eines werte- und kompetenzorientierten Wissensmanagements; gezielte werte- und kompetenzorientierte Nachfolgeplanung

Methodische Merkmale

Die Lernprozesse der Führungskräfte werden dabei durch folgende methodische Merkmale geprägt (vgl. Sauter/Sauter/Wolfig, 2018):
- **Individuelles, selbstorganisiertes Lernen:** Die Führungskräfte bearbeiten ihre Entwicklungsthemen im eigenen Lerntempo entsprechend ihres Vorwissens. Ort und Zeitpunkt der Bearbeitung außerhalb der Workshops werden von jeder Führungskraft selbstverantwortlich – in Abstimmung mit ihren Lernpartnern und eventuell der jeweiligen Führungskraft – festgelegt.
- **Problemlösungsfähigkeit statt Pauken von Wissen:** Der formelle Lernprozess wird über Online-Trainings ermöglicht, die das erforderliche systematische Wissen bei Bedarf zur Verfügung stellen. Jede Führungskraft eignet sich über diese Lernprogramme, aber auch über andere Quellen, im Rahmen ihres jeweiligen Praxisprojektes das Führungswissen für teambezogene Führungsaufgaben schrittweise und bedarfsgerecht an. Die Online-Trainings und Wissenseinträge sind kurz und geben Impulse zur Problemlösung.
- **Strukturierungshilfen für individuelles Lernen:** Die Führungskräfte treffen in den Workshops mit ihren Lernpartnern jeweils verbindliche Vereinbarungen für den nächsten Selbstlernabschnitt (Sprint) in ihrem Praxisprojekt. Weiterhin treffen sie sich einmal wöchentlich mit ihren selbstgewählten Lernpartnern (real oder online) in einem Jour fixe, in dem sie ihre Arbeitsergebnisse austauschen und diskutieren, um gemeinsam ihre individuellen Lernprozesse zu optimieren.

- **Lernwegflankierung durch Lerntandems:** Soziale Flankierung ist eine wesentliche Voraussetzung für erfolgreiche Lernprozesse. Eine besonders bewährte Form ist der Zusammenschluss zweier Lernender zu einem Lerntandem. Hierbei unterstützen sich die Lernenden in der Tandemarbeit emotional, motivational und lernstrategisch. Es treffen sich jeweils zwei Führungskräfte regelmäßig und selbstverantwortlich zum realen oder virtuellen Erfahrungsaustausch und zum gemeinsamen Bearbeiten der Lernprogramme und spezieller Tandem-Aufgaben. Jedes Tandem bringt seine Arbeitsergebnisse über seine Projekttagebücher in die jeweilige Lerngruppe und eventuell auch in den Kurs ein. Zu den Ergebnissen gibt es wieder Rückmeldungen durch die Lerngruppe und durch die Lernbegleiter.
- **Lernwegflankierung durch Kleingruppen:** Untersuchungen haben gezeigt, dass Tandemarbeit allein nicht ausreicht, um den Lernerfolg in selbstorganisierten Lernphasen zu sichern. Wichtig ist eine weitere soziale Flankierung in der Kleingruppe, da Gruppen mehr Motivierungs- und Korrekturmöglichkeiten haben als Einzelpersonen. Etwa drei bis vier Tandems schließen sich jeweils zu einer Kleingruppe zusammen und präsentieren bzw. bearbeiten die Ergebnisse ihrer Praxisaufgaben im Projekttagebuch und im Workshop. Zu den Ergebnissen gibt es wiederum Rückmeldungen durch die Lernpartner sowie die Lernbegleiter. Die Führungskräfte einer Lerngruppe tauschen sich mittels Projekttagebüchern (Blogs) intensiv über ihre Projektfortschritte, aber auch ungelöste Probleme aus und unterstützen sich gegenseitig.
- **Lernwegflankierung durch Lernbegleiter:** Die Führungskräfte werden in ihren individuellen Lernprozessen durch Lernbegleiter und eventuell auch von Experten unterstützt. In einem Themenspeicher sammeln sie die offenen Fragen, die sie trotz Lernpartnerschaften und Lerngruppen nicht lösen konnten. Weniger komplexe Fragen klären die Lernbegleiter sofort online. In regelmäßigen, alle vier Wochen durchgeführten Workshops werden komplexe Herausforderungen, eventuell mit Unterstützung eines Lernbegleiters bearbeitet.
- **Integration von individuellem und organisationalem Lernen:** Das Werte- und Kompetenzmanagement vernetzt systematisch geplantes Lernen und situatives Lernen, das sich aus Problemlösungen ergibt, auf allen Ebenen miteinander. Im Knowledge-Management-Modul wird neben standardisiertem Lernwissen auch das Praxiswissen, das die Führungskräfte erarbeiten, gespeichert. Damit wächst der Wissensvorrat der Organisation zu Problemstellungen aus der Führungspraxis permanent (Wissensmanagement bottom-up).
- **Vernetztes Online-Lernen:** Soziales Lernen in Netzwerken, mit Lernpartnern, Kollegen oder Partnern, spielt eine zentrale Rolle im Rahmen der Werte- und Kompetenzentwicklung. Das Lernarrangement unterstützt den Aufbau von Netzwerken über die Präsenzmaßnahmen hinaus, insbesondere durch die Möglichkeiten KI-gestützter New Learning Workflow-Systeme.

Konzeption der Werte- und Kompetenzentwicklung

Die Kompetenzforschung zeigt, dass Kompetenzen und die erforderlichen Werte nur dann aufgebaut werden können, wenn die notwendige Interiorisation (Verinnerlichung) von Werten erfolgt. Dies ist aber nur in der Praxis über Transferaufgaben, Praxisprojekte oder Herausforderungen im Arbeitsalltag möglich. Wo keine emotionale Berührung, keine emotionale »Labilisierung« stattfindet, werden keine Kompetenzen aufgebaut.

Die **gezielte Werte- und Kompetenzentwicklung** bildet dabei das bestimmende Lernprinzip und gibt die grundlegende Struktur vor. Die personalisierten Lernprozesse werden dabei durch die jeweilige Aufgabenstellung in der Führungspraxis im Team bestimmt.

Die selbstorganisierten »Lernreisen« der Führungskräfte basieren auf individuellen Werte- und Kompetenzmessungen. Die Lernbegleiter führen mit jeder Führungskraft vorab ein Beratungsgespräch, bei dem die individuellen Werte- und Kompetenzziele definiert werden. Auf Basis dieser persönlichen Entwicklungsziele vereinbaren die Führungskräfte mit ihren jeweiligen Vorgesetzten ein geeignetes Führungsprojekt.

Ein **Kick-off-Termin** dient dazu, die selbstorganisierte Werte- und Kompetenzentwicklung in den individuellen Führungsprojekten und deren Umsetzung vorzubereiten, sodass die Erfolgschancen optimiert werden. Deshalb werden die Werte- und Kompetenzziele primär in der Selbstlernphase bearbeitet. Inhaltlich stehen die Ziele der Führungsarbeit im Vordergrund. Im Kick-off-Termin und in den folgenden Workshops werden jeweils die Eckpfeiler der Themenbearbeitung in der Selbstlernphase festgelegt.

In den **Selbstlernphasen** werden die individuellen und teambezogenen Entwicklungsziele in der Bearbeitung der eigenen Führungsprojekte der Führungskräfte umgesetzt.

Die Führungskräfte ...

- nutzen ihre Erfahrungen bei der Bearbeitung ihrer Führungsprojekte zum gezielten Aufbau ihrer Werte und Kompetenzen als Entwicklungspartner;
- tragen mit dazu bei, die Werte und Kompetenzen ihres Teams bei der Bearbeitung der vereinbarten Korridorthemen gezielt weiterzuentwickeln;
- optimieren die gemeinsame Mission der Führung in Teams in einem kollaborativen Prozess;
- wenden die Prinzipien, Methoden und Instrumente der Organisation nach den Führungsleitlinien in ihrer Praxis an;
- bauen das notwendige Führungswissen mithilfe des Ermöglichungsraums bei Bedarf gezielt auf;
- entwickeln im Rahmen der gemeinsamen Mission sinnorientierter Führung ihre personalisierte Führungskonzeption;
- gestalten ihre persönliche Vorgehensweise als Führungskraft bzw. Entwicklungspartner ihrer Mitarbeiter im Rahmen ihrer personalisierten Führungskonzeption;
- nutzen die Möglichkeiten des sozialen Lernens zur laufenden Optimierung ihrer Werte und Kompetenzen als Entwicklungspartner ihrer Mitarbeiter sowie der Werte und Kompetenzen ihres Teams;
- erfahren Social Blended Learning aus dem Blickwinkel eines Lernenden und entwickeln ihre Kompetenz als Entwicklungspartner ihrer Mitarbeiter weiter.

Die regelmäßigen **Review-Workshops**, die etwa alle vier Wochen stattfinden, haben in erster Linie zum Ziel, den aktuellen Stand der selbstorganisierten Werte- und Kompetenzentwicklung in den individuellen Führungsprojekten und deren Umsetzung transparent zu reflektieren. Die Ziele und Vorgehensweisen können neu bewertet und bei Bedarf angepasst werden. Weiterhin werden dann alle offenen Fragen aus den Führungsprojekten, die im Knowledge-Management-Modul dokumentiert wurden, gemeinsam geklärt.

Die Führungskräfte reflektieren jeweils über den aktuellen Stand ihrer Entwicklungsprojekte, analysieren ihre Vorgehensweisen sowie ihre Ziele und passen diese bei Bedarf an, formulieren ihre persönlichen Ziele für die nächste Selbstlernphase, planen mit ihrem jeweiligen Lernpartner die Selbstlernphase und treffen verbindliche, schriftlich festgehaltene Vereinbarungen für die nächste Selbstlernphase.

Die Führungskräfte stellen im Abschlussworkshop dieser Entwicklungsmaßnahme ihre persönlichen Führungskonzeptionen vor und besprechen die konkreten Umsetzungsschritte. Gleichzeitig bereiten Sie ihre Konzeptionen für ihre Kollegen (Wissensmanagement) auf. Damit soll eine erfolgversprechende Basis für den breiten Einführungsprozess geschaffen werden. In der weiteren Umsetzungsphase gestalten die Teilnehmer ihre Führungsprojekte selbstorganisiert. Dabei werden sie in der Community of Practice durch ihre Lernpartner und/oder durch die Lernbegleiter gecoacht.

Im Arbeitsalltag kann diese Praxis systemisch in der 360-Grad-Lösung aus Lern,- Talent- und Wissensmanagement optimal skalieren und als »Schwarmintelligenz« ausgebaut werden.

4.2 Vom Trainer zum Lernbegleiter

Roman Sauter/Werner Sauter

Die Transformation von fremdgesteuerten *Lehr*konzepten hin zu selbstorganisierten *Lern*konzepten erfordert pädagogische Kompetenzen für die Begleitung selbstorganisierter Lernprozesse. Diese können nur selbstorganisiert im Rahmen von echten Herausforderungen in der Bildungspraxis, beispielsweise bei der Realisierung eigener Social-Blended-Learning-Arrangements, entwickelt werden. Dabei sollen die Trainer diese Kompetenzen aufbauen, indem sie ihr persönliches Bildungsprojekt, das sie vorab mit ihrer Führungskraft abgestimmt haben, mit Social Blended Learning allein und mit Kollegen, konzipieren und anschließend umsetzen.

Im Rahmen eines »pädagogischen Doppeldecker-Prinzips« erleben diese Zielgruppen einen personalisierten, kompetenzorientierten Social-Blended-Learning-Prozess dabei zunächst selbst als Lernender. Sie definieren auf Basis einer Werte- und Kompetenzmessung ihre individuellen Werte- und Kompetenzziele. Sie planen mit ihrem Lernpartner ihren selbstorganisierten Lernprozess im Rahmen ihres Bildungsprojekts, reflektieren ihre Lernerfahrungen und entwickeln daraus abgeleitet ihre eigene Lernkonzeption, die sie anschließend umsetzen.

Bisher werden die Bildungsmaßnahmen in den meisten Organisationen weitgehend durch fremdgesteuerte *Lehr*arrangements geprägt. Die angestrebte Kompetenzentwicklung der Lernbegleiter erfordert eine grundlegend neue Konzeption der Didaktik und Methodik, aber auch neue Werte und Kompetenzen.

Die Rolle des Lernprozessbegleiters

Coaching hat sich in selbstorganisierten Lernprozessen als die optimale Begleitung erwiesen. Da es jedoch nicht möglich ist, jedem Bildungsexperten einen Coach zur Seite zu stellen, kommt der Lernbegleitung durch einen Lernpartner (Peer-to-Peer Learning) eine zentrale Bedeutung zu.

Entwicklungsarrangements für selbstorganisiertes, kompetenzorientiertes Lernen verlangen von den Mitarbeitern weitaus höhere Kompetenzen, als dies in klassischen Lernumgebungen, auch mit teilnehmerzentrierten Lernszenarien, der Fall ist. Lernende sind es seit ihrer Kindheit gewohnt, die Steuerung von Lernprozessen den Lehrenden zu überlassen. Sie müssen nun aber viele Funktionen, die bisher die Lehrenden gesteuert und überwacht haben, selbst gestalten.

Wir schlagen deshalb für die Begleitung in Social-Blended-Learning-Konzepten das bewährte KOPING-Konzept vor (vgl. Wahl, 2013; siehe **Abb. 15**).

> KOPING
>
> KOPING ist ein Kunstwort, das an das englische Wort *coping (= bewältigen, mit etwas fertigwerden)* angelehnt ist. Gleichzeitig bedeutet der Begriff »**KO**mmunikative **Pra**xisbewältigung **IN G**ruppen«.

Das KOPING-Verfahren beinhaltet in der Ausprägung, die sich in unseren Projekten bewährt hat, drei Sozialformen – Lern-/Praxistandems, Entwicklungsgruppen und Teams –, die in die vorgegebene Lernorganisation des Unternehmens eingebettet sind (siehe **Abb. 15**).

In der Stressforschung werden mit dem Begriff *coping* die Anstrengungen oder Bemühungen einer Person bezeichnet, die diese zur Bewältigung von Anforderungen, Belastungen oder Konflikten unternimmt. Somit gibt dieser Begriff exakt die Zielsetzung kompetenzorientierter Entwicklungsmaßnahmen wieder.

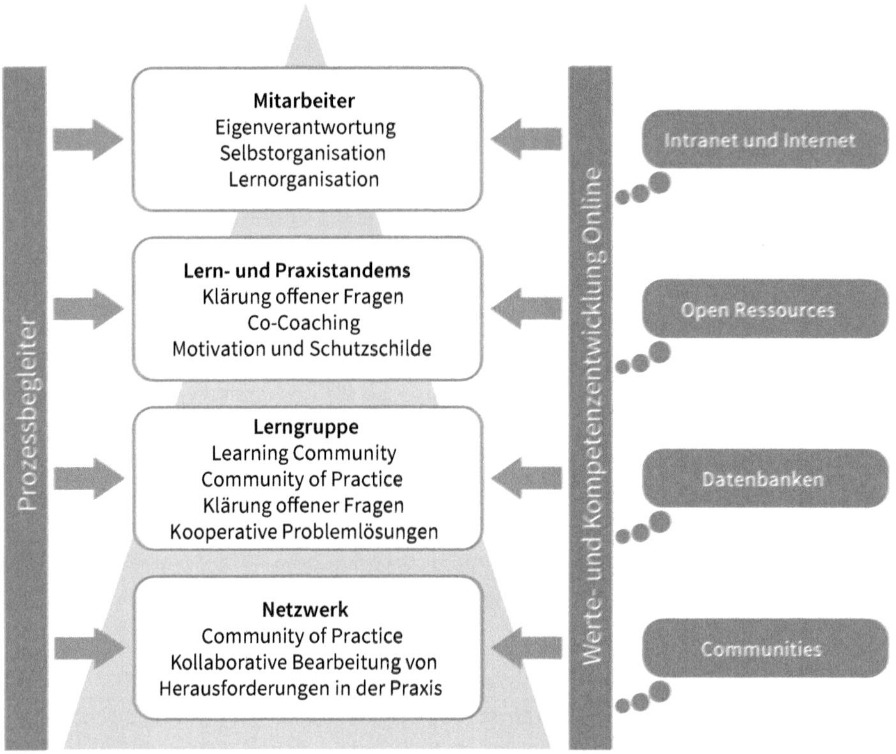

Abb. 15: Das KOPING-Konzept

In einer Reihe von Untersuchungen wurde nachgewiesen, dass Belastungen und Stresssituationen besser bewältigt werden können, wenn die Menschen in ein Netzwerk aus gut funktionierenden sozialen Beziehungen integriert sind, emotionalen Austausch erfahren und sich potenzieller Hilfeleistung sicher sind (vgl. Schmidt, 2005). Das Ziel ist deshalb, dass sich die Netzwerkmitglieder in ihren Entwicklungsprozessen gegenseitig unterstützen.

Aus der Social-Support-Forschung ergeben sich die **Anforderungen an wirksame Entwicklungsnetzwerke**:

- überschaubares System in Form von Entwicklungspartnerschaften (Tandems) und Entwicklungsgruppen mit drei bis vier Tandems;
- die Entwicklungspartner wählen sich nach dem Prinzip der Sympathie, d. h., beide sollen sich akzeptieren und verstehen, sowie nach dem Grundsatz der Symmetrie, d. h., beide sollen gleich »mächtig«, also auf Augenhöhe sein, ihre jeweiligen Netzwerkpartner aus;
- dichte, direkte Beziehungen, die intensiv sowie vielfältig sind und über einen längeren Zeitraum dauern;
- einfache und unkomplizierte Kommunikationsmöglichkeiten;
- homogener Erfahrungshintergrund;

- Bereitschaft, sich anderen anzuvertrauen und auch eventuell Schwächen zu offenbaren;
- Geben und Nehmen ist in etwa im Gleichgewicht;
- verpflichtende, regelmäßige persönliche oder virtuelle Treffen;
- vertraulicher Rahmen.

Deshalb können sich wirksame Entwicklungstandems und KOPING-Gruppen nur selbst, ohne Einflussnahme von außen, finden. Die soziale Unterstützung in Lerntandems und KOPING-Gruppen weist dabei zwei Dimensionen auf.

- **Sozio-emotionale Stabilisierung**: Die Entwicklungspartner bzw. -gruppen vermitteln das Gefühl, aufgehoben und umsorgt zu sein und erfahren Anteilnahme. Die Lernenden werden dadurch motiviert, Handlungsweisen zu ändern, und verpflichten sich auf gemeinsame Ziele und Werte. Wie bedeutend diese Aspekte für den Entwicklungserfolg sind, wurde in den umfassenden Untersuchungen von John Hattie auf der Basis von 50.000 Studien deutlich, die zeigten, dass Zuwendung, Empathie, Ermutigung, Respekt, Engagement und Leistungserwartungen sowie das soziale Miteinander eine zentrale Rolle in den Lernprozessen spielen (vgl. Hattie, 2009). Damit bestätigte Hattie einen großen Teil der in den letzten Jahrzehnten gewonnenen lernpsychologischen Erkenntnisse.
- **Konkrete Hilfe**: Die Entwicklungspartner beraten sich bei Problemen und Vorhaben gegenseitig, diagnostizieren Herausforderungen, brechen Handlungsroutinen auf, suchen Alternativen und verdichten gemeinsames Wissen. Sie entwickeln Ideen, tauschen Erfahrungswissen und Informationen aus und nutzen gemeinsam ihre Materialien. In gegenseitiger Absprache übernehmen sie konkrete Aufgaben, z. B. Recherchen, deren Ergebnisse sie gemeinsam verarbeiten.

Damit besitzen KOPING-Gruppen eine deutlich andere Qualität als beispielsweise Communities im Netz. Es handelt sich um enge Partnerschaften für einen bestimmten oder unbegrenzten Zeitraum.

Das KOPING-Verfahren hat sich in der Praxis seit etwa drei Jahrzehnten in selbstorganisierten Lernprozessen hervorragend bewährt. Es bildet letztendlich die Grundlage dafür, dass diese eigenverantwortlichen Lernprozesse der Teilnehmer mit einer sehr hohen Erfolgswahrscheinlichkeit behaftet sind.

Hinzu kommt, dass die gegenseitige Unterstützung im KOPING-Verfahren wesentlich dazu beiträgt, die notwendige Kultur der Entwicklung in Netzwerken aktiv zu fördern. Gleichzeitig wird der Aufwand in der Prozessbegleitung erheblich reduziert, da die Lernenden zunächst versuchen, ihre Entwicklungsprobleme allein, mit Entwicklungspartnern, in Entwicklungsgruppen sowie im Netzwerk zu lösen.

Ziele und Anforderungen

Die Trainer, die heute überwiegend lehren, wandeln sich im Rahmen des KOPING-Konzeptes zu Lernbegleitern, die selbstorganisiertes Lernen ihrer Teilnehmer ermöglichen. Dies ist auch bei erfahrenen Lehrkräften nicht durch eine Information oder ein Seminar zu erreichen, da teilweise jahrzehntelang aufgebaute *Lehr*routinen verändert werden müssen. Wir schlagen deshalb für die Kompetenzentwicklung der Trainer eine Entwicklungskonzeption vor, bei der sie Social Blended Learning zum Thema Kompetenzentwicklung zunächst als Lernende selbst erleben, um aufgrund ihrer eigenen Lernerfahrungen und unter Nutzung des Ermöglichungsraums ihre eigene Feinkonzeption für ihre Bildungsmaßnahme zu entwickeln (»Doppeldecker«).

Diese Lernkonzeption für Trainer und Bildungsplaner hat zum Ziel, deren Handlungsweisen als Planer, Gestalter und Begleiter von werte- und kompetenzorientierten Entwicklungsmaßnahmen im Social-Blended-Learning-Format bedarfsgerecht zu verändern. Deshalb ist ein permanenter Lernprozess erforderlich, der auf einer formellen Basis aufbaut und sich zunehmend in informellen Lernphasen mit hoher Transferorientierung entwickelt.

Da die Lernenden in seminargeprägten Qualifizierungsmaßnahmen oft passiv und fremdgesteuert agieren, erfordern Entwicklungsarrangements mit dem Ziel des Werte- und Kompetenzaufbaus ein grundlegendes Umdenken. Während bisher die Trainer in Seminaren das Steuer in der Hand hatten, übernehmen nunmehr die Selbstentwickler die Verantwortung für ihre Entwicklungsprozesse. Sie entscheiden immer mehr, welche Ziele sie anstreben und mit welchen Methoden. Die Trainer, Dozenten oder Lehrer werden zu Lernbegleitern.

Lernbegleiter schaffen ein emotional positives Umfeld für individuelle, selbstorganisierte Entwicklungsprozesse, regen die Teilnehmer zur Reflexion über ihre individuellen Ziele der Werte- und Kompetenzentwicklung an und ermutigen sie, diese Ziele umzusetzen. Dabei unterstützen sie die Teilnehmer bei Bedarf in der selbstorganisierten Planung und Steuerung ihrer Entwicklungsprozesse.

Lernbegleiter können an folgenden Eckpunkten ansetzen, um Werte- und Kompetenzentwicklung zu ermöglichen:

- **Werte- und Kompetenzorientierung**: Vorhandene Werte und Kompetenzen bilden den Ausgangspunkt der Entwicklung mit dem Ziel, individuelle Entwicklungsmöglichkeiten zu nutzen. Deshalb ist eine professionelle Erfassung und Analyse der Werte und Kompetenzen erforderlich.
- **Eigenverantwortung zulassen**: In regelmäßigen Reflexions- und Evaluationsphasen, z. B. auf Basis von Werte- und Kompetenzmessungen, bestimmen die Teilnehmer ihren aktuellen Stand und planen die weiteren Schritte ihrer Lernprozesse.
- **Positives Selbstkonzept der Teilnehmer fördern**: Die Teilnehmer erhalten die Möglichkeit, sukzessive mehr Verantwortung für ihren Entwicklungsprozess zu übernehmen. Dies kann insbesondere durch den Aufbau von Partnerschaften und Netzwerken gefördert werden.

- **Soziale Einbindung**: Die Lernbegleiter fördern bzw. initiieren die Bildung von Entwicklungspartnerschaften und die Werte- sowie Kompetenzentwicklung im Netz.
- **Offene Entwicklungsprozesse**: Über den Einsatz innovativer Entwicklungsformen, das Angebot vielfältiger Erfahrungs- und Handlungsmöglichkeiten – etwa in herausfordernden Praxisprojekten und durch die Integration von Werte- und Kompetenzentwicklung durch das Zusammenführen von Lernen und Arbeiten sowie durch vielfältige Formen des Erfahrungsaustauschs und der Kommunikation – schafft der professionelle Prozessbegleiter ein offenes Entwicklungsambiente.

Grundlegende Änderung des Lernarrangements

Dadurch verändert sich das Lernarrangement grundlegend (vgl. Sauter/Sauter, 2013; siehe **Abb. 16**).

LEHRmethode		Werte- & KompetenzLERNEN
Unterrichten	➡	Entwicklungsmöglichkeiten gestalten
Lernen als vorrangig rezeptiver Prozess	➡	Werte- und Kompetenzentwicklung als selbstorganisierter Prozess
Anleiten, darbieten, erklären	➡	Begleiten, d. h. unterstützen, anregen, beraten
Passive Position des Lernenden	➡	Aktive Positionen des Lernenden

Abb. 16: Von Lehren zum Lernen

Diesem Profil werden sicherlich nicht alle der heutigen Trainer gerecht werden können. Aber es eröffnen sich Möglichkeiten für erfahrene Mitarbeiter, die ihre Kompetenzen eher im Coaching und im Training sehen, ihre Stärken zukünftig besser einsetzen zu können.

Aus diesen veränderten Anforderungen leiten sich folgende Ziele der Entwicklungsmaßnahme ab:

Die Lernbegleiter …

- bauen ihr Wissen zur professionellen Erfassung der Werte und Kompetenzen sowie zu deren gezielter Entwicklung im Rahmen von Social-Blended-Learning-Arrangements auf (»Doppeldecker-Prinzip«) und sammeln dabei eigene Erfahrungen als Grundlage für die Planung ihrer zukünftigen Bildungskonzeptionen;
- erfassen ihre eigenen Werte und Kompetenzen und leiten im Rahmen eines Beratungsgesprächs daraus ihre individuellen Werte- und Kompetenzziele ab;
- entwickeln ihre persönliche Kompetenz zur Konzipierung, Umsetzung und Begleitung der gezielten Werte- und Kompetenzentwicklung mit Blended Learning und Social Learning bis hin zum Workplace Learning, bei dem Arbeiten und Lernen zusammenwachsen;
- bauen ihre Kompetenz zur Nutzung des Ermöglichungsraums als Lernender auf und setzen dies dann auf Basis dieser Erfahrungen für ihre werte- und kompetenzorientierten Bildungskonzeptionen zielgerichtet und bedarfsgerecht ein;

- bauen ihre Werte und Kompetenzen als Lernbegleiter zur Planung, Gestaltung und Umsetzung innovativer Lernkonzeptionen in eigenen Bildungsprojekten auf, sodass gleichzeitig maßgeschneiderte, innovative Lernlösungen für Organisationen entstehen;
- entwickeln eine didaktisch-methodische Feinkonzeption für ihr Bildungsprojekt mit Unterstützung durch die Lernbegleiter und ihre Lernpartner;
- gestalten ihren persönlichen, vielfältigen Methodenpool für den Einsatz in ihren Bildungsmaßnahmen;
- wenden vielfältige Lernmöglichkeiten aus Sicht eines Lernenden an, um aufgrund der dabei gewonnenen Erfahrungen ihre individuelle Konzeption der Werte- und Kompetenzentwicklung zu gestalten;
- setzen anschließend ihre eigene Lernkonzeption mit hoher Motivation und Begleitung durch Lernpartner in der Praxis um;
- bauen dabei ihre Kompetenz als Lernbegleiter in einem Social-Blended-Learning-Arrangement auf;
- nutzen die Tools im Ermöglichungsraum und bauen damit ihre Medienkompetenz auf;
- entwickeln in einem intensiven Austausch ein gemeinsames Verständnis für die gezielte Werte- und Kompetenzentwicklung;
- bauen in einem Prozess der Teamentwicklung eine Community of Practice auf, in der auch nach der Entwicklungsmaßnahme Erfahrungswissen der Teilnehmer zur gezielten Werte- und Kompetenzentwicklung ausgetauscht wird und die Weiterentwicklung der Lernkonzeptionen selbstorganisiert erfolgt; damit wird das kollaborative Arbeiten und Lernen der Lernenden im Netz nachhaltig ermöglicht;
- erreichen die angestrebte Performanz, die sich in dem beobachtbaren Handeln im Rahmen dieser Werte- und Kompetenzentwicklung zeigt. Sie bauen deshalb ein breites und tiefes didaktisch-methodisches Wissen sowie vielfältige Erfahrungen zur Konzipierung, Umsetzung und Evaluierung ihrer persönlichen Konzeption der gezielten Werte- und Kompetenzentwicklung aus unterschiedlichen Kontexten auf, können selbstorganisiert und intuitiv Probleme antizipieren sowie neue Lösungswege finden und beherrschen das Management komplexer und neuartiger Aufgaben.

Konzeption

Die Erfahrungen zeigen, dass viele Trainer die Veränderung ihrer Rolle ablehnen, weil sie innovative Lernformen bisher nicht selbst erfahren haben und deshalb auch Sorge haben, in diesem Kontext nicht mehr so erfolgreich wie bisher agieren zu können. Deshalb müssen sie die Möglichkeit erhalten, solche Lernkonzeptionen als Lernender selbst zu erfahren.

Dieses Life-Modell soll das Erfahrungslernen mit dem kompetenzorientierten Social-Blended-Learning-Konzept ermöglichen sowie den Perspektivenwechsel als Lernender und als Bildungsplaner bzw. Lernbegleiter initiieren. Damit soll die Sicherheit und Änderungsmotivation der Lernbegleiter gefördert werden. Dies kann durch eine intensive Diskussion der Projekt-Teillösungen im Wissensmanagement/-forum sowie durch erfahrene Lernbegleiter gefördert werden.

Die angestrebte Kompetenzentwicklung nutzt eine breite Palette an Methoden, die jeweils bedarfsgerecht zu einem Lernarrangement zusammengefasst werden.

Grundsätzlich gehen wir von drei Lernrahmen für die selbstorganisierte Entwicklung der Werte und Kompetenzen aus, die sich gegenseitig ergänzen:

- **Kompetenzentwicklung auf der Praxisstufe** ist Handlungs- und Erlebnislernen bei der Entwicklung und Umsetzung der eigenen Feinkonzeption oder im Netz.
- **Kompetenzentwicklung auf der Coachingstufe** findet in den jeweiligen Bildungsprojekten statt und ergänzt damit die Praxisstufe. Die Lernprozessbegleiter entwickeln sich zu Werte- und Kompetenz-Coaches.
- **Kompetenzentwicklung auf der Trainingsstufe** setzt die Lösung von realen Problemstellungen, z. B. in Projekten, in Werkstätten oder am Arbeitsplatz, voraus. Das Training zum Aufbau der Kompetenzen als Lernbegleiter kann in den eigenen Lernmaßnahmen realitätsgleich erfolgen. Wir schlagen vor, dass sich die Lernpartner jeweils gegenseitig in ihren Bildungsmaßnahmen beobachten, Rückmeldung geben und gemeinsam Optimierungsansätze suchen.

Daraus leiten sich die gewünschten Eckpfeiler des Lernarrangements ab.

Die Lernbegleiter …

- *lernen im »pädagogischen Doppeldecker«:* Im formellen Lernbereich dieser Maßnahme werden die Teilnehmer in die Theorie und Praxis der Werte- und Kompetenzentwicklung mit Blended Learning und Social Learning im Rahmen eines formellen Blended-Learning-Arrangements eingeführt. Hierfür stehen ihnen problemorientierte Online-Trainings zur Verfügung, die sie in ihrem individuellen Lerntempo bearbeiten.
  Der Aufbau der Werte und Kompetenzen als Lernbegleiter wird als Social Blended Learning konzipiert, damit die Teilnehmer erleben, wie diese Systeme subjektiv wirken. Sie lernen die Stärken, aber auch die Herausforderungen dieser Lernkonzeption konkret kennen. In diesem »pädagogischen Doppeldecker« wird auf zwei Ebenen gelernt: Zum einen ist Werte- und Kompetenzentwicklung mit Blended Learning und Social Software der Inhalt, zum anderen auch personalisierte Werte- und Kompetenzentwicklung.
- *lernen individuell und selbstorganisiert:* Der größte Teil der Lernzeit wird für selbstorganisiertes Lernen freigehalten, damit der Rahmen für die erforderliche Werte- und Kompetenzentwicklung geschaffen wird. Der Wissensaufbau zur Didaktik und Methodik einer kompetenzorientierten Ausbildung erfolgt je nach dem Bedarf, der sich aus der Projektarbeit ergibt, eigenverantwortlich mittels digitaler Lernmodule durch die Teilnehmer.
- *erhalten Strukturierungshilfen:* Die Lernbegleiter führen Instrumente und Methoden selbstorganisierten Lernens ein und initiieren verbindliche Vereinbarungen mit der Lerngruppe. Über regelmäßige, verbindliche Vorsätze zur gemeinsamen Tandem- oder Gruppenarbeit wird der Praxistransfer in die eigene Arbeit als Lernbegleiter ermöglicht.
- *bekommen Rückmeldungen:* Die Lernbegleiter stellen wöchentlich ihre Arbeitsergebnisse und Erfahrungen, aber auch offene Problemstellungen aus ihren eigenen Lernprojekten zur

Diskussion. Sie erhalten dabei jeweils Rückmeldungen ihrer Lernpartner in der Gruppe und vom Lernbegleiter. Das Ziel besteht dabei darin, diesen Austausch von Wissen und Erfahrungen auch nach der Kompetenzentwicklungsmaßnahme in Communities of Practice selbstorganisiert weiter zu pflegen.

- *nutzen Vergleichsmaßstäbe:* Die Lernbegleiter erhalten in ihren formellen Lernprozessen im Rahmen des Online-Learnings als Lernhilfe stetig Rückmeldungen durch das Learning Management System und bei Bedarf durch ihre Tandempartner. Zu ihrer Projektarbeit bekommen sie ebenfalls systematisch Rückmeldungen aus der Lerngruppe und von den Lernbegleitern. Wichtige Hinweise zur Planung ihrer Lernprozesse bekommen die Teilnehmer weiterhin aus ihren Werte- und Kompetenzmessungen.
- *erfahren die Lernwegflankierung durch Praxis-Tandems und Communities of Practice:* Jedes Tandem und die Lerngruppen stellen ihre Arbeitsergebnisse in die Community of Practice ein. Zu den Ergebnissen gibt es wieder Rückmeldungen durch Lernpartner und durch den Lernbegleiter. In einem gemeinsamen Prozess der Analyse, Bewertung und Weiterentwicklung von Vorschlägen, entsteht ein gemeinsamer Wissens- und Methodenpool im Wissensmanagement, der sich zielgenau an den Bedürfnissen der Teilnehmer orientiert.
- *nutzen Workshops:* Eine Reihe von Aspekten kann besonders effizient in Präsenz aller Lernenden behandelt werden. Dazu gehören Reflexionen, der Erfahrungsaustausch, die Entwicklung von Lernstrategien, das Bilden von Lerntandems und Lerngruppen, konkrete Vereinbarungen, das Vertrautmachen mit der netzbasierten Lernwegflankierung, das offene Feedback, Werte- und Kompetenzmessungen und die Entwicklung kreativer Lösungen.

Aus diesen Eckpfeilern leiten sich folgende Grundsätze für eine bedarfsgerechte Entwicklungskonzeption ab:

- **Zunehmende Handlungsorientierung:** Auf der Basis der Erfahrungen der Lernbegleiter wird in einem systematischen Lernprozess, der durch professionelle Lernbegleitung, Praxis-Tandems und KOPING-Gruppen (Co-Coaching, kollegiale Beratung) begleitet wird, ein erfolgreiches, reales Erproben der neuen Lernkonzeption in der Praxis mit Feedback möglich.
- **Zunehmende Individualisierung**: Das konkrete Handeln der Teilnehmer soll in »typischen« Herausforderungen aus ihrem persönlichen Erfahrungsbereich, d.h. in der geplanten neuen Bildungsmaßnahme, verändert werden.
- **Zunehmende Professionalisierung**: Die Teilnehmer sollen durch kontinuierliches Arbeiten am eigenen Planungs- und Interaktionshandeln ihre didaktische und methodische Kompetenz für Blended- und Social-Learning-Arrangements steigern, mit dem Ziel der eigenen Werte- und Kompetenzentwicklung.
- **Zunehmende Transfersicherung**: Die Übertragung des Gelernten auf das geplante Bildungsprojekt der Lernbegleiter erfordert eine systematische Flankierung dieses Prozesses durch erfahrene Lernbegleiter. Eine Veränderung der Handlungsweisen der Teilnehmer kann nicht in einem isolierten Seminar von wenigen Tagen erreicht werden. Deshalb baut die Grundkonzeption dieses speziellen Blended-Learning-Trainings auf einem Wechsel zwischen Kick-off, selbstorganisierter Lernphase und der Kommunikation in Communities of Practice sowie Workshops in Verbindung mit einer anschließenden Umsetzungsphase auf.

Prozess der Kompetenzentwicklung

Die Grundlage der Kompetenzentwicklung ist eine Kompetenzmessung der Teilnehmer in Form einer Selbsteinschätzung. Aus dem Abgleich zwischen Soll- und Ist-Profil können die Teilnehmer im Gespräch mit einem Lernbegleiter ihre individuellen Kompetenzziele definieren, die sie in dieser Entwicklungsmaßnahme erreichen wollen (siehe **Abb. 17**).

Auf Basis ihrer individuellen Kompetenzziele vereinbaren die Teilnehmer, mit ihrer Führungskraft oder im Team, die Entwicklung ihrer individuellen Feinkonzeption für die geplanten Lernmaßnahmen im Rahmen der vorgegebenen didaktisch-methodischen Grundkonzeption. Es hat sich in unserer Praxis bewährt, auch die Werte der Teilnehmer zu erfassen und zu bewerten. Werte als Ordner der Selbstorganisation bestimmen im Wesentlichen die Handlungen der Lernbegleiter. So werden sich beispielsweise Learning Professionals, deren Werte, Beziehungen, Netzwerk und Gemeinnutz eher gering ausgeprägt sind, erfahrungsgemäß schwertun, soziales Lernen in ihrer Gruppe durch ihr Vorbild zu initiieren (Sauter/Sauter/Wolfig, 2018):

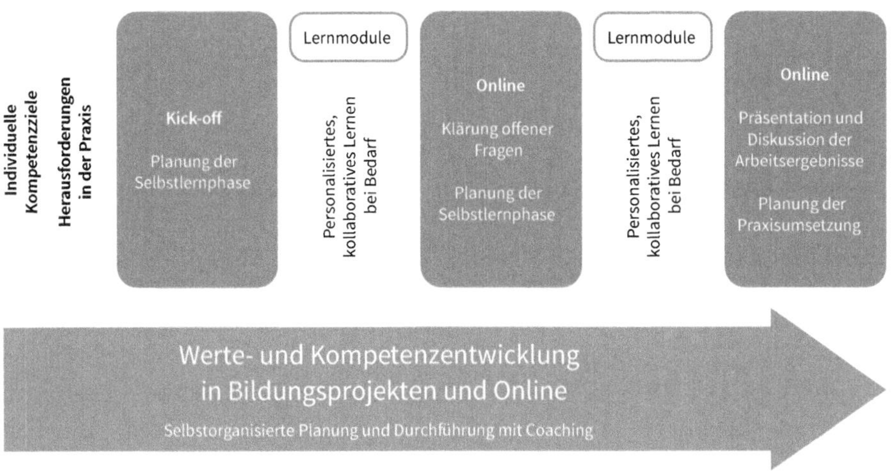

Abb. 17: Werte- und Kompetenzentwicklung im »Doppeldecker-Prinzip« auf Basis des Soll-Ist-Kompetenzprofils

Die individuellen Lernprozesse werden als Social Blended Learning gestaltet, das mit einem eintägigen Kick-off startet.

- Der **Kick-off** dient vor allem dazu, den Lernerfolg in den Selbstlernphasen sicherzustellen. Die Teilnehmer erfahren die neue Konzeption des Social Blended Learnings. Sie lernen sich in einer Reihe von kooperativen Übungen kennen, reflektieren gemeinsam über ihre Erfahrungen und Erwartungen, erhalten Einblicke in die Überlegungen der anderen Teilnehmer, bilden Lernpartnerschaften und -gruppen, lernen mit der Lernplattform umzugehen und treffen verbindliche Vereinbarungen für die erste Selbstlernphase.
- In den **selbstorganisierten Lernphasen** verknüpfen die Teilnehmer formelle und informelle Lernprozesse zu einem systematischen und personalisierten Werte- und Kompetenzentwicklungsprozess. Den »roten Faden« der Lernprozesse bilden die vereinbarten Lern-

projekte, die mithilfe des Ermöglichungsraums (Lernplattform), der Lernpartner und -begleiter bearbeitet werden.

- In den **Workshops** reflektieren die Teilnehmer über die jeweils abgeschlossene Selbstlernphase, stellen ihre Teillösungen vor, besprechen mit dem Lernbegleiter offene Fragen und entwickeln gemeinsam Lösungen. Bei Bedarf werden Trainingsmaßnahmen, z. B. zur gezielten Beratung und Begleitung der Teilnehmer, eingefügt. Darüber hinaus bringen die Mitarbeiter ihr Erfahrungswissen aus den selbstorganisierten Lernphasen ein.
- Im **Abschluss-Workshop** stellen die Teilnehmer ihre individuellen Umsetzungskonzeptionen zur Diskussion und bearbeiten gemeinsam offene Fragen. Sie erhalten in der Diskussion weiterhin Hilfen für die folgende Umsetzungsphase. Schließlich werden jeweils verbindliche Vereinbarungen für die kommende Umsetzung getroffen.
- Während des gesamten Prozesses können die Teilnehmer eigene Erfahrungen und Eindrücke zu einem **gemeinsamen Wissenspool** (Schwarmintelligenz im Knowledge Management System) aufbauen. Das Ziel besteht insbesondere auch darin, sukzessive die Fähigkeit zum kompetenzorientierten Wissensmanagement zu entwickeln, sodass die Teilnehmer ihren Wissensaustausch auch nach Abschluss der Entwicklungsmaßnahme selbstorganisiert weiterführen können.
- Die Kommunikation der Teilnehmer untereinander, aber auch das vernetzte Lernen (Peer-to-Peer) sowie die Dokumentation der Lernergebnisse aus formellen und informellen Lernprozessen bilden die zentrale »Klammer« dieser Lernkonzeption. Das **Projekttagebuch**, als persönlicher Blog im Knowledge Management System gestaltet, wird bei vielen Lernenden zum Ersatz für den »Zettelkasten«. Er hilft – auch dank eingebauter KI –, Informationen und Erfahrungswissen rasch wiederzufinden.
- Alle offenen, organisatorischen Fragen, die sich aus der Projektarbeit ergeben, werden in einem **Themenspeicher** (Wissensforum) gesammelt und mit den Lernpartnern sowie in Webinars oder in den Workshops mit dem Lernbegleiter diskutiert. Der Erfolg wird anhand der Projektergebnisse, d. h. der entwickelten **didaktisch-methodischen Feinkonzeptionen**, bewertet.
- Die Teilnehmer vereinbaren, sich auch während der Umsetzungsphase regelmäßig in problembezogenen **Communities of Practice** selbstorganisiert auszutauschen, bei Bedarf mit Unterstützung der Lernbegleiter.

4.3 Hochschule und New Learning – ein Widerspruch?

Hans-Günter Lindner

Ausgangssituation

Im Wintersemester 2019/2020 gestaltete ich die Vorlesung »Consulting & Information System« an der TH Köln vollständig digital, damit diese in mehreren Ländern zeitgleich und mehrsprachig stattfinden konnte. Mein Ziel war, Studienanfänger aus dem Ausland in die Vorlesungen einzubinden und zwar unabhängig von Ort und Zeit sowie wechselnden Standorten der Beteiligten.

Tests an zwei Universitäten in Georgien hatten gezeigt, dass meine Inhalte in die anderen Studiengänge der Wirtschaftswissenschaften nahtlos integriert werden konnten und zusätzlichen Nutzen bieten. Das Curriculum ist eine neue Version der klassischen Wirtschaftsinformatik, die sich näher am Kunden orientiert und adaptive systemische Ansätze berücksichtigt. Gerade deshalb war es wichtig, unterschiedliche Arten der Interaktion mit agilen Konzepten zu verbinden. Einfach nur Videos aus gefilmten Vorlesungen zu präsentieren wollte ich weitgehend vermeiden, um die Studierenden nicht zu passiven »Couch Potatoes« zu erziehen.

Das Konzept ist so gestaltet, dass die klassische Vorlesung nur noch einen Rahmen darstellt, der von einem »Business Case« kontinuierlich begleitet wird und individuell angepasst werden kann. Es werden dabei Kompetenzen für Unternehmensberater vermittelt, um Projekte im Rahmen der Digitalisierung begleiten und ansatzweise mitgestalten zu können. Der Lehrinhalt umfasst Aufgaben der Beratung, Grundlagen der Kommunikation, Anforderungsmanagement, Modellierung und Simulation, künstliche Intelligenz bis hin zur Realisierung und dem Testen einer Anwendung.

Fallbeispiel: Erstellung einer App für CRM

Die Studierenden sollen entweder die CRM-App (App für ein Customer Relationship Management) in Gruppen weiterentwickeln oder ein individuelles Anwendungsgebiet wählen. Studierende müssen zur erfolgreichen Bearbeitung des Fallbeispiels zunächst Begriffe klären, im nächsten Schritt Anforderungen definieren, ein Projekt agil steuern und Entwicklungswerkzeuge einsetzen, d. h. letztendlich alle Kapitel der Vorlesung praktisch anwenden. Als Entwicklungsplattform dient Mendix.com, eine Low-Coding-Plattform zur Applikationsentwicklung, die agiles Projektmanagement mit Scrum und Social Media integriert.

Der Test im Wintersemester 2019/2020 war erfolgreich.

Ich testete mit einer Gruppe von Studierenden den Erfolg der Lehreinheiten und hielt mit meinem direkten Fachkollegen regelmäßig Rücksprache. Die Klausur war ein Business Case und die Ergebnisse waren ähnlich positiv wie in den Vorjahren.

Im März sollte mein Bestreben nach noch mehr Digitalisierung in der Vorlesung einen Nachdruck erfahren, der mir bisher verwehrt geblieben war. Aufgrund der Pandemie wurden alle Vorlesungen mit physischer Anwesenheit abgesagt. Ich selbst war in Georgien verblieben, da der »Lockdown« einen Rückflug verhinderte. Es gab kein Zurück mehr in die normale Welt der Präsenzvorlesungen. Durch mein Konzept war ich aber zu 100 Prozent vorbereitet, sodass ich ohne Verzögerung in das neue Sommersemester starten konnte.

Herausforderung

Die Umstände der Pandemie und die Regularien veränderten mein Lehrsystem nicht, sondern forderten genau das, was ich bereits vorbereitet und getestet hatte. Durch diese Tests mit den Studierenden hatte ich die kritischen Punkte herausgearbeitet.

Im Folgenden werden die wichtigsten Herausforderungen im Vergleich zu Vorlesungen mit physischer Anwesenheit aufgelistet und kategorisiert. Sie basieren auf meinen Erfahrungen aus mehr als 15 Jahren in Vorlesungssälen an mehreren Standorten für die Studiengänge Informatik und Wirtschaftswissenschaften.

A. Interaktion

1. Die Intensität der Interaktion ist ähnlich. Es fällt jedoch stärker auf, wenn nicht kommuniziert wird. Der Lehrende sitzt ansonsten im Digitalen vor einer schwarzen Wand ohne Feedback in Realzeit, während bei physischer Anwesenheit auch die Körperbewegungen und die Gestik aller Anwesenden als Interaktion wahrgenommen werden können.
2. Die Hemmschwelle zur Interaktion und Beteiligung an der Kommunikation ist höher und steigt mit der Anzahl der Teilnehmenden.
3. Die Anzahl der in Realzeit teilnehmenden Studierenden pro Vorlesung sinkt, wenn jede Veranstaltung aufgezeichnet wird.
4. Die Zeichen zur Interaktion müssen einheitlich und bekannt sein.
5. Die Geschwindigkeit der Informationsvermittlung muss deutlich stärker als bisher und gemeinsam mit den Teilnehmern an deren Aufnahmefähigkeit angepasst werden.
6. Je mehr Feedback über wechselnde Kanäle gegeben wird, desto eher wird dieses von den Vortragenden übersehen.

B. Technik

1. Audio ist wichtiger als Video, aber ohne Video ist es kaum denkbar, obwohl die Videoübertragung häufig ausgeschaltet wird, d.h. die Ganzheitlichkeit des Übertragungsmusters muss gegeben sein.
2. Apps zur Videokommunikation funktionieren teilweise situationsabhängig, aber der Effekt tritt erst dann auf, wenn die Systeme bereits live genutzt werden. Die Dokumentation dazu ist unzureichend.
3. Geräusche in der Umgebung der Vortragenden werden von den Teilnehmern sehr intensiv wahrgenommen, da die Wahrnehmung der Hörer aufgrund der fehlenden Kenntnis der Situation beim Sprecher nicht adaptiert werden kann. Zudem funktioniert »Noise Cancelling« im Kopfhörer nur für den Träger des Noise-Cancelling-Kopfhörers! Die anderen Teilnehmer hören die Störgeräusche sogar verstärkt.
4. Die Ausfallwahrscheinlichkeit hängt von einer Kette physikalischer Gegebenheiten und Endgeräten ab und deshalb sind alle Elemente vorher genau zu prüfen.
5. Jeder Speicher ist begrenzt, auch die Cloud.

C. Körper und Geist

1. Die Belastung Lehrender ist deutlich höher, da die Blickrichtung und die Kontrolle des eigenen Verhaltens eine höhere Konzentration erfordert und die Bewegungsfreiheit sehr eingeschränkt ist.
2. Muskelverspannungen treten früher auf und nehmen im Laufe mehrerer Vorlesungen zu.

3. Viele offene Fenster auf einem Bildschirm erhöhen die kognitive Belastung und verringern die Reaktionsfähigkeit.
4. Pausen für Rückfragen sind weniger wichtig, da zeitversetzt Rückfragen im Chat gestellt werden können. Es sollte trotzdem generell mehr Zeit für Pausen eingeplant werden.
5. Lernen braucht Interaktion: Je mehr Körper und Geist benutzt werden und je mehr Emotionen involviert sind, desto höher ist der Lernerfolg. Bewegungen sollten daher in die Veranstaltung integriert werden.

D. Inhalt

1. Die Digitalisierung stellt höhere Anforderungen an die Didaktik, die Kombination inhaltlicher Module und den variablen Einsatz digitaler Werkzeuge.
2. Die Anpassungsleistung der Lehrinhalte an die Lernenden muss vom Lehrenden in Software übertragen werden.
3. Das Erstellen eines digitalen und zugleich didaktisch adaptiven Konzepts ist sehr aufwendig und Methoden hierzu bisher wenig bekannt.
4. Ohne präzise Planung und eine verbindliche »Compliance« endet eine größere Veranstaltung im Chaos.
5. Erwartungsmanagement gewinnt an Bedeutung.

Ich dachte also, ich wäre durch meine Erfahrungen der letzten Jahre vorbereitet. Knapp verfehlt, aber nicht weit. Es gibt Tücken, die erst durch Ausprobieren erkannt werden können. Der Versuch, abends als Beifahrer in einem Pkw eine Videokonferenz abzuhalten, stößt auf den Widerwillen der Zoom-App, die eine Videokonferenz während der Fahrt aus Sicherheitsgründen zunächst nicht erlaubt und die Videoübertragung stoppt. Dies kann jedoch mit etwas Aufwand umgangen werden, aber letztendlich reicht die Beleuchtung im Pkw abends nicht aus, um das Gesicht des Sprechers ausreichend zu beleuchten. Stattdessen entstehen Blend- und Blitzeffekte durch Gegenlicht, die alle Teilnehmer eher stören.

Durch den »Lockdown 2020« kamen neue Herausforderungen hinzu. Ich lebte wie in einer Studenten-WG in einer 35 Quadratmeter großen Wohnung im Ort Tbilissi mit einem weiteren Heimarbeiter zusammen, der mit PC und zwei Bildschirmen meinen Schreibtisch in Anspruch nehmen musste. Ich hatte mit meinem Laptop noch einen kleinen Beistelltisch und einen für diesen Zweck eigens gekauften Schaukelstuhl. Dazu waren wir abhängig von unseren Geräten und Netzwerken – ein neues Gerät konnten wir auf absehbare Zeit nicht kaufen.

Glücklicherweise ging ich aus einem »Bauchgefühl« heraus vor der zuvor nicht angekündigten Schließung der Geschäfte in Georgien zum Fachhandel, denn ich wollte jegliche Probleme mit Signalen während digitaler Vorlesungen ausschalten, und kaufte zwei 10 Meter lange Ethernet-Kabel und einen Ethernet-Adapter für USB-C. Ich wusste jetzt sicher, dass ich von meinem Zoom-Professional-Konto abhing, das ich schon seit zwei Jahren für die Vorlesungen nutzte, und Alternativen, bis auf Google Hangouts, in der Vergangenheit Probleme bereiteten.

Pro und Contra

Die Digitalisierung meiner Lehrveranstaltung funktioniert seit einem Jahr, auch wenn es viele Möglichkeiten gibt, die ich noch nicht integriert habe. Artikel zu digitaler Lehre und die Dokumentationen von Herstellern besagen jedoch, dass die Digitalisierung von Lehrveranstaltungen noch in den Kinderschuhen steckt, genauso wie die digitale Kommunikation, und beides zusammen erst recht. Jedoch ist innerhalb dieses Sommersemesters eine deutliche Verhaltensänderung an der TH Köln zu vermerken und selbst Prüfungen werden in neuer Form digital angeboten.

Ich kritisiere zuvorderst nicht die Technik als vielmehr den inhaltlichen Umgang mit dem Thema Empathie und Lernen. Eine dynamische Modellierung von Lernenden, Studenten und Nutzern ist nicht vorhanden. In vielen Fachgebieten fehlt die Kenntnis von Modellen, sowohl digital als auch konventionell, um eine individuelle Weiterentwicklung von Menschen ermöglichen zu können. Dieser Bereich scheint in Vergessenheit geraten zu sein, obwohl es in Deutschland bereits in den 1980er-Jahren durch Gunzenhäuser, Fischer et al. Ansätze gab, die durch Kobsa et al. weitergeführt wurden (siehe UMUAI.org). Technisch waren adaptive Lernkurse mit Studentenmodellen schon zu dieser Zeit möglich, aber inhaltlich fehlt bis heute die Zusammenführung unterschiedlicher Fachdisziplinen.

Heutzutage werden diese Funktionen in manchen Learning-Management-Systemen (LMS) versprochen, aber gehalten wird wenig. Die Hersteller von Software nennen Techniken, die sie selbst nicht verstehen, und manche Lehrenden in der Umsetzung ebenso wenig, beispielsweise beim Thema Nutzermodellierung. Dazu fehlen Konzepte, wie Lehrende ohne tiefere Kenntnisse der Kognitionspsychologie ein adaptives Lehrkonzept gestalten können, das sich flexibel an den Lernenden und seine Situation anpasst. Diese Aussage deckt sich mit Präsentationen auf dem Pearson HE Summit vom 15. November 2019 in Frankfurt am Main. Prof. Dr. Jürgen Handke fordert Individualität, interaktives Coaching und kollaborative Lehr- und Lerneinheiten (vgl. Handke, Vortrag).

Das Problem ist die ganzheitliche Modellierung (kognitiv, physisch und emotional) von Lerninhalten und deren Modulen, sodass diese später auch noch in unterschiedliche Lernpfade integrierbar und modular wiederverwendbar sind. Frage ich dann konkret bei Verantwortlichen für die Lehre und Didaktikern nach, höre ich »Haben wir schon. Wir sind bestens vorbereitet.«

Wenn ich jedoch tiefergehend nach adaptiven Mechanismen und digitalen Prüfungsmöglichkeiten nachfrage, werden Multiple-Choice-Tests der Vergangenheit genannt und die Ausfallsicherheit ignoriert. So werden teilweise Sicherheitsaspekte vernachlässigt und Prüfungsämter müssen dann erklären, dass eine Prüfung aus genau diesen Gründen nicht durchführbar ist. Seit ca. 30 Jahren ist kaum etwas passiert und vor allem wenig in Deutschland, das 2019 auf Platz 27 das Schlusslicht im »Index of Readiness for Digital Lifelong Learning in Europe (IRDLL)« ist.

Meine Meinung? Die deutsche Lehre hat den digitalen Zug verpasst und kennt noch nicht einmal den Fahrplan. In einer Studie der RFH Köln wird bestätigt, dass die Vorteile des E-Learnings in Deutschland zu wenig genutzt werden (vgl. Ludwigs, 2019).

Die Krux mit der Technik
Es ist nicht selbstverständlich, dass die Technik funktioniert. Dies hängt von der Ausfallwahrscheinlichkeit der einzelnen Komponenten ab. Dinge, die in einer Umgebung mit persönlichem Kontakt selbstverständlich sind, sind es im Digitalen nicht mehr. Dazu gehören z. B. die Ausleuchtung, der Ton, das Zugehen auf einzelne Personen oder die Kommunikation über Gestik. Kommunikation im Digitalen muss explizit gelehrt werden, Signale müssen klar und allgemein verständlich sein. Eindeutigkeit und Verständnis gewinnen überhand.

Hinzu kommt eine Techno-Hysterie: Kaum hatte Zoom Erfolg, kamen Meldungen über Zoom-Bombing, das Zeigen negativer Inhalte in Videokonferenzen. Meldungen über angebliche Sicherheitslücken wurden sofort gepostet, um den Ruf des Herstellers zu diskreditieren. Im Vergleich zu Zoom war Skype deutlich schlechter, und dann wurde auch noch plötzlich im Programm »Microsoft Teams« nachgebessert. Aber warum ist das nicht gleich vor der Bereitstellung geschehen? Hangouts war schon lange vorher da, wurde aber anscheinend von vielen Nutzern vergessen. Facetime ist nur für Apple-Geräte und spielt damit für Lehrveranstaltungen eine untergeordnete Rolle.

Auch an Universitäten gibt es aufgrund der Krise 2020 einen Effekt, den man vorher immer verneinte: Plötzlich ist alles digitalisierbar, also auch die Anmeldungen zu Prüfungen oder die Abgabe von Abschlussarbeiten. Aber die Prüfungsformen sind nicht einfach digital übertragbar. Neben Problemen mit der systemischen Ausfallsicherheit ist es schwer, Menschen in einem Raum einzusperren und deren Ergebnisse zu überwachen. Ich frage mich, ob es überhaupt sinnvoll ist, Menschen zu überwachen, um Leistungen zu überprüfen? An der TH Köln bereiten wir derzeit, seit Mitte Mai 2020, Lösungen moderner Prüfungsformen vor und vermeiden genau diese Art der Überwachung. Jedoch stehen manche Kollegen während der Klausur über Zoom mit den Prüflingen in Kontakt.

Letztendlich kann es nur ein Pro zum Thema »Digital« geben und es geht auch nicht um ein Entweder-oder, sondern um erweiterte Kanäle zur besseren Interaktion zwischen Lehrenden und Lernenden.

Lösung: Lehrveranstaltung »Consulting & Information System«
Die Lösung für eine vollständig durchgeführte Online-Lehrveranstaltung wird von mir an der TH Köln, Fakultät für Wirtschafts- und Rechtswissenschaften im Sommersemester 2020 umgesetzt. Dabei werden die oben genannten Herausforderungen berücksichtigt.

Zusätzliche Anforderungen in dieser Vorlesung waren, dass die Studierenden in diesem Semester mit meiner Veranstaltung das Studium am ersten Tag um acht Uhr beginnen, und zwar nur online. Dazu kommen zweimal zwei Vorlesungszüge in Deutsch und in Englisch, sowie (k)eine Arbeitsumgebung für das gelegentliche Arbeiten, mehr als 3000 Kilometer entfernt von meiner Arbeitsstätte zu Hause. Kein Problem hingegen ist die Ausstattung der TH Köln mit diversen Clouds und dem Learning Management System Ilias, das viele digitale Lern- und Testformate unterstützt.

Die inhaltliche Struktur ist als Wissenslandkarte gestaltet und die didaktische Vorgehensweise orientiert sich am Konzept der Adaptivität. Dies beinhaltet Modelle der Lernenden sowie agiles und zyklisches Vorgehen. Die Struktur wird nicht durch eine theoriegeleitete Gliederung vorgegeben, sondern entsteht aus einem übergeordneten Fallbeispiel und dem dazugehörigen Zeitplan. Damit ergibt sich eine logische Reihenfolge der Inhalte, die am Lernbedarf angepasst werden kann.

Je nach Wissensstand der Lernenden werden die Inhalte aus der Wissenslandkarte verknüpft und in einer Lernspirale, die an das SECI-Modell von Nonaka und Takeuchi (1997) angelehnt ist, mehrfach besprochen und angewendet. Zentral für das adaptive Lernkonzept ist das Modell der Lernenden, das in Form einer »Student Journey« durch die Studierenden selbst zugänglich gemacht wird. Die erste Journey ist die Beschreibung des Lehrenden mit einem Studenten als Persona, die jedoch nur der Konzeptentwicklung und Anpassung dient. Zur Verifikation werden dann weitere Journeys von den Studierenden erstellt. Im Unterschied zu einer klassischen Customer Journey sind Studierende sowohl Kunde als auch Anbieter von Leistungen.

Da die Inhalte der Veranstaltung generell für Entwicklungen gedacht sind, ist es möglich, diese nicht nur für das Fallbeispiel, sondern auch für die Entwicklung der Veranstaltung an sich anzuwenden. Dabei reflektieren sich die Studierenden in ihrer Rolle zusätzlich auch selbst.

Der Prozess der Veranstaltung beginnt mit deren Vorbereitung, endet mit dem Erstellen der Hausarbeit und ist in sieben Phasen untergliedert:

- **Phase 0: Vor der Veranstaltung**
  Vor der ersten Veranstaltung: Stelle in Ilias ein Dokument zur Verfügung, das den Zugriff auf die Videokonferenzen, die Werkzeuge, Erwartungen, Erlebnisse des vorangegangenen Semesters und einfache Regeln für den Start beschreibt. Ich bitte die Studierenden vor dem Beginn der Veranstaltung die Bildübertragung einzuschalten.
- **Phase 1: Die Basis schaffen**
  Fünf Minuten vor der Veranstaltung logge ich mich ein. Ich begrüße die bereits eingeloggten Studierenden pünktlich und teile ihnen mit, dass sich das Einloggen aller noch fehlenden Teilnehmer um bis zu fünf Minuten verzögern wird. In dieser Zeit erläutere ich meine momentane Situation, meine Umgebung und meine Leitlinien.
  Nach dieser Wartezeit begrüße ich alle nochmals und weise auf die Besonderheiten des ersten Semesters und des Studiums hin. Eine wichtige Regel prägt das Semester und wird häufig wiederholt mitgeteilt: »Nichts ist stetiger als der Wandel. Achten Sie daher regelmäßig auf den Terminplan und den Blog«.

Ich erkläre die Möglichkeiten zur Interaktion mithilfe von Gestik, Sprache, Chats und Icons. Die Interaktion teste ich dann mit den Studierenden. Diese Zeremonie zur Begrüßung wende ich im weiteren Verlauf des Semesters regelmäßig in verkürzter Form an.
Im Durchschnitt sind bis zu 200 Personen zur Veranstaltung angemeldet, aber nur 80 gleichzeitig in mehreren Zügen eingeloggt, was dem Verhältnis normaler Vorlesungen entspricht. Alle schriftlichen Unterlagen liegen in englischer Sprache vor. Die geplanten Prüfungsaufgaben im Rahmen einer Klausur sind ebenso in Englisch formuliert. Die Studierenden können die Antworten in Deutsch und in Englisch geben. Die Prüfungsform und die Erwartungen werden dabei von den Studierenden gemeinsam mit mir abgeglichen (im Rahmen der Pandemie-Notfallpläne musste die Art der Prüfung für ca. 200 Personen verändert werden).
Ich präsentiere eine Wissenslandkarte und den veränderlichen Zeitplan mit den Themen pro Woche. Ich weise darauf hin, dass …
- die Themen im Kontext zyklisch wiederholt werden, wenn es der Lösung des gemeinsamen Fallbeispiels dient und sage: »Sie müssen die Inhalte nicht sofort verstehen.«;
- ich jede Woche den Verlauf in einem Blog protokolliere und
- Änderungen per Mailverteiler bekanntgebe;
- zwei der ursprünglich geplanten drei gemeinsamen Veranstaltungen aufgrund des persönlichen Kontaktverbots für Coaching genutzt werden und
- in der ersten gemeinsamen Veranstaltung die Low-Coding-Plattform Mendix zusammen mit der Betreuerin aus Boston präsentiert wird.

Die Veranstaltung wird in der Startphase im klassischen Vorlesungsstil gehalten, jedoch nun online, und von einzelnen Übungen ergänzt. Die ersten drei Termine in Form von Vorlesungen werden als Video aufgezeichnet, was eine zusätzliche Sicherheit für die Teilnehmer bedeutet.
Die Präsentation der Low-Coding-Plattform Mendix erfolgt in der ersten Woche im Plenum, sodass ein Gefühl für die Gruppengröße entwickelt wird. Normalerweise findet die Videoübertragung mit Diskussion in einem großen Vorlesungssaal statt, in dem die Betreuerin aus Boston per Video hinzugeschaltet wird. Der Prozess zur Erstellung einer App wird in unterschiedlichen Versionen als Video auf Ilias bereitgestellt.

- **Phase 2: Übergang zum eigenständigen Arbeiten**
  Nach den drei Kapiteln Beratung, Kommunikation und Vertrieb im klassischen Stil schaffe ich die inhaltliche Basis für das Verständnis eines CRM-System. Die Studierenden sollen aus der passiven Rolle des Zuhörers die aktive Rolle eines Beraters übernehmen. Studierende in Gruppen von idealerweise vier Personen sollen eine App konzipieren und erstellen. Es ist jeder Gruppe freigestellt, ein eigenes Thema umzusetzen, was aktuell zu 30 Prozent genutzt wird.

Die Interaktion nahm gegen Ende der dritten Vorlesung sehr stark zu, da immer mehr Fragen zur Selbstständigkeit und Berufsbildern von den Studierenden thematisiert wurden. Am 7. April erreichte dann alle Teilnehmer während der Vorlesung eine E-Mail des Präsidiums der TH Köln, dass keine Präsenzveranstaltungen durchgeführt werden. Somit bereitete ich die

Studierenden darauf vor, eine Hausarbeit anstatt einer Klausur zu schreiben, was die Studierenden auch aktiv wünschten. Dieses Format hatte ich bereits in den vorangegangenen Jahren in einer ähnlichen Veranstaltung gewählt und hatte damit sehr gute Erfahrungen gemacht. Alternativ wäre eine Online-Klausur mit zeitlicher Beschränkung zum Upload möglich gewesen, jedoch umfasst die Hausarbeit mehr Fertigkeiten wie Projektmanagement, Kooperation und die tatsächliche Umsetzung einer App, bei der ca. 70 Prozent aller Inhalte eingesetzt werden müssen.

Die Aufgabenstellung ist in einer Formatvorlage als Google-Dokument definiert und beinhaltet ...
- die Beschreibung der App,
- deren Anforderungen und Ziele als Beschreibung und
- pro Person eine Customer Journey mit Persona, einen Prozess in Business Process Modelling Notation (BPMN, grafische Darstellung der Schritte eines Geschäftsprozesses), ein Datenmodell und individuelle Lernerfolge.

Rückfragen beantworte ich per E-Mail und in den Videokonferenzen. Wichtige Punkte der Veranstaltungen stelle ich regelmäßig als aufgezeichnete Zusammenfassung bereit. Dazu folgt regelmäßig ein aktualisierter Blog, der den Verlauf zusammengefasst dokumentiert. Aufnahmen einer kompletten Veranstaltung finden ab dieser Phase nur in Ausnahmefällen statt.
- **Phase 3: Selbstständiges Arbeiten mit Coaching**
  Diese Phase ähnelt dem Flipped-Classroom-Konzept, da die Vorlesung wechselweise als Selbststudium und die Übungen in Konferenzen stattfinden. In dieser Phase ist die Aufgabenstellung, eine Customer Journey Map mit einer Persona »Student« für diese Vorlesung zu erstellen. Damit verfolge ich drei Ziele, die für die Adaption und den Erfolg der Veranstaltung eine besondere Rolle spielen. Erstens die Selbstreflexion, zweitens den Abgleich der Modelle der Studierenden mit denen des Lehrenden und drittens die Übung einer Customer Journey Map für die bevorstehende Hausarbeit. Zur emotionalen Verstärkung erstellte ich im aktuellen Fall meine eigene Patient Journey (eine Woche Krankenhaus) und präsentiere diese den Studierenden.
  Etwa 70 Prozent nahmen die Aufgabe wahr und ca. 30 Prozent baten um eine Beurteilung im Plenum, was zugleich dem besseren Verständnis aller Hörer diente. Gleichzeitig nahm das Feedback über andere Kanäle, wie E-Mail und Chat, zu.
  Die Arbeiten über die Persona und die Customer Journey Map der Studierenden ist im Folgenden als Zusammenfassung wiedergegeben:
  Persona Studierender
  - Single, 21 Jahre alt
  - erstes Semester Betriebswirtschaftslehre, wenig Erfahrung
  - finanzielle Mittelknappheit
  - Wohngemeinschaft in Köln ohne ruhigen Arbeitsplatz
  - Vorlesungen nur online, wenn überhaupt
  - Restriktionen aufgrund der Pandemie
  - Kontakt mit anderen Studierenden nur online oder Chat
  - technisch versiert

In der ersten Besprechung fiel auf, dass die meisten Personas zu knapp beschrieben waren oder gar nicht. Nach der gemeinsamen Besprechung wurden in der Woche darauf detaillierte Personas erarbeitet.

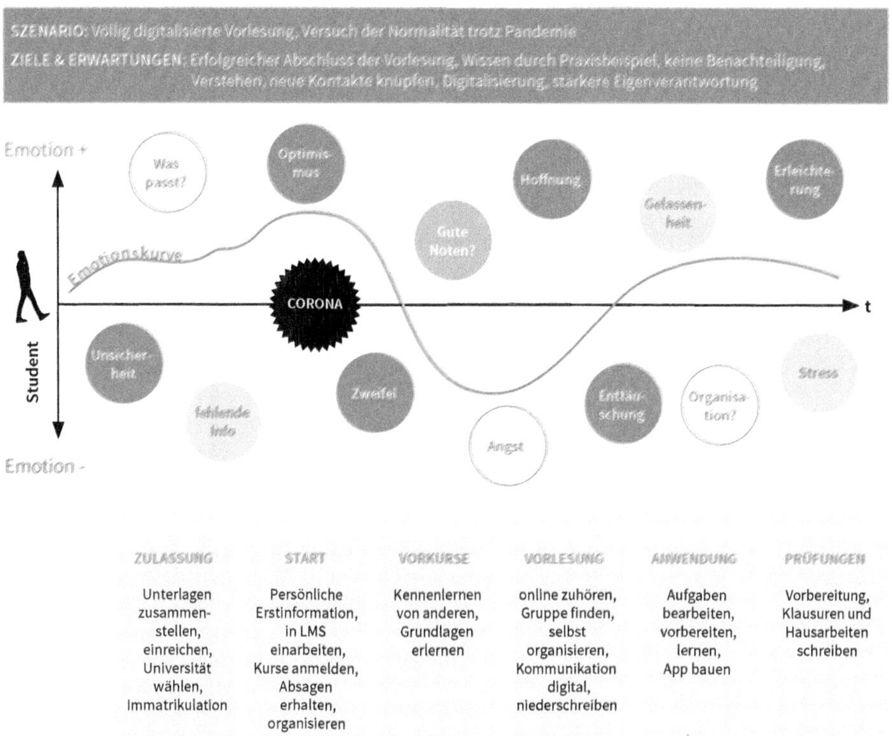

Abb. 18: Student Journey Map

Im Rahmen des Student Journey Mapping (siehe **Abb. 18**) ergaben sich viele Chancen durch die unausweichliche Digitalisierung: Selbstständigkeit, freie Zeiteinteilung, Gruppenfindung ohne Vorurteile, gute Übung durch Hausarbeit, Zeitersparnis, effizientes Arbeiten, Umgang mit Ausnahmesituationen erlernen, neue Werkzeuge und Methoden kennenlernen, neue Techniken, neue Kommunikationsmethoden, bewusstes Informieren, besseres Gefühl für das reale Leben, besseres Gemeinschaftsgefühl, Entwicklung neuer Fähigkeiten, keine Ansteckung, Digitalisierung der Verwaltungsprozesse.

Das Beispiel der Customer Journey Map veranschaulicht das Prinzip des zyklischen Lernens. Schon nach der ersten Erklärung wird der Inhalt aktuell und persönlich angepasst. Zuerst werden das Prinzip und die Historie sowie Beispiele erklärt (Sozialisation). Dann soll ein persönliches Beispiel anhand der Persona »Student dieser Vorlesung« entwickelt (Externalisierung) und in der Gruppe ausgearbeitet werden (Kombination). Das erneute Niederschreiben und Präsentieren führt dazu, dass das Wissen verinnerlicht wird (Internalisierung).

Anhand meines eigenen persönlichen Beispiels erkläre ich dann mein Modell und der Zyklus startet erneut, jedoch mit mehr Wissen und nochmaliger Wiederholung des Skriptes. Im Rahmen der CRM App wird der Zyklus erneut durchlaufen und schließlich ein drittes Mal beim Schreiben der Hausarbeit. Da die Zyklen im Zeitplan eingebettet sind, sind sie ein agiler Teil der sequenziellen Vorgehensweise (siehe **Abb. 19**).

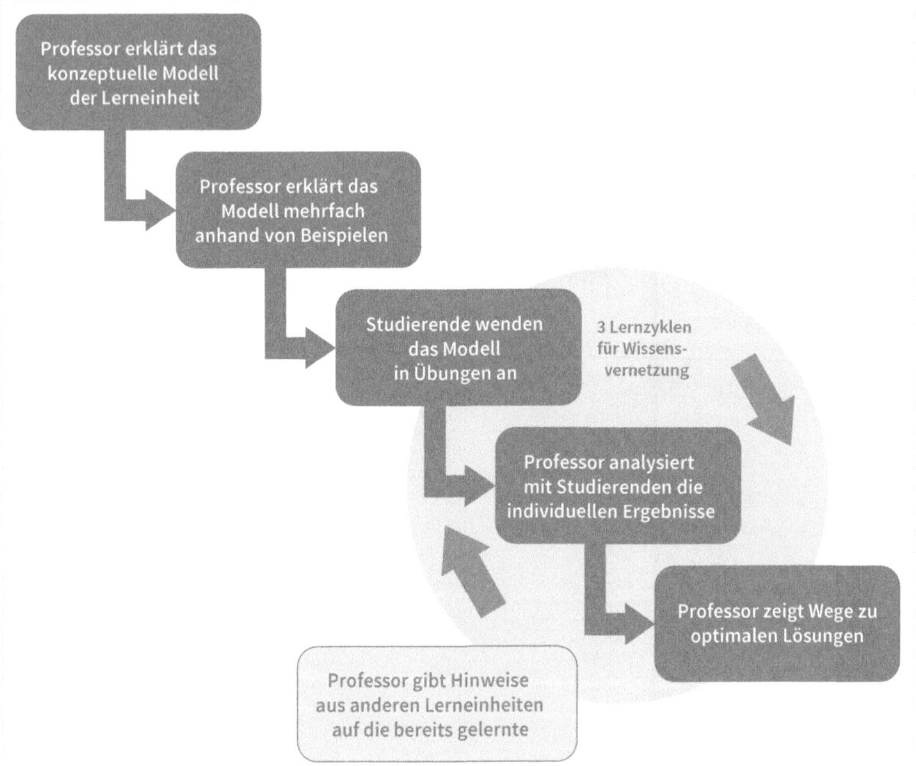

Abb. 19: Zyklisches Lernen

- **Phase 4**
  Der Lernprozess der Studierenden spaltete sich nun in zwei Prozesse auf: Einerseits erstellten die Gruppen der Studierenden in weiteren Schritten ihre eigene App, andererseits vervollständigte ich das erforderliche Wissen zu Business und Artificial Intelligence, die ich mit der Anwendung für die App im Rahmen von Dashboards kombinierte. Die Anzahl der individuellen Feedbacks stieg kontinuierlich. Mittels der Social-Media-Funktionen in Mendix wurde ich in die Entwicklung der Apps eingebunden. Genau an dieser Stelle zeigt sich die Stärke des agilen Lernens. Die bisherigen Ansätze waren innovativ und zum Teil sehr gut gestaltet, jedoch zeigten sich Schwächen in der Modellierung. Hier kann ich sofort eingreifen und Korrekturen empfehlen, bevor sich die Probleme häufen.

- **Phase 5**
  Diese Phase beginnt ab Juni 2020, nach der Abgabe dieses Beitrags zu diesem Buch. Hier bestimmen Entwicklung und Coaching den gesamten Lernprozess. Dabei verweise ich in Gruppensitzungen auf die Lehrinhalte und theoretischen Konzepte des Skripts, damit der Transfer in die Praxis gewährleistet ist.
- **Phase 6**
  Die Abgabe erfolgt spätestens im August. Die Bewertung orientiert sich an fünf Kriterien (FIDEL): Form, Inhalt (Wissensspektrum), Details (Wissenstiefe), Eigenständigkeit und individueller Lernerfolg. Das letzte Kriterium ist ein eigenständiger Textteil, der die Erwartungen und Kenntnisse vorher und die Veränderungen während des Prozesses beschreiben soll.

Erfahrung aus der voll digitalisierten Vorlesung

Wie kann eine solche Videovorlesung gelingen? Nach zwei Jahren Erfahrung sammeln mit Zoom und mehr als fünf Jahren mit Google Hangouts, Skype und Lynx usw. in diversen Veranstaltungen sind Dinge passiert, die ich nie im Leben erwartet hätte. Deshalb habe ich hier Tipps für eine erfolgreiche Umsetzung ausgewählt. Die Steuerung der Erwartungen spielt hierbei eine herausragende Rolle.

Erwartungen

- Zur Begrüßung macht es Sinn, wenn möglichst alle die Videos einschalten. Später nicht mehr, da man ohne einen sehr großen Bildschirm ohnehin nicht alle im Blick haben kann und die Bandbreite der Übertragung ohne Bild geschont wird.
- Wenn Sie mit Video starten, denken Sie bitte an Ihren Hintergrund. Schalten Sie einen virtuellen Hintergrund ein, sagen Sie aber, wo Sie sind und wie Sie sich fühlen.
- Teilweise werden alle Mikros eingeschaltet sein und es wird vorübergehend laut für alle. Der Lehrende sollte dann alle Mikrofone zentral ausschalten.
- Das Wichtigste ist aber das Teilen der Präsentation und das Hören, denn die Interaktion klappt nur in Gruppen unter 25 Personen wirklich. Redebeiträge oder visuelle Handzeichen sind in größeren Gruppen kaum zu identifizieren.
- Es ist frustrierend, wenn man als Professor vor einem schwarzen Bildschirm sitzt. Bitten Sie daher um Lebenszeichen, damit Sie nicht mit »biologischen Chatbots« interagieren.
- Starten Sie die Sitzung fünf Minuten vorher, damit alle wissen, dass jetzt gleich etwas passiert und alle sich vorbereiten können.
- Zoom-Bombing? Derartige Störungen von Trollen etc. habe ich noch nie erlebt. Schließen Sie notfalls die Sitzung, vereinbaren Sie aber vorher, wo man die Links mit den Meeting-IDs und eventuell die Passwörter in Ilias findet.
- Die meisten Studierenden agieren parallel in Facebook oder Whatsapp-Gruppen. Das hat den Vorteil, dass bei einem Abbruch, die neue ID schnell von selbst wieder verteilt ist. Das interaktive Netz repariert sich meist selbst.

Interaktion

- Geben Sie allen Zeit, sich zu sammeln. Begrüßen Sie, wenn es sein muss, zweimal.
- Teilen Sie mit, in welcher Situation Sie sich befinden, denn dann sind Störungen kein Problem.
- Teilen Sie allen mit, dass als Feedback Video, Audio und Chat möglich sind (z. B. bei Zoom).
- Den Chat werden Sie als Lehrender manchmal übersehen, weil sie zu konzentriert bei der Präsentation sind. Bitten Sie einen oder mehrere Beteiligte, per Audio auf den Chatbeitrag aufmerksam zu machen.
- Stellen Sie Fragen über den Chat, dann zur Abwechslung über Video. Fragen mit Fragebögen sollten vorher erarbeitet werden, da während des Gesprächs keine Zeit bleibt und die Zuhörer sonst abdriften.
- Vereinbaren Sie einfache Gesten. Zeigen Sie, welche Handbewegungen im Chat wichtig sind, z. B. *Daumen nach oben und Hand seitlich* = sehr gut, *Hand/Finger heben* (Finger häufig schlecht zu sehen) = Ich will etwas sagen; *V mit Zeigefinger und Mittelfinger* = Ich habe eine Frage (vgl. Schulunterricht) etc. In Zoom gibt es auch über »Reaktionen« per Klick die Möglichkeit für Applaus und »Daumen hoch«; dies wird jedoch häufig als Meldung missinterpretiert.
- Machen Sie spätestens nach ca. 60 Minuten eine Pause. Sie werden im Video-Chat körperlich stärker gefordert als in einer Vorlesung. Besonders die Schultermuskeln verkrampfen. Machen Sie während der Pause Lockerungsübungen und Kniebeugen. Trinken Sie regelmäßig.
- Warten Sie nach Fragen länger als üblich. Die Reaktionszeiten sind häufig länger.
- Ideal ist es, eine zweite Person als Co-Moderator einzusetzen, die auch Feedback gibt, wenn zu schnell vorangegangen wird.
- Wenn Sie als Hilfe für später ein Video einschalten, fragen Sie alle Teilnehmer explizit, ob auch die Videos aller mit aufgezeichnet werden sollen. Wer das nicht will, soll das eigene Video abschalten. (Achtung DSGVO!)
- Wechseln Sie auch von der Präsentation ab und zu in den normalen Modus, denn die Abwechslung erhöht die Konzentration.

Technik

- Die Funktionalitäten unterscheiden sich häufig, je nach Endgerät. Bei Tablets und Smartphones sind Apps zwingend, bei PC oder Mac klappt es meist auch über einen Browser.
- Achten Sie auf gutes Licht (Hauptlicht von rechts oben, schwächeres Licht von links oben) und
- auf ein gutes Mikrofon.
- Nutzen Sie möglichst einen Kopfhörer mit Noise-Cancelling, wenn Sie nicht in einem geschlossenen Büro sitzen.
- Testen Sie mit den Zuhörern das Senden und Empfangen von Signalen und Nachrichten. Benutzen Sie hierfür kein Pfeifen oder Schnalzlaute, sondern sagen Sie stattdessen z. B. »Dies ist ein Test, ob Sie mich alle hören. Mein Name ist ...« oder singen Sie ein Lied – bei Letzterem sind Lacher garantiert.

- Alle Zuhörer sollten das Mikrofon abschalten und nur für Fragen öffnen, damit keine Störgeräusche zu hören sind.
- Falls die Kommunikation während der Sitzung ausfällt, dann loggen Sie sich kurz parallel per Smartphone ein, informieren Sie alle und beheben Sie die Störung (bei mir ist mittendrin der Mac ausgefallen, weil ein zu schwaches Netzteil angeschlossen war. Man löst sich dann tatsächlich schrittweise digital auf – ein sehr interessanter Effekt).
- Wenn Sie als Beifahrer in einem Auto an einem Videomeeting teilnehmen wollen, könnte die App Ihre Teilnahme verhindern, weil sie vermeintlich selbst Autofahren und die Nutzung der App während der Autofahrt geblockt werden soll. Diese Funktion kann man ausschalten, das ist aber kompliziert und vorher nicht zu testen!

Speicherplatz
- Nehmen Sie wichtige Videos in der Cloud auf, damit beim Absturz eines Computers die Aufzeichnung der Diskussion für alle weiterläuft.
- Achtung: Die Cloud kommt schnell an ihre Kapazitätsgrenzen. Ich speichere meist lokal, jedoch sehr wichtige Gesprächsprotokolle nur in der Cloud!
- Der Speicherplatz für eine Vorlesung von 90 Minuten mit Zoom im kleinsten Format liegt bei mindestens 350 MB (drei Vorlesungen und der Speicherplatz von Zoom Professional ist ausgereizt). Jede Art der Komprimierung vergrößerte die Datei nach der Entpackung. Die Dateien können in der genannten Größe in manchen Learning-Management-Systemen nicht mehr abgespeichert werden.
- Speichern Sie große Videoaufzeichnungen in entsprechenden Clouds und verweisen Sie darauf mit einem versteckten Link aus dem Learning Management System heraus.
- Zeichnen Sie nicht alles in der Vorlesung auf, sondern nur die Extrakte. Das ist effizienter, später auch spannender und die Studierenden werden keine »Couch Potatoes«.
- Back-up nicht vergessen, es sei denn man hat sichere Clouds.

Zusammenfassung
- Erstellen Sie eine Anleitung zur Kommunikation und reichen Sie diese an alle Teilnehmer weiter.
- Begrüßen Sie immer in Verbindung mit einem Test und schalten Sie zuerst alle Mikrofone der Teilnehmer aus.
- Vereinbaren Sie Signale für Gesten, zumindest in den ersten Sitzungen.
- Benutzen Sie mindestens einen freiwilligen Co-Moderator.
- Achten Sie bei der Speicherung von Videos auf die Einwilligung der Beteiligten und lassen Sie die Live-Übertragung der Teilnehmer ausschalten (DSGVO!).
- Geben Sie mehr Zeit für Feedback.

Machen Sie regelmäßig Pausen und sorgen Sie für körperliche Bewegung.

5 Information-/Knowledge Management: Workflow und Fundament

Götz Piwinger

E-Mail ist der Ort, wohin die Information zum Sterben geht!
Jeder von uns kennt die Situation: Man sucht in seinem E-Mail-Posteingang nach der richtigen Datei oder Information, denn schließlich gibt es ja die Suchfunktion. Aus einer Vielzahl von Chats wird dann eine Datei herausgefischt. Aber ist das die richtige Version? Letztendlich erhalten wir nur die Information »Zeitstempel« und »Verteiler«. In diese Situation geraten wir natürlich nicht absichtlich. Der »Ermöglichungsraum«, um Informationen automatisch zu versionieren, fehlt in den meisten Unternehmen ganz einfach. Die Versionierung funktioniert in der technischen Dokumentation vielleicht gerade noch so mit einem Änderungsdienst, wir Information Worker befinden uns aber noch in der Steinzeit.

Wer schon einmal die Erfahrung gemacht hat, ein Projekt via E-Mail zu steuern, weiß, wie schnell man an den Rand des Wahnsinns getrieben wird. Die Übersicht über den Verteiler zu behalten – also wer welche Information verbindlich erhalten hat – ist eine sportliche Herausforderung. Auch hier ist das Format »E-Mail« nicht geeignet. In manchen Unternehmen wurden vor, während und nach dem Lockdown 2020 unterschiedliche Apps im Unternehmen installiert, um sich einerseits das digitale Mäntelchen überzustreifen und um andererseits die Kommunikation im Unternehmen verbessern zu wollen. Und ja, die Kommunikation durch »Slack«, »Confluence« und »Teams« wurde besser, aber nur im Sinne von schneller als bisher. Hinzu kommt, dass mancherorts jeder Anbieter aus Wettbewerbsgründen bemüht ist, einen möglichst großen Teil der Kommunikation mit seinem System abzubilden. Es entsteht ein Flickenteppich aus Tools und Apps, der nicht nur einen New Work Flow verhindert, sondern der im Zuge seiner vorhersehbaren Ablösung hohe Kosten mit sich bringen wird.

Worin liegen die Kernprozesse einer Organisation jenseits der Finanzverwaltung? Richtig: Im netzwerkartigen Austausch von Informationen! Diese Informationen basieren auf Team- bzw. Einzelkompetenzen und maschinellen Ergebnissen. Auf dem Weg in die Zukunft ändern sich Informationen immer schneller. Der Änderungsdienst kommt ins Schwitzen, die Desinformation nimmt zu. Aber in den Unternehmen brauchen wir geprüfte und sichere Informationen, die dennoch transparent und schnell bereitstehen! Dies ist eine der Forderungen von New Work.

Um über neue Formen der Kommunikation – also den Austausch von Informationen – nachzusinnen, sollten wir zuerst die Quellen der Informationen klären. Viele natürliche Quellen entstehen aus dem Zusammenfluss mehrerer, kleiner Wasseradern. So ist es in Unternehmen auch.

Einige Köpfe haben eine Idee, die dann in einem Prozess zu einem Ergebnis kommt. Diesen Prozess müssen Unternehmen digitalisieren. Und wir müssen noch weitergehen! Lassen Sie uns von zielgerichteter Schwarmintelligenz reden. Und genau an dieser Stelle kommt Wissensmanagement (Knowledge Management) ins Spiel. Aber nur dann, wenn es uns gelingt, Knowledge Management als Workflow zu betrachten, können wir das Dilemma auflösen. Wer noch in Wiki-Strukturen denkt, ist verloren!

5.1 Knowledge Management, das gemeinsame Gedächtnis

Bei diesem Thema beginnt die Herausforderung bereits bei der gemeinsamen Begriffswelt. Während die einen unter Knowledge Management ein Wiki verstehen, verwechseln es andere mit Dokumentenmanagement und sehr viele glauben, dass es so etwas wie Sharepoint sein könnte. Daher empfehle ich zukünftig den Begriff »Information Management«. Doch lassen Sie uns bei den Wurzeln beginnen.

Wissen setzt Lernen voraus. Wenn ich etwas weiß, dann habe ich es auf irgendeine Weise erlernt, und sei es durch stures Pauken oder Üben. Wissen in der Praxis nutzen zu können, bedeutet Kompetenz. Und schon wird klar: Lernen ist eine mathematische Untermenge von Wissen, denn: Die Anzeige einer Lerneinheit ist auch ein Suchergebnis. Deshalb sollen Lern- und Wissensmanagement in naher Zukunft als Informationsmanagement zusammengefasst sein. Um nicht noch mehr Verwirrung zu stiften, bleiben wir hier beim Begriff Knowledge Management (KM).

Im Knowledge Management unterscheiden wir grob zwischen

a) gesicherten Wissenseinträgen und
b) laufenden Wissensdiskussionen.

Gesicherte Wissenseinträge sind nach allen Kriterien geprüft und versioniert. Die Formatoptionen dieser Einträge sind vielfältig: Dokumente, Videos, Podcasts, E-Learnings, 3-D-Simulationen, Links oder interaktive Augmented-Reality-Anwendungen. In diesem Fall haben alle Informationen gemein, dass sie fachlich und auf Compliance geprüft sind und dass nur diejenigen sie sehen können, die auch das Recht dazu haben. Alle Medien basieren auf dem Prinzip »Single Source of Truth«, es gibt nur eine wahre Quelle mit sauberem Versionsverlauf. Ändert sich etwas am Quelldokument, dann ändern sich alle nachgeordneten oder verbundenen Dokumente mit! Somit können einfach Fehler vermieden werden und auch der Änderungsdienst wird überflüssig. Zu jedem Wissenseintrag findet sich auch sofort der fachliche Ansprechpartner.

Laufende Wissensdiskussionen sind so etwas Ähnliches wie Foren und unterstützen die kollaborative Wissensentstehung. Als Teil des Information Management sind sie ein wichtiger Part der Kernprozesse im Unternehmen. Wissensdiskussionen ersetzen unternehmensinterne E-Mails. Jeder Nutzer ist Teil eines Rollen- und Rechtesystems und kann auf die entsprechenden laufenden Diskussionen zugreifen und daran teilnehmen. Wenn Wissensdiskussionen ein Ergebnis liefern, kann dies wiederum als gesicherter Wissenseintrag umgewandelt werden.

Ihre Sucheingabe – beispielsweise zu Pivot-Tabellen – liefert also Ergebnisse zum Thema in mehreren Formaten:
1. Gesicherte Wissenseinträge
2. Laufende Wissensdiskussionen
3. Lernmöglichkeiten, beispielsweise ein E-Learning Nugget oder ein längeres Learning

In unserer Wissensdiskussion verlinken wir auf eindeutige Dokumente. Wir können in interdisziplinären Teams arbeiten und gemeinsam lernen. Unsere Kompetenzen im Unternehmen werden auf allen Ebenen weiterentwickelt. Die Wissensdiskussion ist ein wichtiger Teil des Ermöglichungsraums innerhalb des New Work Flow.

5.2 Der Knowledge Management Action Plan

Das Schöne an New Work ist, dass man die Umsetzung von unterschiedlichen Ecken aus beginnen kann und das auch noch mehrfach parallel. Manche – und das ist gar keine schlechte Idee – beginnen mit der Einführung von Wissensmanagement. Denn dort vereinen sich viele praktische Übungen zur Kompetenzbildung, wie soziales Netzwerklernen, Knowledge Sharing und transparente Kommunikation. Die schmerzgetriebene Motivation zur Einführung von Knowledge Management ist vielfältig. Auch dafür haben wir einen Management Action Plan entwickelt, den Knowledge Management Action Plan (K-MAP) (siehe **Abb. 20**).

Auch hier ist der äußere Painring wieder drehbar und beschreibt die Motivation oder den Anlass eines Unternehmens, um Knowledge Management einzuführen. Klare Favoriten sind »Fehlervermeidung« und »Fluktuation durch demografischen Wandel«. Der Motivationspunkt wird auf den nächsten logischen Prozesspunkt gedreht, und zack: Schon ergibt sich das Handlungsformat. Was motiviert Unternehmen dazu, Knowledge Management einzuführen?

Fluktuationsmanagement. Neue Mitarbeiter haben kürzere Verweildauern im Unternehmen. Mit der Kombination Knowledge Management und Learning Management ist die Traktion schnell wieder da.

Digitalisierung allgemein. Nur Klarheit in den Prozessen und Klarheit in der Dokumentation, in Verbindung mit transparenter Kommunikation, ermöglicht Skalierbarkeit.

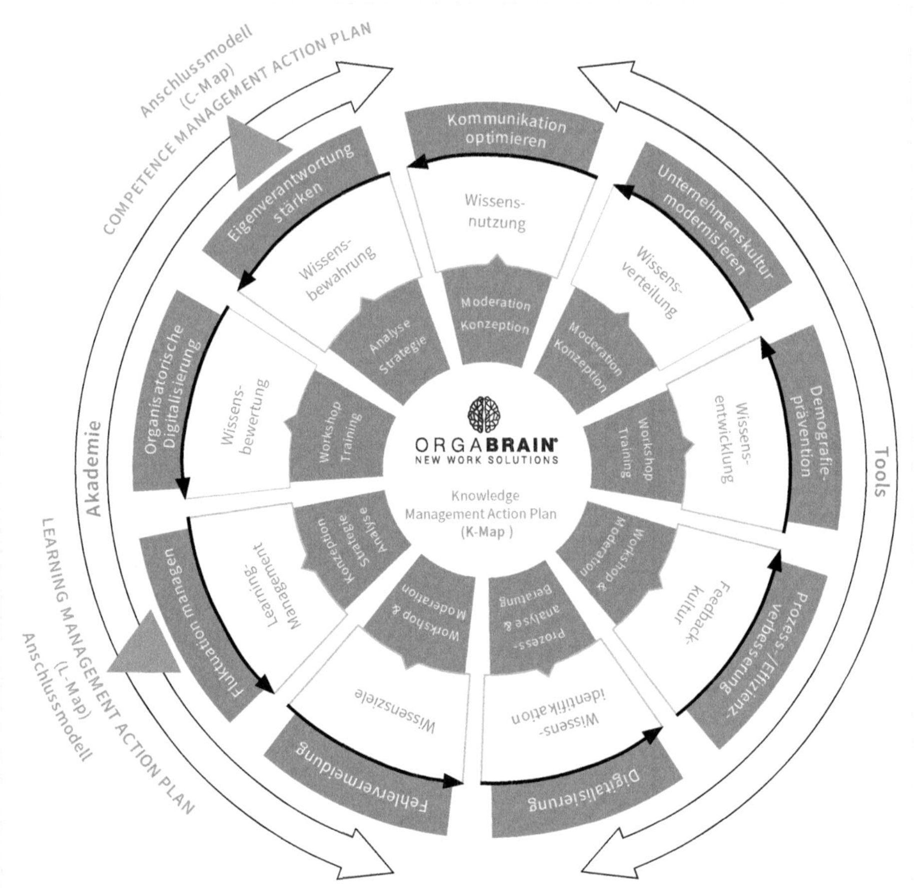

Abb. 20: Knowledge Management Action Plan (K-MAP) (Quelle: Orgabrain GmbH & Co. KG)

Fehlervermeidung. Nicht jeder Fehler muss vier oder acht Mal gemacht werden. Eindeutige Informationen und Erfahrungsaustausch schaffen sichere Ergebnisse.

Prozess-/Effizienzverbesserung. Auch wenn Prozesse sorgfältig definiert sind, fehlt oftmals die digitale Umsetzung. Wissensmanagement ist kein teures Prozesstool und durch den schnellen Erfahrungsaustausch ist es eine sehr gute Basis.

Organisatorische Digitalisierung. Die Vielzahl von Tools und Apps erschweren die zielgerichtete Ergebnissteuerung. Nur wenn wir in Echtzeit wissen, was gerade benötigt wird, können wir handeln. Das bieten nur zentrale Big-Data-Resultate.

Eigenverantwortung stärken. Wenn wir zielgerichtetes, eigenverantwortliches Handeln wollen, brauchen wir einen technischen Ermöglichungsraum dafür.

Kommunikation optimieren. E-Mail-Kommunikation raubt kreative Arbeitszeit und fördert das Netzwerkdenken nicht. Die Uni Koblenz konnte nachweisen, dass digitales, vernetztes Lernen die menschliche Vernetzung im Unternehmen fördert.

Unternehmensstruktur modernisieren. Silodenken, starre Genehmigungswege oder Privilegienbildung sind Killer auf dem Weg zum New-Work-Unternehmen. Offene Entscheidungskommunikation und teambestimmte Lösungswege prägen den Charakter einer Change-Kultur.

Demografieprävention. Erfahrung kann man nicht ad hoc weitergeben, wie eine Staffel. Deshalb ist es wichtig, altersbedingte Exits mit Knowledge Management vorzubereiten.

Wir spüren, dass ein bestimmtes, digitales Merkmal Einzug in die Unternehmenskultur finden muss: »Sharing«. Es muss uns gelingen, dass »Informationen teilen« als positives Erlebnis empfunden wird. Zum einen kann dies durch Werte- und Kompetenzmanagement erfolgen, zum anderen durch 360-Grad-Feedback. Es gibt gute Konzepte dafür. In jedem Unternehmen gibt es natürlich hartnäckige »Sharing-Muffel«. Als Ultima Ratio bietet sich das Werkzeug »Improvisationstheater Knowledge Sharing« an. Wer sich danach immer noch nicht am Sharing beteiligen kann, muss eine neue Rolle bekommen.

Im Kapitel »Lernen als Teil der Arbeit« (Seite 83 ff.) sprachen wir davon, dass die Einführung eines reinen Learning-Management-Systems eine Falle sein kann und jetzt wissen wir auch warum: Lerninhalte jedes Formates sind nur ein Teil von Wissensmanagement, die wir situations- und personengenau abrufen können müssen. Erst bei einer zentralen Suche finden wir Learnings, Wissen und Erfahrungsaustausch. Eine ganz besondere Rolle spielt dabei auch die Personalentwicklung.

6 Service Excellence

Götz Piwinger

Wir alle haben schon von diesem Thema gehört. Die meisten von uns bringen den Servicegedanken mit »Dienst am Kunden« in Verbindung. Erfahrene Kaufleute wissen, dass es wie ein Wunder wirkt, wenn der Kunde immer etwas mehr bekommt, als er bestellt hat. Das kann der Digestiv im Restaurant, ein Äpfelchen extra auf dem Markt oder die Tüte Gummibärchen beim Versandhändler sein. Jedes Mal wird dann eine positive Emotion in uns wach. Das führt in der Regel dazu, dass wir bei unserer nächsten Beschaffung wieder bei diesem Händler einkaufen werden. Das ist die einfachste Art, um ein Serviceerlebnis zu vermitteln.

> Professionelle Unternehmen setzen das Instrument der *Customer Experience Journey (CXJ)* ein, um das emotionale Befinden des Kunden bei jeder Berührung mit dem verkaufenden Unternehmen zu erfassen.

Dies kann bei der Interpretation der Marke und dem ersten Eindruck der Website beginnen. Weiter zieht sich das Kauferlebnis über die Sympathie, über den reibungslosen Ablauf des Verkaufsprozesses, den Komfort der Zahlungsmöglichkeiten bis hin zum After Sales Service, um an dieser Stelle nur ein paar grobe Stationen, sogenannte *Touchpoints,* zu nennen. Die Customer Experience Journey bezieht sich primär auf die Vertriebs- und die Serviceabteilung. Es liegt in deren Interesse, die Verkäufe nachhaltig zu steigern, auch in Zeiten von Verdrängungswettbewerb, Internationalisierung und Digitalität.

Beispiel: Lieferzeit beachten

Manchmal bestelle ich etwas übereilig im Internet und wundere mich anschließend, wo die Lieferung bleibt. Bei nochmaligem Hinsehen erkenne ich dann, dass die Lieferung aus China kommt, mit einer Lieferzeit zwischen sieben und zwölf Wochen. Die Konsequenz ist klar: Ich schaue immer auch auf das Lieferdatum, weil ich eine »Bad Experience« hatte.

Es ist wichtig, dass alle Komponenten, also jedes Detail, als exzellent empfunden wird. Im Bereich Kundenservice ist das alles gut nachvollziehbar. Um die Servicegüte erfassen zu können, haben wir nur eine Möglichkeit, nämlich die Messung. Im Vertrieb gibt es zwei Parameter: erstens die **digitale Messung**, beispielsweise durch Absprungraten beim Internetkauf. Wer von uns hat nicht schon einmal einen Online-Einkauf abgebrochen, weil die Bezahlprozedur nicht gerade menschenwürdig verlief? Zweitens die **Messung der nachhaltigen Umsatzqualität**. Um jedoch die Emotion des Käufers zu messen, müssen wir derzeit noch auf das Mittel von Interviews und Umfragen zurückgreifen, um verwertbare Ergebnisse erhalten zu können. Dabei stellt sich die Herausforderung, wie man seine Kunden erreichen und zu Interviews motivieren kann.

In der Konsequenz wird vor allem aber auch ein **Werkzeugkasten** gebraucht, um die **Emotionskurve der Kunden** nach oben schrauben zu können.

Zur Verbesserung des Kaufverhaltens sind die Unternehmen zu großen Investitionen bereit. Sie beauftragen Strategieberater, stellen Top-Controller ein, investieren in Onlinetechnologie und beschäftigen Agenturen. Das ist deshalb so, weil das Ziel und der Zweck banal vermittelbar sind: mehr und besserer Umsatz.

Sie ahnen schon, was jetzt im Kontext New Work kommt. Unsere *Employee Experience Journey (EXJ)* finden Sie als Messanzeige des NW-MAP in diesem Buch.

EMPLOYEE BRANDING

Es handelt sich um die permanente und echtzeitnahe Erfassung des Mitarbeiterempfindens an jedem »Touchpoint« seiner Aktivität für das Unternehmen. Und zwar vom ersten Internet-Eindruck bis zum Exit. Eine ganze Branche hat sich mit dem Thema »Employee Branding« beschäftigt, also mit Marketingmaßnahmen, die das Unternehmen als attraktiven Arbeitgeber darstellen.

Spätestens seit der öffentlichen Arbeitgeberbewertung auf diversen Portalen hat sich dieses Thema relativiert. Denn Mitarbeiter lassen sich nicht täuschen. Entscheidend ist, wie es im realen Unternehmensalltag läuft, und nicht das, was auf den Recruiting-Seiten zu finden ist.

Ein Punkt auf der Employee Experience Journey lautet »Proof your promise«, denn nur ehrliche Unternehmen, die ihre Werte auch im Unternehmensalltag leben, schneiden gut ab.

Wir müssen also herausfinden, wie sich Stimmungen verändern. Die Stimmung jedes einzelnen Mitarbeiters, der Teams und der gesamten Organisation. Dazu dienen wieder Messverfahren und ein guter Werkzeugkasten. Wie wichtig eine gute Employee Experience Journey und damit auch New Work für das Management ist, können Sie nur selbst entscheiden.

Die meisten Topmanager sind aus der Babyboomer-Generation und so mancher hofft, noch ohne allzu große praktische Veränderungen in den Ruhestand zu gleiten. Deshalb beschränkt man sich gerne darauf, ein paar Beratertage und Trainertage einzukaufen, ein bis zwei Masterstudenten mit Umfragen zu betrauen, um sich selbst als »Modern Mind« zu verkaufen. Die Umsetzung einer funktionierenden Employee Experience Journey erfordert ebenso viel Power wie das Äquivalent im Vertrieb. Wobei es auch Doppelrollen mit vertriebsinternen Services gibt. Es kann niemals ein halbherziges Unterfangen sein, Service Excellence auch im Innenverhältnis und konsequent holistisch umzusetzen.

Der große Vorteil bei New Work Service Excellence liegt im Zugang zu den Messpersonen – zu den Mitarbeitern! Umfragen, Messungen und Interviews werden zum alltäglichen Arbeiten gehören.

Dazu eigenen sich Systeme, mit denen einerseits Mitarbeiter-Interviews, Umfragen und die Employee Perfomance im gesamten Zusammenhang, größtenteils digital, dargestellt werden können und sich andererseits die Methoden, wie beispielsweise Kompetenzentwicklung, auch umsetzen lassen. In welcher Form die Ziele und Ergebnisse der Service Excellence bewertet und dokumentiert werden, dazu gibt es unterschiedliche Modelle.

Das **Reifegradmodell** ist eine Zieldefinition, mit der bestimmte Stufen der Entwicklung definiert werden. Andere nutzen **stufenfreie Veränderungsmodelle**, die moderne Softwarelösungen heute ermöglichen. Entscheidend ist der Verbund aller verfügbaren Daten aus Lernen, Kompetenzentwicklung, Werteverständnis, aber auch Sharing- und Teamquote, wenn man eine 360-Grad-Feedbackkultur als Bestandteil von New Work haben will. Auch hier gilt wieder, dass Methoden und Systeme im Einklang stehen müssen. In vielen Unternehmen begegnet mir übrigens eine Systemvielfalt, die Mitarbeiter nur frustrieren kann.

An dieser Stelle stellt sind sich die Frage, wer bereit sein könnte, Service Excellence als ganzheitliche Orientierung und Motivation im Unternehmen zu installieren? Es gibt keine eindeutige Antwort in konventionellen Strukturen, aber eine Idealvorstellung. Service Excellence kann in den Werten eines Unternehmens verankert werden.

Servicekompetenz ist identifizierbar. Wenn sich eine Organisation für New Work entscheidet, wird Service Excellence mit permanenter Verbesserung Einzug im Unternehmensalltag finden, weil die kompetenzbasierte Eigen- und Teamverantwortlichkeit solche Entwicklungen in flacher werdenden Hierarchien abbildet.

Der Prozess der permanenten Anpassung, wie der Übergang vom stationären zum Onlinehandel oder der Wandel vom Produkt zum Service (!), ist im New Work Flow ein ganz natürlicher Alltagsprozess und bietet enorme Chancen, die eigene Marktstellung erheblich auszubauen. In der Verknüpfung digitaler Möglichkeiten (Stichwort »Servicetechniker 4.0«) aus 360-Grad-New-Work-Lösungen mit New-Work-Methoden erschließen sich neue Märkte, die von Anfang an mit allen Merkmalen von Service Excellence ausgestattet sind.

Service Excellence ist Teil einer Unternehmenskultur mit digitalem Motor.

6.1 Interne Service Excellence – Reifegradmodell für Fachabteilungen

Matthias Gouthier/Niklas Zilles

Ausgangssituation Globalisierung und Digitalisierung
Durch den technologischen Fortschritt im Kommunikations-, Informations- und Transportwesen sowie dem damit verbundenen Wandel in betrieblichen Prozessen entstehen im Zuge der Globalisierung weltweit neue Märkte für Waren, Kapital und Dienstleistungen (vgl. bpb, 2016).

Die fortschreitende Digitalisierung ermöglicht zudem den Kunden, auf Angebote aus der ganzen Welt zuzugreifen. Damit steigen kontinuierlich die Erwartungen der Kunden, die es zumindest zu befriedigen gilt. Aufgrund dieser Entwicklung und dem über die Landesgrenzen hinausgehenden Wettbewerb müssen Unternehmen neue Strategien entwickeln und umsetzen, um dauerhaft wettbewerbsfähig zu bleiben und ihre Kunden an sich zu binden. Denn nur diejenigen Unternehmen, die es schaffen, sich durch passende Alleinstellungsmerkmale von der Vielzahl an Anbietern zu unterscheiden, können sich langfristig erfolgreich am Markt behaupten.

Im Rahmen der Möglichkeiten zur Differenzierung nimmt sowohl auf den B2C- – als auch gerade den B2B-Märkten – die Bedeutung von Services bzw. Dienstleistungen stark zu. Denn klassische Produkte werden immer homogener und vergleichbarer, sodass sich die Hersteller vor allem durch zusätzliche Services von ihren Wettbewerbern zu unterscheiden versuchen (vgl. Gouthier et al., 2012). Dabei reicht ein lediglich zufriedenstellender Service an vielen Stellen nicht mehr aus. Durch die erhöhte Relevanz von Services bzw. Dienstleistungen sind auch die Bedürfnisse und Erwartungen der Kunden an diese Leistungen gestiegen, sodass Unternehmen dazu gezwungen werden, kontinuierlich neue und innovative Lösungen zu entwickeln, um ihre Kunden nicht nur zufriedenzustellen, sondern auch zu begeistern (vgl. Chandrashekaran et al., 2007).

Aber wie übertrifft man dauerhaft die Erwartungen seiner Kunden, besonders bei einem intangiblen Produkt wie einer Dienstleistung?

Ausgangspunkt Service Excellence für externe Kunden
Das Managementkonzept der Service Excellence setzt genau an dieser Fragestellung an und bietet, derzeit festgehalten in dem deutschen Standard DIN SPEC 77224 und dem europäischen Standard CEN/TS 16880, einen Leitfaden, um Unternehmen zu befähigen, dauerhaft exzellente Services bzw. Dienstleistungen zu generieren und damit den Kunden ein überragendes Kundenerlebnis zu verschaffen.

> Service Excellence inkludiert dabei das Ziel, einen definierten Qualitätsstandard nicht nur über die Zeit zu sichern, sondern ihn permanent und konsequent verbessern zu wollen (DIN SPEC 77224 2011). Services bzw. Dienstleistungen sollen demzufolge dauerhaft über

dem marktüblichen Leistungs- und Qualitätsniveau liegen. Dafür müssen die Leistungen über die Grundanforderungen, wie die Einhaltung des Kernleistungsversprechens, hinausgehen.

Dies kann durch persönliche Services oder überraschende Leistungen, mit denen der Kunde nicht rechnet, erreicht werden. Dadurch soll der Kunde emotional angesprochen werden. Denn es gilt, die Kunden über den kognitiven Vergleichsprozess hinweg auch emotional zu begeistern, ihn somit in seinem Wiederkaufverhalten positiv zu beeinflussen und sich über das Ziel der Kundenbegeisterung langfristige, strategische Wettbewerbsvorteile zu verschaffen (vgl. Roth/Bösener, 2017).

Übertragung auf interne Dienstleistungen

Zur systematischen Erzielung exzellenter externer Dienstleistungen sollten auch die internen Prozesse eines Unternehmens exzellent organisiert und im Sinne interner Kunden-Lieferanten-Beziehungen definiert werden. Die Grundidee dabei ist, die Mitarbeiter einer Organisation als interne Lieferanten zu betrachten, welche die Bedürfnisse ihrer internen Kunden befriedigen müssen (vgl. Hadwich/Keller, 2015). Somit ist jeder Mitarbeiter sowohl interner Kunde als auch interner Lieferant und seine Arbeitsleistung kann als interne Serviceleistung betrachtet werden – im Sinne des **Total Quality Management (TQM)** (vgl. Hadwich/Keller, 2015). Auch hierbei gilt, Kunden mit einer möglichst hohen Servicequalität nicht nur zufriedenzustellen, sondern im besten Fall zu begeistern. Der Ansatz verfolgt eine kundenorientierte Ausrichtung interner Prozesse im Sinne einer planmäßigen Gestaltung interner Kunden-Lieferanten-Beziehungen (vgl. Stauss, 2010).

INTERNE DIENSTLEISTUNG

Witt (1988) beschreibt interne Dienstleistungen als Leistungen, die gemäß einer Stellen- oder Tätigkeitsbeschreibung von einer Organisationseinheit für andere Einheiten derselben Organisation erstellt werden.

Dabei unterscheiden sich diese Geschäftsbeziehungen häufig durch die monopolistischen Anbieterverhältnisse in einem Unternehmen. Das bedeutet, dass interne Kunden in der Regel nicht die Möglichkeit haben zwischen verschiedenen Anbietern zu wählen (vgl. Meffert/Bruhn, 2006).

Die Betrachtung interner Dienstleistungen ist für ein Unternehmen elementar, insbesondere seitdem sich Organisationen primär auf ihre Kernkompetenzen konzentrieren und Aktivitäten mit geringer Wertschöpfung tendenziell outsourcen (vgl. Neuhaus, 1996).

Gemäß dem Leitgedanken der Service Profit Chain (vgl. Heskett et al., 1994) haben interne Dienstleistungen einen direkten Einfluss auf die Qualität des externen Leistungsangebots eines Unternehmens und damit auf die Kundenzufriedenheit und den Unternehmenserfolg (vgl. Michaelis, 2009). Daher sollten die Anbieter interner Dienstleistungen umdenken – falls noch nicht geschehen – und die Abnehmer ihrer Leistungen als (interne) Kunden begreifen, deren Bedürfnisse es zu erkennen und zu befriedigen gilt, um so einen Wertbeitrag für das Unternehmen zu schaffen.

Folglich müssen die internen Leistungen hochwertig und gemäß den Anforderungen des internen Kunden produziert werden, um einen für den externen Kunden möglichst hohen externen Servicewert zu generieren und den Unternehmenserfolg zu steigern (vgl. Hadwich/Keller, 2015).

Herausforderung der Doppelrolle von Fachabteilungen

Zwar haben viele Unternehmen ihre Ziele bereits auf die Erreichung von Kundenzufriedenheit ausgerichtet, allerdings werden laut Studien 40 bis 50 Prozent der Serviceaktivitäten durch interne Unternehmenseinheiten verrichtet, sodass auch diese den Exzellenzgedanken verinnerlichen müssen (vgl. Hays, 1996).

Ein Problem stellt dabei die ***Doppelrolle vereinzelter Fachabteilungen*** dar, die in einem internen Prozess sowohl als Kunde als auch als Lieferant fungieren (vgl. Haller, 2012). Um eine möglichst hohe Servicequalität über die gesamten internen Prozesse erreichen zu können, sollten die Abteilungen dementsprechend klare Vereinbarungen über den Leistungsumfang, die Form der Leistung und den Zieltermin treffen (vgl. Hays, 1996).

Daher gilt es, die internen Prozesse und Dienstleistungen so kundenorientiert zu gestalten, dass sie der planmäßigen Gestaltung von (externen) Kunden-Lieferanten-Beziehungen entsprechen und eine höchstmögliche Servicequalität erreicht werden kann (vgl. Bruhn, 2003). Denn wie das ***Modell der Service Profit Chain*** zeigt, haben die internen Services und Dienstleistungen, respektive deren Qualität, einen erheblichen Einfluss auf die externe Dienstleistung(squalität) und die damit verbundene Kundenbegeisterung (vgl. Höck et al., 2011) und sollten demzufolge ebenso exzellent sein und über den Standard hinausgehen, wie der von einem externen Kunden wahrgenommene Service.

Entsprechend sollte das Managementkonzept der Service Excellence auf den unternehmensinternen Bereich angewendet werden.

> Das Ziel der internen Service Excellence ist die Schaffung von Mitarbeiterbegeisterung, um Mitarbeiter langfristig an ein Unternehmen zu binden, die Mitarbeiterloyalität zu erhöhen und somit letztlich wiederum ökonomische Erfolgsgrößen positiv zu beeinflussen (vgl. Gouthier, 2013).

Interne Dienstleistungen messbar machen

Mitarbeiterbegeisterung hat nicht nur Einfluss auf die Mitarbeiterloyalität, sondern auch einen direkten Einfluss auf die Kundenzufriedenheit bzw. Kundenbegeisterung. Denn die Mitarbeiterbegeisterung wirkt sich positiv auf die Arbeitsleistung und Kundenorientierung der Mitarbeiter aus (vgl. Bruhn, 2010).

Bislang existierte allerdings weder in der Forschung noch in der Praxis ein adäquates Vorgehen, um interne Service Excellence in einem Unternehmen abzubilden.

> Um interne Dienstleistungen messbar zu machen, wurde im Rahmen einer Forschungsarbeit ein Reifegradmodell entwickelt, deren höchste Ausprägungsform das Erreichen interner Service Excellence darstellt.

Zur Entwicklung des Reifegradmodells wurde das Vorgehensmodell nach De Bruin et al. (2005) genutzt. Das finale **Reifegradmodell** setzt sich aus fünf Reifegraden und 15 Parametern interner Service Excellence zusammen. Dazu wurden in einem Fokusgruppeninterview die einzelnen Reifegrade sowie die jeweiligen Merkmalsausprägungen diskutiert. Die Ergebnisse wurden konsolidiert und in einem Reifegradmodell zusammengefasst.

Das übergeordnete Ziel der Forschungsarbeit war die Entwicklung eines Modells, das es Unternehmen ermöglicht, den aktuellen Grad ihrer internen Service Excellence zu reflektieren und einzuordnen. Es soll Unternehmen außerdem eine Hilfestellung bieten, um die Service Excellence der eigenen Fachabteilungen oder des gesamten Unternehmens sukzessive voranzutreiben und zu verbessern, indem es über verschiedene Kategorien Handlungsimplikationen liefert, welche die Organisation ihrem Ziel einer exzellenten internen wie externen Serviceleistung näherbringt.

Pro und Contra DIN-Norm

Obwohl es immer notwendiger wird, im Zuge der Globalisierung exzellente Dienstleistungen zu erbringen, gab es lange Zeit keinen einheitlichen Managementansatz zur Implementierung und Verankerung von Service Excellence in Unternehmen (vgl. Gouthier et al., 2012). Zwar haben bereits viele namhafte Unternehmen wie Four Seasons Hotels, Ikea, McKinsey & Co., Singapore Airlines, The Ritz-Carlton oder Walt Disney unternehmensspezifische Modelle zur systematischen Integration entwickelt, diese lassen sich allerdings nicht zwangsläufig auf andere Unternehmen oder Branchen übertragen (vgl. Asif/Gouthier, 2015; Wirtz/Johnston, 2003; Gouthier et al., 2012). Um Service Excellence systematisch in Unternehmen zu verankern, bedarf es nicht nur eines eindeutig definierten Bildes, sondern auch eines strukturierten Managementansatzes.

Aufgrund der lange Zeit vorherrschenden unbefriedigenden Situation, dass keines der bis dato existierenden Managementsysteme sowohl einen spezifischen Ansatz zur Erreichung von Service Excellence als auch einen Ansatz zur systematischen Implementierung eines derartigen Managementsystems vereinte, initiierte einer der Autoren, Professor Gouthier, in Zusammenarbeit mit dem DIN Deutsches Institut für Normung e.V. und im Rahmen eines vom Bundesministerium für Wirtschaft und Technologie geförderten Projektes, die Spezifikation DIN SPEC 77224 »Erzielung von Kundenbegeisterung durch Service Excellence« (vgl. Gouthier, 2013).

Das Modell der Service Excellence dieser Initiative vereinigt dabei alle Voraussetzungen, indem es sowohl das erforderliche Verständnis für Service Excellence schafft sowie einen Ansatz zur systematischen Erzielung von Kundenbegeisterung bereitstellt als auch ein Konzept zur Implementierung eines entsprechenden Managementsystems beinhaltet. Dieser deutsche Standard diente sodann als Basis zur Entwicklung eines europäischen Standards, der CEN/TS 16880.

Der Ansatz der Service Excellence versucht nun, an der zuvor beschriebenen Problematik anzusetzen und einen strukturierten Ansatz zur Erreichung von Kundenbegeisterung zu liefern.

DIN SPEC 77224: 2011-07

Service Excellence lässt sich dabei als die Erbringung einer exzellenten Dienstleistung definieren, die über dem marktüblichen Leistungs- und Qualitätsniveau liegt (DIN SPEC 77224: 2011-07).

Somit ist es ein unternehmerisches Ziel, den Qualitätsstandard über die Zeit nicht lediglich zu sichern, sondern permanent und konsequent verbessern zu wollen.

Unternehmen sollten dabei ihren Fokus auf die Erreichung von Kundenzufriedenheit als Mindeststandard und von Kundenbegeisterung als Differenzierungsmerkmal legen und die Unternehmensphilosophie der Service Excellence verankern, um ihre Kunden langfristig zu binden.

Der Ansatz der Service Excellence bietet Unternehmen zudem viele Vorteile und verschafft ihnen eine attraktive Marktposition (vgl. Gouthier et al., 2007). So können sich Unternehmen über einen exzellenten Service langfristig von ihren Konkurrenten differenzieren und sich ein service- und kundenorientiertes Image aufbauen, das bei der Gewinnung neuer Kunden sowie der Bindung bestehender Kunden hilft. Außerdem lassen sich Kosteneinsparpotenziale realisieren, da Kundenakquise deutlich kostenintensiver ist als das Aufrechterhalten bestehender Kundenbeziehungen (DIN SPEC 77224: 2011-07).

SERVICE EXCELLENCE

Gouthier et al. (2012) definieren dabei Service Excellence als die Bereitstellung eines exzellenten Service in herausragender Qualität durch ein Managementsystem, das dabei hilft, Kundenerwartungen zu übertreffen, um den Kunden zufriedenzustellen und darüber hinaus Kundenbegeisterung zu bewirken, die sich positiv auf die Kundenloyalität auswirkt.

Daraus lassen sich zwei elementare Merkmale zur Erreichung von Service Excellence ableiten: das Erreichen von Kundenbegeisterung und ein systematischer Managementansatz zur Implementierung in einem Unternehmen (vgl. Asif, 2014). Was jedoch bislang noch nicht bei den Standardisierungsprojekten erreicht werden konnte – aufgrund von Zeit- und Personalrestriktionen – war die Entwicklung eines entsprechenden Reifegradmodells.

Die Etablierung von Reifegradmodellen
Reifegradmodelle haben sich zur Verbesserung von Prozessen und der Qualität etabliert. Infolgedessen sind Reifegradmodelle mittlerweile in den unterschiedlichsten Branchen und Unternehmensbereichen vorzufinden. Ferner gibt es inzwischen unterschiedliche Formen von Reifegradmodellen.

> REIFEGRADMODELLE
>
> Reifegradmodelle zeichnen sich dadurch aus, dass man auf eine kontinuierliche Verbesserung der Organisation oder einzelne Teile der Organisation, Aktivitäten und/oder Prozesse fokussiert. In der Regel enthält jedes Reifegradmodell vier bis fünf Reifegrade, welche die Ausprägung des Prozesses und der Qualität definieren. Prozesse, die den höchsten Reifegrad aufweisen, verfügen über einen hohen Prozess- und Qualitätsstandard. Demgegenüber liegt bei einem niedrigen Reifegrad ein unzureichender Prozess- und Qualitätsstandard vor. Zudem definieren Reifegradmodelle den Soll-Zustand, der erreicht werden soll, und bewerten den aktuellen Zustand der Organisation. Die konkreten Maßnahmen zur Zielerreichung werden in der Regel von den Anwendern des Reifegradmodells bestimmt. Dies ermöglicht eine einfachere Anwendung des Modells und leichtere Adaption durch die eigene Organisation.

Basierend auf einer dezidierten Auseinandersetzung mit Vorgehensweisen zur Entwicklung von Reifegradmodellen, der Durchführung von Experteninterviews und eines Fokusgruppeninterviews sowie basierend auf einem umfangreichen Desk-Research zu bekannten Determinanten aus der Literatur, wurden Parameter erarbeitet, an denen sich interne Service Excellence messen lässt. Diese Parameter bilden die Grundlage für Unternehmen bzw. interne Fachabteilungen, um den eigenen Ist-Zustand in dem Reifegradmodell zu verorten, sodass Verbesserungspotenziale ermittelt werden können, die dabei helfen, den Grad an Service Excellence auf den gewünschten Soll-Zustand zu heben (vgl. Kamprath, 2011).

Mögliche Lösungen mit Reifegradmodellen
Reifegradmodelle entstammen dem Qualitätsmanagement und der Softwareentwicklung und unterstützen einen solchen Entwicklungsprozess durch das Aufzeigen von antizipierten, gewünschten oder typischen Evolutionspfaden, die eine systematische Verbesserung des Prozesses beinhalten (vgl. Kneuper, 2007). Ein solcher Evolutionspfad beschreibt dabei eine bestimmte Folge von Reifegraden für ein Objekt oder eine Klasse. Das Fortschreiten auf dem Pfad bedeutet dementsprechend eine Steigerung der Leistungsfähigkeit bzw. Güte des Objekts (vgl. Knackstedt et al., 2009).

Reifegradmodelle beschreiben die »Evolution zur Reife«. Durch den evolutionären Vorgang wird eine Leistungssteigerung angestrebt, die jedoch als sekundäres Ziel definiert werden kann. Das primäre Ziel von Reifegradmodellen ist die Leistungsbewertung (vgl. De Bruin et al., 2005). Um zur Leistungsbewertung und -steigerung zu gelangen, wird zunächst der Ist-Zustand ermittelt, auf dessen Basis der Soll-Zustand, der durch die Verwendung des Reifegradmodells erreicht werden soll, definiert wird (vgl. Westermann, 2017).

REIFEGRAD

Ein Reifegrad ist durch festgelegte Merkmale des Objektes und die zur Erreichung eines gewissen Reifegrades notwendigen Merkmalsausprägungen definiert; diese stellen die aktuellen sowie die angestrebten Fähigkeiten dar (vgl. Röglinger/Kamprath, 2012). Mithilfe des Reifegrads können also die aktuelle Ist-Situation, respektive der aktuelle Entwicklungsstand, analysiert (deskriptiv), Verbesserungsmaßnahmen und Handlungsempfehlungen abgeleitet (präskriptiv) sowie Erfolgskontrollen (komparativ) durchgeführt werden (vgl. Kamprath, 2011).

Die Ermittlung der Ist-Situation erfolgt dabei häufig über Assessment-Methoden, wie Fragebögen, während die Entwicklung des Reifegradmodells selbst über qualitative Techniken, wie Fokusgruppen- oder Experteninterviews, Delphi-Studien, Kreativitätstechniken oder Literaturübersichtsarbeiten, stattfindet (vgl. Marx et al., 2012).

Reifegradmodelle können in zwei unterschiedliche Richtungen aufgebaut werden: Sie können top-down oder bottom-up gestaltet sein (vgl. Marx et al., 2012). Bei einem top-down gestalteten Modell liegt eine feste Anzahl an Reifegradstufen vor, die mit einzelnen Merkmalausprägungen definiert werden, sodass die Entwicklungsmöglichkeiten begrenzt ist. Bei einem bottom-up gestalteten Modell werden zunächst die abgrenzbaren Eigenschaften herausgearbeitet und in Bewertungselemente zusammengefasst, aus denen sich dann verschiedene Reifegrade entwickeln lassen.

Ein Reifegradmodell beinhaltet neben den Reifegraden sechs weitere Elemente (vgl. Fraser et al., 2002).

ELEMENTE VON REIFEGRADMODELLEN

Reifegradmodelle beinhalten in der Regel vier bis sechs Reifegrade und eine dazugehörige Beschreibung. Weiterhin umfasst ein Reifegradmodell Dimensionen, Bewertungsinstrumente sowie dazugehörige Aktivitäten und Beschreibungen. Bewertungsinstrumente sind für die Leistungsbewertung erforderlich und können qualitativ oder quantitativ ausgerichtet sein. Typische Bewertungsinstrumente sind Fragebögen oder Scoring-Modelle (vgl. Fraser et al., 2002).

Innerhalb eines Reifegradmodells definieren *Dimensionen* einen Interessensbereich und umfassen Prozessbereiche sowie spezifische Fähigkeiten (vgl. Marx et al., 2012). Zudem sollten Dimensionen eine wichtige Eigenschaft besitzen, indem diese klar voneinander abgrenzbar sind. Des Weiteren werden Dimensionen von qualitativen Beschreibungen oder Messkriterien spezifiziert.

Dimensionen der Service Excellence

Versucht man an dem Konzept der Service Excellence anknüpfend verschiedene Dimensionen abzuleiten, die Einfluss auf die Mitarbeiterbegeisterung bzw. die Mitarbeiterzufriedenheit haben – die in Anlehnung an die externe Kundenzufriedenheit auch als interne Kundenzufriedenheit bezeichnet wird –, finden sich in der Literatur drei Dimensionen, die sich zusätzlich auch gegenseitig beeinflussen: die *interne Service- bzw. Kundenorientierung*, die *interne Servicequalität* und der *Mitarbeiterstolz* (siehe **Abb. 21**), auf die im Folgenden kurz näher eingegangen wird.

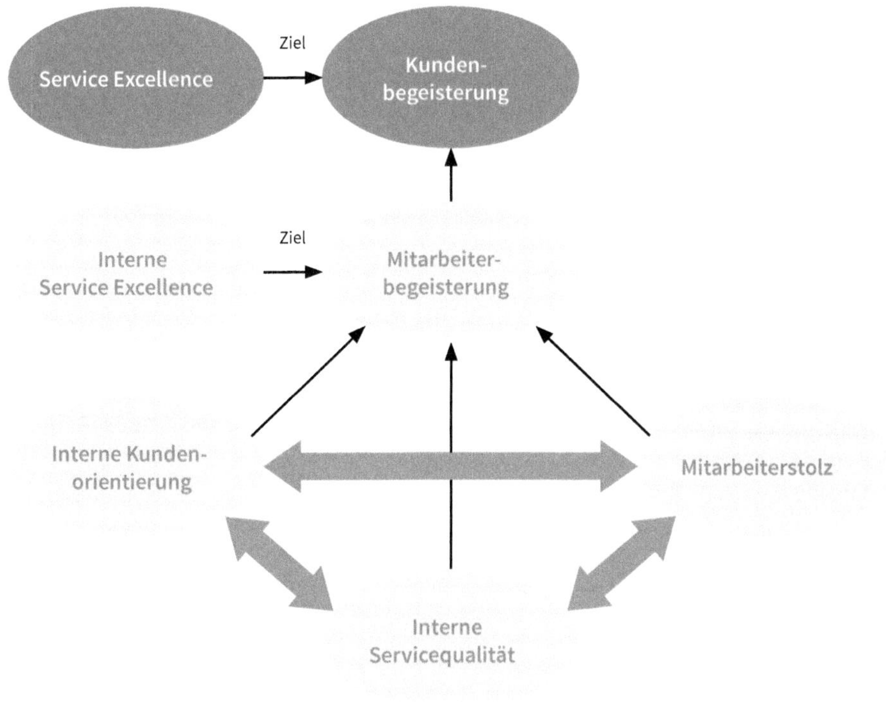

Abb. 21: Dimensionen der internen Service Excellence

Die **interne Kundenorientierung** ist ein wesentlicher Faktor für die erfolgreiche Gestaltung der internen Kunden-Lieferanten-Beziehung. Je besser interne Kunden sich von ihrem Anbieter betreut und verstanden fühlen, umso eher nehmen sie den wirklichen Wert der Beziehung wahr (vgl. Georgi, 2010).

Folglich gilt es für Unternehmen sowohl in der gesamten Organisation als auch in jedem einzelnen Mitarbeiter den Ansatz der Service- bzw. Kundenorientierung zu verankern.

Die durch den internen Kunden wahrgenommene interne Servicequalität hat ebenfalls direkten Einfluss auf die Mitarbeiterbegeisterung, da die Servicequalität maßgeblich die Zufriedenheit der Mitarbeiter beeinflusst, die als Voraussetzung für die Bereitschaft und die Fähigkeiten von Mitarbeitern gilt, im Interesse des Unternehmens zu handeln (vgl. Geigenmüller/Lenk, 2014).

Vergleichbar mit der externen Wahrnehmung der Servicequalität bewertet der interne Kunde die Dienstleistung durch einen Vergleichsprozess der wahrgenommenen Servicequalität mit dem Erwarteten. Dementsprechend sollten interne Lieferanten die Anforderungen ihrer Kunden kennen und ihr Leistungsangebot an diesen ausrichten (vgl. Hadwich/Keller, 2015).

Der Stolz, den Mitarbeiter empfinden können, lässt sich in zwei verschiedene Arten unterscheiden: den Leistungs- und den Organisationsstolz (vgl. Gouthier/Rhein, 2010). **Leistungsstolz** hat dabei einen direkten Einfluss auf das primär affektiv getriebene Verhalten der Mitarbeiter, z. B. deren Kreativität, während das Empfinden von einstellungsbezogenem **Organisationsstolz** vor allem zu einer erhöhten Kundenorientierung der Mitarbeiter führt (vgl. Gouthier et al., 2012). Beide Arten von Mitarbeiterstolz wirken sich jedoch positiv auf die Zufriedenheit der Mitarbeiter aus, sodass die Erzielung von Stolz ein geeignetes Mittel zur Begeisterung von Mitarbeitern ist.

Entwicklung eines Reifegradmodells – Praktisches Beispiel

In Kooperation mit der 1&1 Telecommunication SE wurde ein Reifegradmodell der internen Service Excellence entwickelt. Hierfür bedurfte es eines konkreten Vorgehensmodells, um das Reifegradmodell systematisch und wissenschaftlich fundiert aufzubauen. Dazu wurden im Zuge einer Literaturrecherche verschiedene Vorgehensmodelle identifiziert und sich bewusst für das Modell nach De Bruin et al. (2005) entschieden. Es umfasst folgende sechs Phasen:

1. Inhalt (Scope),
2. Design (Design),
3. Entwicklung (Populate),
4. Testen (Test),
5. Veröffentlichung (Deploy) und
6. Weiterentwicklung (Maintain).

Dieses Modell beinhaltet alle relevanten Phasen, ist dabei aber dennoch übersichtlich und lässt dem Entwickler an geeigneten Stellen genügend Interpretationsspielraum. Ein weiteres Argument für die Auswahl des Vorgehensmodells ist die lineare Folge der einzelnen Entwicklungsschritte. Zudem hat sich dieses Vorgehensmodell bereits in der Praxis bewährt, da auf diese Weise die Reifegradmodelle Business Process Maturity Model und Knowledge Management Capability Model entwickelt wurden.

Im Rahmen der Evaluierung unterschiedlicher Dimensionen interner Service Excellence wurden zunächst Experteninterviews mit Mitarbeitern der 1&1 Telecommunication SE durchgeführt, deren Ergebnisse in die Entwicklung des Reifegradmodells eingeflossen sind. Um dabei möglichst vielfältige Informationen zu generieren, die auch verschiedene Hierarchieebenen innerhalb des Unternehmens berücksichtigen, wurde bei der Auswahl der Interviewpartner auf eine ausgewogene Mischung aus Mitarbeitern mit Führungsverantwortung mit verschiedenen Aufgaben und Kompetenzen geachtet. In den Interviews wurden Themen der internen Dienstleistung, der internen Service Excellence und der Messung interner Service Excellence über verschiedene Parameter bearbeitet, um die Erkenntnisse der Literaturrecherche mit den Ergebnissen der Interviews anzureichern und für die Architektur des Reifegradmodells zu verwenden.

Dabei gliederten sich die Interviews in drei Themenbereiche. Zu Beginn des Interviews wurde das Verständnis, das die Befragten von interner Dienstleistung bisher hatten, thematisiert. Im Anschluss stellte der Interviewer das Konstrukt der Service Excellence nach DIN SPEC 77224 vor, sodass die Gesprächspartner den Begriff der internen Service Excellence abgrenzen bzw. herleiten sollten. Abschließend beschäftigte sich das Interview mit der Messung interner Service Excellence und die Befragten sollten Dimensionen und Parameter zur Messung erarbeiten. Die Interviews wurden im Nachgang mithilfe der qualitativen Inhaltsanalyse nach Philipp Mayring (2010) aufbereitet und analysiert.

In den nun folgenden Ausführungen wird, basierend auf dem Vorgehensmodell von De Bruin et al. (2005), die Entwicklung eines Reifegradmodells für interne Service Excellence dargestellt. Dabei wurden die Erkenntnisse aus der Literaturrecherche und den Experteninterviews dazu verwendet, um die **grundlegende Architektur des Modells** zu entwerfen. Die einzelnen Reifegrade und Merkmalsausprägungen der jeweiligen Dimensionen wurden zudem mithilfe der Methode des Fokusgruppeninterviews entwickelt.

Phase I – Scope: Das Reifegradmodell soll die Service Excellence einer unternehmensinternen Fachabteilung messbar machen.

Phase II – Design: Das Ziel des Reifegradmodells ist die Messung der internen Service Excellence im Dienstleistungsprozess zwischen Mitarbeitern oder Fachabteilungen desselben Unternehmens. Dabei betrachtet das Modell nicht die Excellence eines einzelnen Mitarbeiters, sondern einer gesamten internen Fachabteilung. Interne Service Excellence lässt sich über die drei Dimensionen der internen Kunden- bzw. Serviceorientierung, der internen Servicequalität sowie des Mitarbeiterstolzes operationalisieren, weshalb sich die Zielgruppe des Reifegradmodells nicht auf eine einzige Gruppe beschränken lässt. Es sollten neben rationalen Parametern auch emotionale, subjektive Eindrücke der Mitarbeiter und Führungskräfte einer Fachabteilung sowie deren Kunden in die Messung mit einfließen. Deswegen wird die Messung der internen Service Excellence über eine Kombination eines Sets an KPIs, eines Self-Assessments und eines direkten Kundenfeedbacks empfohlen.

Das Reifegradmodell der internen Service Excellence besteht aus insgesamt fünf Reifegraden, wobei der erste Reifegrad die niedrigste und der fünfte Reifegrad die höchste Stufe des Modells bilden. Dieses Vorgehen hat sich in der Praxis bewährt und wird von De Bruin et al. (2005) empfohlen.

Phase III – Populate: Die dritte Phase des Vorgehensmodells nach De Bruin et al. (2005) beschäftigt sich mit der inhaltlichen Ausprägung der einzelnen Messparameter und der Entwicklung der jeweiligen Reifegrade. Dafür werden die Ergebnisse des Fokusgruppeninterviews genutzt, um die einzelnen Merkmalsausprägungen zu entwickeln. In den Fokusgruppeninterviews wurden Erfolgskomponenten der verschiedenen Parameter erarbeitet, mit deren Hilfe für jeden vorab festgelegten Messparameter fünf Reifegrade entsprechend der Architektur des Reifegradmodells definiert werden.

Im Fokus der dritten Phase stand entsprechend die inhaltliche Ausprägung der einzelnen Parameter zur Messung interner Service Excellence. Gerade die Optionen der Entwicklung von Messmethoden sowie der Überprüfung von Annahmen liefern dieser Forschungsarbeit die Möglichkeit, die einzelnen Merkmalsausprägungen des Reifegradmodells zu entwickeln. Daher wurde ein entsprechendes **Fokusgruppeninterview** mit sieben Teilnehmern der 1&1 Telecommunication SE am Standort in Montabaur organisiert. In einem dreistündigen Workshop wurde über die Dimensionen interner Service Excellence sowie die einzelnen Merkmalsausprägungen und deren Einordnung in die verschiedenen Reifegrade diskutiert. Ein Beispiel hierfür kann **Tab. 1** entnommen werden.

Serviceorientierte Strukturen	
Reifegrad I	Interne Prozesse verlaufen unstrukturiert und werden nicht im Sinne einer Kunden-Lieferanten-Beziehung verstanden.
Reifegrad II	Andere Fachabteilungen werden als Kunden verstanden und die Prozesse zwischen den Abteilungen verlaufen strukturiert.
Reifegrad III	Andere Fachabteilungen werden im Sinne einer Kunden-Lieferanten-Beziehung verstanden und die Erwartungen und Anforderungen der Kunden werden erfasst.
Reifegrad IV	Die Fachabteilung versteht die Zusammenarbeit mit anderen Fachabteilungen im Sinne einer Kunden-Lieferanten-Beziehung, erfasst die Erwartungen und Anforderungen der Kunden und arbeitet dabei lösungsorientiert im Sinne des Kunden.
Reifegrad V	Die Fachabteilung versteht jeden Kontakt mit einer benachbarten Fachabteilung im Sinne einer Kunden-Lieferanten-Beziehung und handelt dabei stets lösungsorientiert im Sinne des internen Kunden. Die Erwartungen und Anforderungen der Kunden werden erfasst und die Zielerreichung überwacht.

Tab. 1: Reifegradentwicklung »Serviceorientierte Strukturen«

Praktische Lösung

Beispielhaft werden in **Tab. 2** die fünf Reifegrade des Reifegradmodells der internen Service Excellence näher beschrieben.

	Definition
Reifegrad I – »Initial«	Die internen Prozesse zwischen den Abteilungen verlaufen unstrukturiert und nicht im Sinne einer Kunden-Lieferanten-Beziehung. Dementsprechend fokussieren sich die Mitarbeiter auf ihre persönlichen Tätigkeiten und agieren in Zusammenarbeit mit anderen Abteilungen nicht serviceorientiert, sodass die Qualität der Leistungen sehr schwankend ist.
Reifegrad II – »Structured«	Andere Fachabteilungen werden als interne Kunden verstanden und die internen Prozesse verlaufen strukturiert. Die Qualität der Services variiert dabei aufgrund des unterschiedlich ausgeprägten Verständnisses von Serviceorientierung der einzelnen Mitarbeiter.
Reifegrad III – »Managed«	Die Bereichs-/Abteilungsleitung hat das Ziel der Serviceorientierung ausgegeben, die Abteilung liefert auf Grundlage eines positiven Aufwand-Nutzen-Vergleichs eine hohe Servicequalität und die Führungskraft involviert die Mitarbeiter in die gemeinsame Zielentwicklung.
Reifegrad IV – »Service-oriented«	Die Abteilung agiert serviceorientiert, versucht im Sinne einer internen Kunden-Lieferanten-Beziehung eine stets hohe Servicequalität zu gewährleisten und diese Einstellung ihren Mitarbeitern zu vermitteln.
Reifegrad V – »Service Excellence«	Die Abteilung hat ein sehr stark ausgeprägtes Verständnis von Serviceorientierung. Sämtliche Beziehungen zu anderen Fachabteilungen werden im Sinne einer Kunden-Lieferanten-Beziehung verstanden, bei der eine höchstmögliche Servicequalität im Fokus der Arbeit steht. Die Abteilung reflektiert stets bestehende Prozesse und versucht diese kontinuierlich zu verbessern und den Anforderungen der Kunden anzupassen. Dabei werden die Mitarbeiter aktiv in die Prozesse involviert und deren persönliche Entwicklung gefördert.

Tab. 2: Reifegradausprägungen interner Service Excellence

Die Architektur des Reifegradmodells wird durch die einzelnen Parameter der drei Dimensionen vervollständigt, welche mithilfe der Literaturrecherche sowie der Experteninterviews erarbeitet wurden (siehe **Tab. 3**). Für jede Dimension wurden fünf Parameter erarbeitet, die diese spezifizieren. Somit setzt sich das Reifegradmodell aus den fünf Reifegraden und den 15 Parametern zur Messung interner Service Excellence zusammen.

Interne Service Excellence	
Interne Kunden-/ Serviceorientierung	Serviceorientierte Strukturen
	Serviceorientierte Systeme
	Serviceorientierte Kultur
	Serviceorientierte Führung
	Serviceorientierte Haltung
Interne Servicequalität	Leistungskompetenz und Freundlichkeit
	Zuverlässigkeit
	Kommunikation
	Flexibilität
	Hilfsbereitschaft und Erreichbarkeit
Mitarbeiterstolz	Anerkennungskultur
	Empowerment
	Zusammengehörigkeitsgefühl
	Interne Transparenz
	Arbeitsbedingungen

Tab. 3: Parameter zur Messung interner Service Excellence

Die Ergebnisse der einzelnen Merkmalsausprägungen werden dabei in einem Dokument zusammengefasst und aufbereitet. Die fünf Reifegrade werden grafisch durch verschiedene Farben voneinander unterschieden, sodass der Endanwender bereits über diese Farbgebung erkennen kann, welchen Reifegrad er bezüglich der einzelnen Parameter erreicht hat. Dabei stellt die Farbe Grau den Reifegrad I dar, die Farbe Rot den Reifegrad II, die Farbe Gelb den Reifegrad III, die Farbe Grün den Reifegrad IV und die Farbe Blau steht für den Reifegrad V und somit das Erreichen von Service Excellence.

In dem Reifegradmodell werden nicht nur die aktuell erreichten Reifegrade, sondern auch alle vor- und nachgelagerten Reifegrade abgebildet, sodass dem Endanwender Maßnahmen impliziert werden, durch die sich seine Fachabteilung weiterentwickeln und ihren Reifegrad verändern kann.

Betriebswirtschaftliche Betrachtung

Bislang wurden drei der sechs Prozessphasen des Vorgehensmodells nach De Bruin et al. (2005) bei der 1&1 Telecommunication SE umgesetzt. Die Phasen Test, Deploy und Maintain müssen in der weiteren Auseinandersetzung mit diesem Thema durchlaufen werden. Gerade das Testen des Reifegradmodells und die Verbreitung sind wichtige Schritte im Zuge der Validierung des Gesamtmodells. Die durch die Theorie gewonnenen Erkenntnisse sollten durch praktische Erfahrungen aus der Anwendung des Modells angereichert werden, sodass das Reifegradmodell überarbeitet und an die Anforderungen der Anwender angepasst werden kann.

Durch den konsequenten Einsatz des Reifegradmodells der internen Service Excellence lässt sich sowohl die Effizienz als auch die Effektivität der unternehmensinternen Leistungen von Fachabteilungen steigern. Dies führt nicht nur zu entsprechenden Kostenersparnissen und schnelleren Prozesszeiten bei der Abwicklung der internen Aktivitäten, sondern auch zu einer erhöhten Zufriedenheit bis Begeisterung der internen Kunden. Und nur begeisterte Mitarbeiter können am Ende des Tages auch den externen Kunden begeistern!

7 Beyond Personalentwicklung

Götz Piwinger

Manchmal wird mir ganz schwindelig, wenn ich die vielen Personalentwickler auf Kongressen und Plattformen treffe. Ich kenne und schätze ganz viele dieser Personen persönlich. Trotzdem kann ich es mir nicht verkneifen, den Blick auf den Schöngeist dieser Spezies zu lenken. Zugegeben, es gibt Hunderte von Details, die vorhandenes Lernen besser machen können und damit Hunderte von Teilprojekten, die es zu inszenieren gilt. Die Funktion des HR Business Partner finde ich schon recht gut, wenn sie im digitalen Sinne und mit den damit verbundenen Möglichkeiten weitergedacht wurde. Richtig schick finde ich das Modell »Embedded HR«, weil es direkt am Business-Puls ansetzt und unglaublich agil funktioniert. Das End-to-End Recruiting, der Wegfall der HRB-Strukturen, sind Momente, in denen klassische HRler in ihren sicheren Nestern Schnappatmung bekommen könnten. Heerscharen von Trainern hofieren Personalentwickler. Der Auswahlprozess wird zum inszenierten Königsritual. Doch bei der Bereitstellung von »Ubiquitous Learning«, des allgegenwärtigen, jederzeit möglichen Lernens, stehen der Aufbau und der Betrieb eines Ermöglichungsraums im Vordergrund, damit die Embedded HR agil arbeiten kann.

Leider ist es aber auch so, dass große Teile der HR stets fleißig Digitalisierung predigen, aber dann in der Realität 2020 unvorbereitet in die Krise schlitterten. Hier müssen klare Business Strategien umgesetzt werden, angefangen bei der technischen Konsolidierung aller Lernbereiche, wie Ausbildung, interne Weiterbildung, FK-Entwicklungsprogramm, Partnerschulungen, Endkunden-Trainings und – falls vorhanden – der Akademie. Bekanntlich unterscheidet sich ein Excel-Training für Führungskräfte nicht wesentlich von einem Excel-Training für Azubis. So ist es möglich, ein Training für mehrere Zielgruppen zu öffnen. Es wäre folglich also angesagt, einen Lern- und Wissenspool in allen Formaten zu ermöglichen und rollenbezogen zu öffnen, sodass die Business Units darauf zugreifen und auch selbst neue Inhalte beisteuern können *(= lernende Organisation/Schwarmintelligenz)*.

Bisher ist Embedded HR nur in wenigen Unternehmen gewollt. Zu groß ist der Respekt vor den Umbrüchen und manchmal ist es einfach auch nicht sinnvoll. Dennoch gilt die Regel:

> Methoden und Tools, die für Embedded HR taugen, funktionieren immer auch bei allen anderen Ansätzen!

7.1 Mitarbeitergespräche

Das typische Mitarbeitergespräch ist ein Jahresgespräch. Davor fürchten sich die meisten Mitarbeiter, denn in einem Jahr kann so unglaublich viel passieren, und meistens ist es im laufenden Betrieb auch nicht gelungen, die gemeinsamen Vereinbarungen anzupassen. Eigentlich müssen wir kurzzyklische und ereignisbezogene Mitarbeitergespräche führen. Dabei sind die Kompetenzen zu messen und zu entwickeln, das Werteverständnis aktuell abzugleichen und Ergebnisse/Erfahrungen zu beleuchten.

Darüber hinaus ist auch die eigenständige Ermittlung von Skills- und Kompetenz-Gaps durch den Mitarbeiter unter der Nutzung von New Work Flows möglich. Digitale Mitarbeitergesprächsmodule ermöglichen kurzfristige und auch asynchrone Mitarbeitergespräche im Rahmen der Kompetenzentwicklung. Das digital gestützte Mitarbeitergespräch kann mit der Führungskraft, dem HRler und/oder im Team geführt werden. Somit wird das Mitarbeitergespräch auch im Modell Embedded HR möglich. Dazu kann es verschiedene Anlässe geben:

- Projektwechsel
- Aufgabenwechsel
- Probezeitende
- Wunsch des Mitarbeiters
- Beschäftigungsende
- Kompetenzgespräch
- und einige mehr

Für jeden Mitarbeitergesprächstyp kann ein Interviewprozess mit 360-Grad-Feedback hinterlegt werden. Diese Prozesse laufen digital gestützt und sind damit kurzzyklisch möglich und wirken angstreduzierend. Das Mitarbeitergesprächs-Tool referenziert auf das Learning Management System (LMS), das digitale Ergebnisse – beispielsweise erworbene E-Skills – sichtbar werden lässt. Auch das ist ein wichtiger Teil des New Work Flow.

Anhand der Ideallinie erkennen die Mitarbeiter ihre Potenziale und Möglichkeiten selbst und kennen den Weg, um ihre Ziele dahingehend zu erreichen. Die Gesprächspartner nehmen die Rolle des Begleiters/Moderators/Ermöglichers ein. Es geht immer darum, alle Ebenen der Performance bei bester persönlicher Eignung zu verbessern. Dabei müssen Querbewegungen und Exit-Szenarien natürlicher Bestandteil bleiben.

Das digital gestützte Mitarbeitergespräch, unter Nutzung aller Kommunikationsformen in einem natürlichen Workflow, ist eine enorme Vereinfachung und ein erheblicher betriebswirtschaftlicher Faktor. Durch die Bereitstellung aller Daten, wie Kompetenzentwicklung, Qualifikation und Kommunikation, können sich Mitarbeiter und Führungskräfte unabhängig voneinander besonders effizient ein Echtzeit-Bild der Situation verschaffen. Dadurch kann das eigene Handeln sehr schnell angepasst werden. Diese Auswertungen sind essenziell für selbstbestimmtes und werteorientiertes Handeln. Nur wenn ich – auch ohne auf das Jahresgespräch warten zu müssen – weiß, ob ich für mein Team und mich selbst auf dem richtigen Kurs bin, geht es mir gut und ich bin motiviert.

Das flexible, digital gestützte Mitarbeitergespräch kann asynchron vorbereitet werden. Während der Mitarbeiter die Fragen und Selbsteinschätzungen unabhängig von dem gemeinsamen Termin bearbeiten kann, kann dies die Führungskraft ebenso tun und erhält so vor dem eigentlichen Gespräch ein nahezu vollständiges Bild der Lage. Das ist beispielsweise einer der Unterschiede zwischen einem simplen isolierten Webmeeting und einem sauberen New Work Flow. Dort bleiben alle Informationen erhalten und werden in messbare Handlungsschritte übertragen.

Die genannten Beispiele zeigen einmal mehr, dass wir die Führung und die HR als wichtigste Partner ausbilden müssen, und das ist naturgemäß nur durch eine externe Begleitung möglich. Diese Zielgruppe muss im Sinne des Sauterschen Doppeldecker-Prinzips befähigt werden, die New Work Transformation umzusetzen.

Wenn wir die New-Work-Strategie entschlossen umsetzen wollen, müssen wir den Hebel in der HR ansetzen. Eine besondere Herausforderung liegt in der zunehmenden Verschmelzung von Personalentwicklung und Organisationsentwicklung. Deshalb muss die Geschäftsleitung von Anfang an mitwirken und die gewünschten Werte selbst als gutes Beispiel vorleben.

7.2 Betriebswirtschaftliche Betrachtung

Richtig. Am Anfang steht die Investition. Es gibt konkrete ROI-Szenarien und andere Assets. Nicht alle sind im deutschen Bilanzrecht aktivierbar, aber bei der IFRS schon. Größere Unternehmen nutzen auch die etwas willkürliche Asset-Position »good will« bei der Bewertung übernommener Unternehmen. Das ist der vermeintliche Wert unter Einbeziehung aller Effekte für das bestehende Unternehmen durch den Neuerwerb. Doch das ist schon sehr weit weg von der Realität im Mittelstand. Denn die Umsetzung von New Work ist auch in kleineren Unternehmen sehr gut möglich. Ich möchte nun einige ROI-Beispiele anhand einzelner Komponenten benennen.

New Learning und Learning Management System nach dem L-MAP (ohne Kompetenzentwicklung)
Die folgende Tabelle bietet einen Überblick über die direkten und indirekten Effekte von New Learning und Learning-Management-Systemen (LMS) nach dem Learning Management Action Plan (L-MAP) (siehe **Tab. 4**).

Direkte Effekte	Indirekte Effekte
Zusammenführung aller Lernaktivitäten im Unternehmen (Ausbildung, Weiterbildung, Kundenschulung etc.)	Reifegradbestimmung des Lernstandes im Unternehmen
Senkung der Trainerkosten	Informationen bleiben im Unternehmen
Senkung der Reisekosten	Asynchrones Lernen ist möglich
Senkung der Administrationskosten	Alle Lernformate in einem System (auch Präsenzschulungen)
Lerninhalte sind mehrfach nutzbar	Förderung der Selbststeuerung/Motivation durch Lernkataloge
Performantes Arbeiten durch KI-Suche	Mindset Digitalisierung

Tab. 4: New Learning und LMS nach dem L-MAP (ohne Kompetenzentwicklung) (Quelle: Orgabrain GmbH & Co. KG)

Knowledge/Information Management

Tab. 5 listet die direkten und indirekten Effekte von Knowledge/Information Management.

Direkte Effekte	Indirekte Effekte
Änderungsdienst für technische Dokumentation entfällt	Klare, transparente Entstehung von Informationen
Stark vereinfachte Zertifizierungsprozesse	Vernetztes Arbeiten und Lernen durch Wissensdiskussion
Deutliche Senkung der Fehlerquote	Gutes Recruitment-Argument
Effizienteres Arbeiten durch allgegenwärtige Information	Mehr Unabhängigkeit von einzelnen Personen
Sicherung des wertvollen Firmenwissens	Deutliche New-Work-Komponente
Besseres Handling bei Personalwechsel	Straffung der Tool-Landschaft
Sicherung des Unternehmenswertes	Direktes Auffinden der fachlichen Ansprechpartner
Jede Information ist versioniert	Strukturiertes Informationssystem
Starke Reduktion des E-Mail-Verkehrs zugunsten von Wissensforen	Förderung der vernetzten Unternehmenskultur (Schwarmintelligenz)
Sichere Erfassung von Wissensbedarfen	Verbesserung der Kommunikation

Tab. 5: Knowledge/Information Management (Quelle: Orgabrain GmbH & Co. KG)

8 Unternehmenskultur – das Ganze ist mehr als die Summe seiner Teile

Götz Piwinger

New Work kann sich nur allmählich im Unternehmen entwickeln. Die Ausbreitung der neuen Werte geschieht viral, also exponentiell. Das ist eine großartige Chance, um dynamische Prozesse zu generieren. Andererseits ist äußerste Sorgfalt bei der Vorbereitung geboten, um zielgerichtet und professionell voranschreiten zu können. Die kulturelle Entwicklung einer Organisation basiert auf Werten. Diese Werte müssen vorgelebt werden, und zwar von der Geschäftsleitung und dem Vorstand.

Es erfordert einige Tricks, um sich selbst – beispielsweise als Vorstand – immer wieder an die Einhaltung von vereinbarten Werten zu erinnern. Wir erinnern uns an hässliche Beispiele, sei es im VW Diesel-Skandal oder bei der Siemens Fridays-for-Future-Peinlichkeit, als Konzernchef Joe Kaeser der Fridays-for-Future-Sprecherin Luisa Neubauer einen Posten im Aufsichtsrat der Siemens Energy anbot, während gleichzeitig andernorts Projekte mit massiven Umweltzerstörungen angenommen wurden. Immer dann, wenn einzelne Manager glauben, sich über Werte hinwegsetzen zu können, und unreflektierte Handlungen vollziehen, ist das für die Mitarbeiter ihres Unternehmens gefühlt wie ein Schlag in die Magengrube. Und nicht nur das. Die Börsenkurse sinken nachweislich ereignisorientiert. So werden in Sekunden Millionen vernichtet, durch wertefremdes Verhalten.

Eine der Ursachen für wertefremdes Verhalten von Topmanagern ist vermutlich auch das im Jahr 2020 von Justizministerin Christine Lambrecht initiierte »Gesetz zur Bekämpfung der Unternehmenskriminalität«. Es besagt, dass zwar die Unternehmen bestraft werden, nicht aber deren Manager. In den USA ist das deutlicher geregelt. Aus diesem Grund verlassen auch bestimmte VW-Manager unser Land nicht mehr, denn sie werden per US-Haftbefehl gesucht. Kein Land muss seine eigenen Bürger ausliefern. Bei einer Auslandsreise kann das schon anders aussehen! Es ist fraglich, ob neu zu rekrutierende Mitarbeiter künftig besonders scharf darauf sind, in Unternehmen zu arbeiten, in denen Werteaussagen auf den Webseiten in vollkommenem Widerspruch zum Verhalten einzelner Manager stehen.

Natürlich ist es anstrengend, sein Handeln zu ändern. Doch Lernen ist in Zukunft ein wichtiger Teil der Arbeit, und dies gilt natürlich auch für Topmanager. Denn sie werden genau dafür gut bezahlt. Meine Erfahrung zeigt, dass es innerhalb des Managements gerade beim Thema »Werte« oft Missverständnisse gibt. Immer dann, wenn es sonderbare Personalentscheidungen im Vorstand gibt, kann man erahnen, dass hier etwas im Argen liegt. Derartige Personalentscheidungen sind zwar formal oft nicht angreifbar, doch häufig weiß alle Welt, dass es bessere Bewerber gegeben hätte. Ist es ein Konflikt Alt gegen Neu? Mann gegen Frau? Das bleibt im Dunkeln. Meine Erfahrung zeigt aber auch, dass die große Mehrheit der Topmanager dann für umfassende Change-Projekte bereit ist, wenn diese steuerbar und mit sehr hoher Wahrscheinlichkeit auch erfolgreich sein werden. Dieses Handbuch soll genau dafür als Hilfestellung dienen. Gerade bei inhabergeführten Unternehmen spürt man diese Ruhe, eine Souveränität und einen beeindruckenden Erfolg. Das liegt daran, dass bestimmte Werte bereits im arbeitstäglichen Handeln gelebt werden. Dort kann man sich im nächsten Schritt bequem auf das Thema Kompetenzmanagement konzentrieren.

Das Topmanagement muss als Vorbild handeln. Dazu gehört es, die neuen Ziele und Werte transparent und aktiv als Botschafter zu verbreiten. Die Rolle des Topmanagements ist von elementarer Bedeutung. Es ist sehr wichtig, dass diese Keimzelle absolut perfekt vorbereitet wird, denn die Transformation eines Unternehmens zu einer zukunftsfähigen, digital geprägten Organisation ist das schönste und beste Projekt, das sich Topmanager wünschen können.

Die Initialzündung kommt von außen, aber im Kern steht immer das Ziel, das Unternehmen, seine Teams und jeden Mitarbeiter zu selbstorganisiertem Handeln zu motivieren.

Die Nervenbahnen des Unternehmens

An der Universität Koblenz wurde, im Rahmen einer Dissertation, eine Studie zum Thema »Informeller Wissensaustausch« in Unternehmen mit mehr als 100 Mitarbeitern durchgeführt. Obwohl noch nicht ganz abgeschlossen, zeigt sich, dass sich die ressortübergreifende Kommunikation dadurch massiv verbessert. Die interdisziplinäre Kommunikation nimmt zu. Abteilungs- und rollenübergreifende Dialoge entstehen. Dies ist eine der Auswirkungen der Anwendung von New Work Tools, hier am Beispiel Wissenskommunikation (siehe **Abb. 22**).

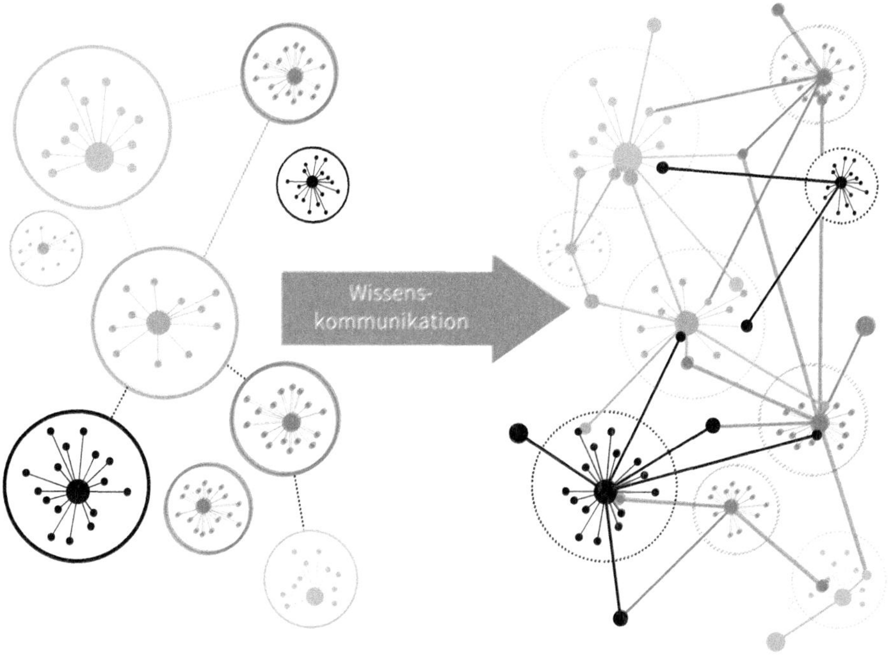

Abb. 22: Unternehmensabteilungen vernetzen sich durch informellen Wissensaustausch

Dieses Ergebnis basiert auf Interviews im Rahmen der Forschungsarbeit »Soziale Netzwerkanalyse – ein Rundgang durch die Welt der Knoten und Kanten« vom Forschungsforums des Fachbereichs 1 (Joshua Dohmen).

In der Welt von New Work spielt auch die **Feedback-Kultur** eine wichtige Rolle. Je echtzeitnäher die Informationen bereitstehen, desto besser funktioniert agiles Handeln. Latenzen stören diesen Prozess. Heutzutage entstehen beispielsweise die Bildungsprogramme für 2021 der Unternehmen auf Basis der Erkenntnisse von 2020, sollen aber die Teilnehmer auf Herausforderungen im Jahr 2022 vorbereiten. Durch Echtzeitmessung der Wünsche und Bedarfe in den Systemen – konkret im Schulungsantragsbutton und in der Suchwortanalyse – wissen wir ganz schnell, welche Inhalte in den Ermöglichungsraum gestellt werden müssen.

Interviews im Rahmen von Mitarbeitergesprächen oder Online-Umfragen gehören ebenso zum analytischen Arbeitsalltag. Nur so können wir wissen, ob das Unternehmen auf der richtigen Spur ist, und vor allem, wie es den Mitarbeitern geht. Speziell diesen Prozess haben wir ***»Employee Experience Journey« (EXJ)*** genannt und in **Abb. 23** grafisch dargestellt.

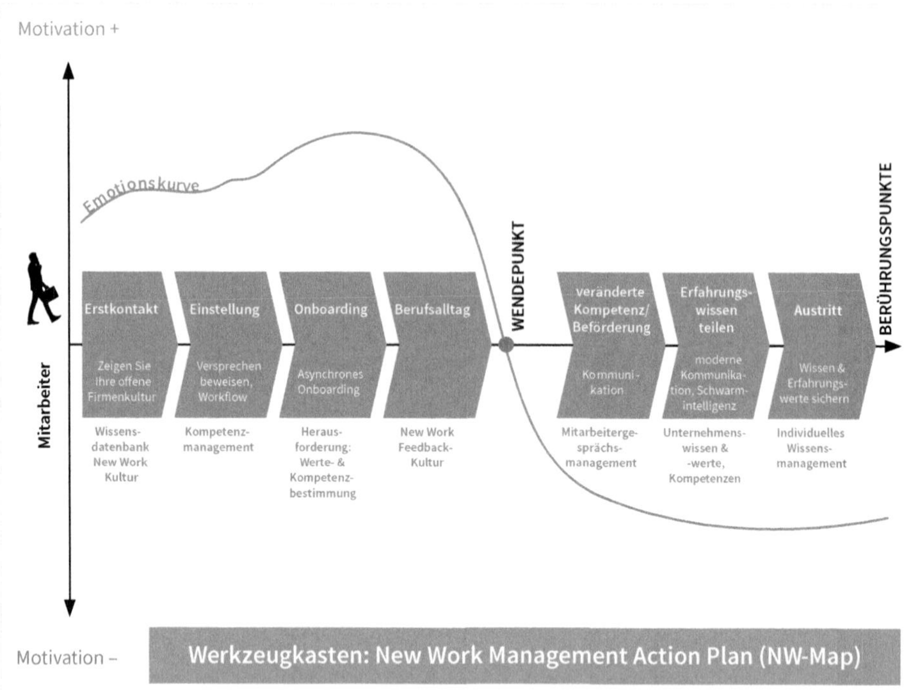

Abb. 23: Employee Experience Journey (EXJ) – basierend auf dem NW-MAP (Quelle: Orgabrain GmbH & Co. KG)

Die Employee Experience Journey zeigt die Motivation und die Emotionen jedes einzelnen Mitarbeiters echtzeitnah an, wie der Tacho eines Autos das Tempo anzeigt. Der Motor, mit dem der Tacho gesteuert wird, ist der New Work Management Action Plan (NW-MAP), den wir auf den nächsten Seiten beim Thema »Masterplan« vorstellen werden.

> Wenn wir Harmonie in der Diversity, Demografie und in interdisziplinären Teams wollen, also beispielsweise in der Zusammenarbeit unterschiedlicher Alters- und Berufsgruppen im Unternehmen, dann müssen wir die Rahmenbedingungen dafür schaffen. Diese bestehen, wie alle Module, die wir in diesem Buch besprechen, immer aus zwei Teilen: Methode und System müssen im Einklang stehen.

In unserem Beispiel sind dies die **Werte,** auf deren Basis die Kommunikation aufbaut, und die **Technologie,** die den übergreifenden Austausch ermöglicht – in diesem Fall Wissenskommunikation mit KI-Suche.

Widerstände und Hemmnisse

Damit sind wir wieder beim Thema »Tools, Apps und Systeme« angelangt. Warum ist das ein so heikles Thema? Dazu möchte ich zwei Beispiele nennen.

Beispiel 1: Die früheren Enabler der Unternehmensmodernisierung sitzen heute im Bremserhäuschen.

Wer von uns hat den folgenden Spruch noch nicht gehört, wenn neue Prozesse im Unternehmen vorgeschlagen werden: »Das kann TBQ nicht!« – verrutschen Sie zum besseren Verständnis die drei Buchstaben jeweils um eine Stelle im Alphabet nach vorn –, oder auch: »Dazu müssen wir erst mal mit TBQ sprechen!«. Die TBQ-Einführung war in der Vergangenheit ein modernistisches Mammutprojekt, das im Laufe der Jahre sehr viel Geld verschlungen hat.

Noch ein wichtiger Hinweis am Rande: Eine detaillierte Erläuterung der etwas seltsam anmutenden Abkürzung TBQ finden Sie im Abschnitt »Begriffe und Definitionen« am Ende dieses Buches. Diese Abkürzung ist nur ein »Platzhalter«.

Damals wusste man es nicht besser. Betriebswirtschaftlich gesehen stehen die Systemkosten noch nicht abgeschrieben in der Afa. Nach all den Jahren hat die IT gelernt, der TBQ alles zu glauben. Man hat ja in der IT auch schon längst keine eigenen Kapazitäten mehr, sondern greift auf die Rahmenverträge des TBQ-Partners zu. So innovativ die IT damals war, so schwer tut sie sich heute, Best-of-bread-Lösungen – eine Verknüpfung der besten Einzellösungen – als Gesamtprozess anzugehen. Man schwört in der IT auf integrierte Systeme. »TBQ hat genau dafür eine Lösung angekündigt, lass uns einfach warten, bis sie verfügbar ist!« Solche brüskierenden Sprüche können den New Work Flow empfindlich bremsen.

Beispiel 2: Der Pseudo-Laissez-faire

Gerade in der Krise 2020 wurde von der IT die eine oder andere App durchgewunken. Typische Beispiele sind Webmeeting-Tools oder Teamplayer-Apps. Damit zeigt die IT ungeheuren Digitalisierungswillen und die Fachabteilung platzt vor Stolz. Bei meinen Projekten in den Unternehmen stelle ich heute fest, dass es plötzlich mehrere Team-Tools gibt. Die Verwirrung ist groß. »Wir können jetzt nicht noch eine andere Lösung einbringen, die Leute drehen uns durch.« Die böse Nachricht lautet: Leider wird es langfristig nicht anders funktionieren, als auf eine Single-Source-of-Truth-Lösung zu setzen, die den gesamten Information Workflow im Unternehmen verbindet.

> SINGLE SOURCE OF TRUTH
>
> Single Source of Truth bedeutet, dass es jede gesicherte Information nur ein einziges Mal im Unternehmen gibt, und das immer in der richtigen Version und für die richtigen Mitarbeitergruppen freigegeben.

Es mag sein, dass sich die Mitarbeiter gerade erst an eine neue IT-Lösung gewöhnt haben und es den Führungskräften folglich schwerfällt, einen erneuten Schnitt einzuleiten. Doch im Grunde ist jedem Mitarbeiter klar, dass das bestehende Durcheinander aufgelöst werden muss. Die Bereitschaft zum Wandel ist eine der notwendigen Kompetenzen moderner Unternehmenskultur.

Um einen 360-Grad-New-Work-Flow zu erreichen, muss es gelingen, die IT zu überzeugen. Aus diesem Grund plädiere ich dafür, dass die IT neben der Personalentwicklung als erstes auf den Doppeldecker (nach Sauter) aufspringen muss, um Kompetenzentwicklung und eigenverantwortliches, werteorientiertes Handeln voranzutreiben, um dann nach dieser Maßnahme im Sinne des Unternehmens handeln zu können. Es muss uns gelingen, die Angst zu nehmen vor Entscheidungen, wie der Reduktion oder gar Ablösung von TBQ. Dies gilt natürlich nur für Stellen, an denen es sinnvoll ist. Wenn wir die IT von Anfang an als Multiplikatoren mit ins Boot nehmen, stehen die Voraussetzungen für das New-Work-Projekt sehr gut.

Wie mit nicht bekehrbaren Managern zu verfahren ist, wurde bereits besprochen. Stichwort: Improvisationstheater »Knowledge Sharing«.

Marketing nach innen

> New Work bedeutet nicht nur eine Änderung des Mindsets, sondern verändertes Handeln. Dieses Ziel unterstützen wir mit der kontinuierlichen Kompetenzentwicklung, die größtenteils eigenmotiviert auf allen Ebenen erfolgen sollte. Auch wenn es manchmal schon etwas esoterisch klingen mag: Die Werte einer Organisation stehen im Zentrum.

Nicht alle Mitarbeiter werden dies sofort verstehen. Deshalb sollten das Werteverständnis und der Werterahmen offen kommuniziert und von der Führung vorgelebt werden. Eine »Roadshow« des Managements ist dabei sehr hilfreich, vor allem wenn es gelingt, Betroffene zu Beteiligten zu machen (das lassen die Eitelkeiten des Managements allerdings selten zu). Die Marketing-Kampagnen nach innen sind wirklich wichtig. Deshalb ist es hilfreich, wenn von Anfang an Kommunikationsprofis mit an Bord sind, um das Drehbuch mitzuschreiben. An dieser Stelle darf man kreativ darüber nachdenken, ob vielleicht Spezialisten aus der Filmszene eine Hilfe sein könnten.

Schließlich wollen wir alle Mitarbeiter zu Beteiligten machen, von der Produktion bis zum Topmanagement. Dazu braucht es zielgruppenspezifische Ansprachen in unterschiedlichen Formaten. Entscheidend ist, dass dieses Verfahren quasi permanent in den Arbeitsalltag aller Mitarbeiter integriert wird. Am Anfang erfordert es Durchhaltevermögen, bis alle Mitarbeiter erreicht werden. Später funktioniert die Motivation automatisch, weil sich die Mitarbeiter untereinander mit Lernpartnern und Lernbegleitern austauschen. Zudem fördert die Binnen-Kommunikation via Wissensaustausch (Knowledge Management) die New-Work-Kultur bei jedem Arbeitsschritt.

> Nach der Festlegung der Werte- und Kompetenzrahmen und der Gestaltung des Ermöglichungsraums, also dem 360-Grad-System, ist es besonders wichtig, dass alle Führungskräfte öffentlich vorangehen, was im Übrigen ohnehin im Kern ihrer Aufgaben liegt.

Im New-Work-Alltag haben sich nicht nur die Kommunikation und das Handeln verändert, auch die Personalentwicklung/der HR-Business-Partner hat ein anderes Set-up. Sie gestalten den

Ermöglichungsraum und betreiben das 360-Grad-New-Work-System. Dort finden auch die teildigitalisierten Mitarbeitergespräche statt.

> Im neuen Format der Mitarbeitergespräche finden sich verschiedene Module wieder. Neben der regelmäßigen Kompetenzmessung- und -entwicklung werden auch das Werteverständnis und die persönlichen Entwicklungsschritte diskutiert. Die Fortschritte liegen größtenteils bereits vor dem eigentlichen Gespräch im System bereit, sodass sich die Gesprächspartner – dies können AG-seitig direkte Führungskräfte und/oder die HR sein – optimal vorbereiten können und die Dauer des Austausches damit deutlich optimiert wird.

Gehör beim Management finden

Häufig erreichen mich Anfragen zu einem Einzelthema, beispielsweise mit dem Wunsch ein Learning Management System zu etablieren. Das Management wünsche sich mehr Digitalisierung. Gerade in der Covid-19-Krise 2020 wurde es wegen der Kontaktbeschränkungen schwierig, Präsenzschulungen durchzuführen. Motivation durch Schmerz von außen war schon immer ein guter Treiber für Modernisierung! Natürlich ist es sehr gut möglich, zunächst mit einem Learning Management System in Richtung New Work zu starten. Die Vorteile liegen auf der Hand. Die Bereitstellung verschiedener Lernformate im Learning Management System, wie Webinar, E-Learning, Podcast, Videotraining, 3-D-Simulation sowie die Verwaltung von Präsenztrainings, ist ein guter Ermöglichungsraum, um Mitarbeitern eine selbstorganisierte Entwicklung bereitzustellen.

Derartige Anfragen werden meistens von Nachwuchskräften an uns gestellt. Das macht die Sache nicht einfacher, denn die Entscheidung welcher Typ Learning Management System zum Einsatz kommt, ist von strategischer Bedeutung. Schließlich wollen sich die Unternehmen ja die Zukunft im Hinblick auf Informations- und Kompetenzmanagement nicht verbauen. An dieser Stelle müssen wir klare Meta-Vorgaben einfordern, weil es um wesentlich mehr geht, als um die reinen Features eines Learning Management Systems, nämlich um einen wichtigen Teil des 360-Grad-New-Work-Flow. Insofern ist zu befürchten, dass die Vorgaben oder auch die Ideen, mit denen die Nachwuchskräfte ihr Ergebnis präsentieren, nicht holistisch sind. Ich hoffe, dass sich das viele Führungskräfte zu Herzen nehmen und die 360-Grad-Sicht beleuchten, bevor sie ein junges Team auf die Suche nach dem besten Learning Management System entsenden.

Um eine New-Work-Organisation zu verstehen, wünscht man sich quasi ein Labor, in dem man alles einmal ausprobieren kann. In den heutigen Arbeitsverträgen ist Lernen aber leider kein Bestandteil der Arbeit. Anders sieht es dagegen bei den Azubis aus. Vorausgesetzt Ihr Unternehmen hat eine bestimmte Anzahl Azubis, bietet sich diese Zielgruppe als New-Work-Pilotgruppe an, um wirklich alles im kleineren Rahmen einmal umzusetzen. Anschließend berichten die Azubis in einem eigenen Projekt über ihre Erfahrungen. Dieses Projekt findet beim Vorstand garantiert Gehör.

Die andere Frage lautet, an welcher Stelle des Topmanagements man hinsichtlich der New-Work-Ansätze vorfühlen sollte. Der CFO ist immer an Effizienzsteigerung interessiert, der CHRO an der Verfügbarkeit der besten Fachkräfte und der CEO an einem Legacy-Projekt (einem Vermächtnis). Überlegen Sie, wer welche Vorlieben hat, und erstellen Sie Factsheets für jede Zielgruppe, sodass jeder aus seiner bisherigen Wunschperspektive auf Ihr Projekt blicken kann. Das ist so ähnlich wie bei der Ausprägung der Lernformate je nach Persona.

8.1 Das Gehirn als Vorbild für die Unternehmenskultur

Petra Richard

Der Begriff Unternehmenskultur begegnete mir erstmals – ganz praktisch – bei der Besetzung einer Leitungsfunktion in einem mittelständischen Unternehmen. Ein Beratungsunternehmen beauftragte mich damit, die Persönlichkeit sowie soziale und emotionale Kompetenzen von Bewerbern einzuschätzen. Das Risiko einer Fehlbesetzung zeigt sich meist nach den ersten sechs Monaten, nämlich dann, wenn es zu einer **Kulturunverträglichkeit** kommt, und diese Entwicklung ist in der Regel mit einem hohen finanziellen Aufwand verbunden: Die Kosten für Research, Profiling und Bewerbergespräche, aber vor allem auch die Phase des Onboardings sind enorm und werden in den seltensten Fällen sauber errechnet. Tritt dann die sogenannte *Kulturunverträglichkeit* auf und der angeheuerte Bewerber verlässt das Schiff, beginnt die Suche erneut.

Unter der Devise »Unsere Kultur wird's schon kleinkriegen« vereinen sich gewöhnlich subtile Blockaden des Topmanagements, um bestehende Strukturen und Privilegien nur zum Schein in Frage zu stellen. Solange »Kultur« als ein ungreifbares, emotionales, nebulöses Etwas angesehen wird, kann sie wahrhaftig alles »erschlagen«.

Aber Unternehmenskultur ist nicht ungreifbar: Sie ist real messbar und Analysen, Verständnis und dem Wandel ebenso unterworfen wie jeder andere Teil der Erfolgsgleichung. Die Unternehmenskultur »greifbar« zu machen ist die Voraussetzung dafür, sich mit ihr auseinanderzusetzen und geht Hand in Hand mit der objektiven, analytischen Strategiearbeit.

Bestandsaufnahme der Unternehmenskultur
»Unternehmenskultur« ist ein Schlagwort, das alle erdenklichen Faktoren einschließt, beispielsweise

Systeme, welche die Außenwelt beschreiben

- Wettbewerbsinformation
- Marktinformation
- Abgrenzung der Wettbewerber (Wer gehört nicht dazu?)
- Definition des Marktes (Unterscheidet sich der bedienbare Markt vom Gesamtmarkt?)

Systeme, die gute Leistung definieren

- Spiegeln die Zuordnungen des Rechnungswesens Objektivität, die Realität oder die Mythen der Vergangenheit wider?
- Basieren die Bonus-Berechnungen auf heutigen oder früheren Erfolgskriterien?
- Werden sie helfen, Beförderungen so empfinden zu lassen, dass die richtigen Leute und objektiv gute Leistungen belohnt werden?
- Bauen Pläne, Ziele und Leistungsmaßstäbe auf früheren oder gegenwärtigen Realitäten auf?

Glaubenssätze

- Was sind die treibenden Kräfte des Geschäfts?
- Worauf beruht der Erfolg?
- Wodurch wird das Geschäft wettbewerblich erfolgreich?
- Was denkt die Organisation über die Konkurrenz?
- Welche Glaubenssätze haben, nach Meinung der Mitarbeiter, deren Vorgesetzte und Untergebenen?

Maßnahmen

- Stimmen die Investitionen mit der aktuellen Wirklichkeit überein?
- Erfüllen die Leute, was sie sagen?

Alle diese Punkte und noch viel mehr bilden die »Unternehmenskultur«. Diese Faktoren sind real, greifbar und lassen sich untersuchen und beeinflussen. Der Prozess ist einfach, wie die folgenden Schritte zeigen.

Schritt 1: Die objektiven, analytisch fassbaren Wettbewerbsfaktoren verstehen, d.h., eine traditionelle Strategieanalyse durchführen:

- die frühere Strategie verstehen, die das Geschäft zum Erfolg geführt hat;
- die zugrundeliegenden Glaubenssätze analysieren;
- die mit der Strategie übereinstimmenden Maßnahmen erfassen.

Schritt 2: Die auf externen, objektiven Daten und Analysen basierenden Systeme, Glaubenssätze und Maßnahmen mit den Ergebnissen der »Kultur-Bestandsaufnahme« vergleichen.

Schritt 3:

- Eine neue Logik aufbauen
- Was soll sich ändern?
- Welche Veränderungen werden sich wiederum daraus ergeben?

Kreativität fördert die neue Unternehmenskultur

New Work benötigt Kreativität. Dabei können Unternehmen sich die Prozesse des menschlichen Gehirns zum Vorbild nehmen. Es organisiert sich selbst, balanciert zwischen Ordnung und Durcheinander und schafft dabei ständig Neues. Leistungsfähige und innovative Unternehmen benötigen viel Wissen, Neugier und Erfahrung, vor allem aber brauchen sie eine besondere Struktur. Eine Kultur, die Neues erst möglich macht, weil sie Kreativität zulässt und fördert. Das menschliche Gehirn ist der Ursprung aller Kreativität. Wenn wir also begreifen, wie ein Gehirn funktioniert und warum es so leistungsfähig ist, können wir daraus sehr viel für die Innovationskraft eines Unternehmens ableiten.

> Kreativität entsteht durch permanente Bewegung. Das menschliche Gehirn ist eine fabelhafte Konstruktion. Es besitzt keine starre Struktur, kann sich ständig neu verschalten. Es kann jederzeit neue neuronale Verbindungen legen und die alten auflösen.

Die Funktionsweise des Gehirns

Wenn ein Mensch, entweder durch Bewusstseinsprozesse oder aufgrund von Erfahrungen oder Lebensumständen, vor neue Herausforderungen gestellt wird, ist sein Gehirn in der Lage, mit seiner eigenen Struktur darauf zu antworten und sich selbstständig neu zu organisieren. Steuerung, Kontrolle und Ausführung liegen, wenn man so will, in einer Hand. Das Gehirn braucht keine Befehle von oben, es funktioniert ausgezeichnet allein.

Bislang unterschied die Hirnforschung immer **zwei Arten des Denkens**:

Erstens, das *rational-logische, problemlösende Denken*. Das ist eine Fähigkeit des Großhirns, die anhand des *Intelligenzquotienten* (IQ) gemessen wird. Dabei verschaltet sich das Gehirn linear und seriell, vergleichbar mit Glühlampen auf einer Lichterkette.

Zweitens, das *assoziative Denken*, das auf Erfahrungswissen beruht. Es ruft Gefühle hervor und steuert unser Verhalten. Merkmal dieser emotionalen Intelligenz, die ihr Zentrum im limbischen System hat und die wir als *Emotional Intelligence Quotient* (EQ) messen, ist eine parallel- und netzwerkartige Verschaltung. Die neuronalen Netze bestehen aus Bündeln von rund 100.000 Nervenzellen und alle kommunizieren kreuz und quer und auf unerwartete Weise miteinander.

Um jedoch wirklich kreativ zu sein, benötigen wir mehr als die Kombination von Logik und Emotion aus Linearität und Netzwerk, denn mit diesen beiden Denkformen bewegen wir uns auf sicherem Terrain innerhalb gegebener Grenzen und machen business as usual.

Es gibt eine weitere Funktionsweise des Gehirns, die man erst um die Jahrtausendwende entdeckte. Damals begriff die Forschung, dass das Gehirn kein mechanisches System ist, sondern ein Quantensystem. Quantensysteme sind immer nur teilweise bestimmbar, nicht kontrollierbar und so etwas wie ein Muster dynamischer Energie. Man fand damals heraus, dass 40-Hertz-Wellen, also 40 Zyklen pro Sekunde, über das ganze Gehirn laufen und vermutlich die Funktion haben, einzelne Informationen und Bilder zu einem Ganzen zusammenzufassen. Gleichzeitig fanden Wissenschaftler die sogenannten *God Spots* in den Schläfenlappen. Wenn man sie mit magnetischen Wellen reizt, löst das bei fast jedem Menschen spirituelle Gefühle und Erfahrungen aus. Diese neue Hirnfunktion ist unser spirituelles Denken, unser *Spiritual Intelligence Quotient* (SQ).

Das Gehirn als Vorbild

Indem man versucht, sich zunutze zu machen, was auch das menschliche Gehirn so leistungsstark macht, kann man es auf Systeme übertragen. Ein Unternehmen muss Veränderung zulassen. Es muss flexibel sein und Raum lassen für Kreativität. Es muss sich seiner selbst bewusst sein und wissen, wo es steht und dass Veränderung etwas Positives ist. In fest gefügten mechanistischen Strukturen ist kein Platz für Kreativität und Innovation.

Unser Gehirn ist das Vorbild: ein sich selbst organisierendes System. Eine Organisation, die innovativ sein will, muss entsprechende Strukturen entwickeln und ein hohes Maß an Selbstorganisation der Mitarbeiter zulassen.

Merkmale einer neuen Führungskultur

Es sind die Eigenschaften »mitfühlend«, »visionär« und »spontan«, die eine neue Führungskultur am besten beschreiben. Sie sollte die nachfolgenden 12 Merkmale besitzen oder entwickeln (vgl. Abschnitt 2.4).

1. Self-awareness – Bewusstsein seiner selbst
   Das Wissen davon, wer man ist, woran man glaubt, was man schätzt und was einen motiviert.
2. Spontaneity – Spontaneität
   Der Mut und die Möglichkeit, auf Veränderungen zu reagieren.
3. Being vision and value led – geführt von Visionen und Werten
   Das Handeln aufgrund von Prinzipien und innerer Überzeugung, mit Blick auf ein erstrebenswertes Ziel.
4. Holism – Ganzheitlichkeit
   Die Begabung, übergreifende Muster, Beziehungen und Verbindungen wahrzunehmen.
5. Compassion – Mitgefühl
   Die Fähigkeit, sich in andere hineinzuversetzen und ihre Gefühle nachzuvollziehen.
6. Celebration of diversity – Verschiedenartigkeit wertschätzen
   Das Wertschätzen von Menschen wegen und nicht trotz ihrer Andersartigkeit.
7. Field independence – Gegen den Strom schwimmen
   Der Mut, eigene Entscheidungen zu treffen und sich im Zweifel gegen die Masse zu stellen.
8. Humility – Demut
   Die Einsicht, Teil eines größeren Ganzen zu sein und seinen Platz in der Welt zu kennen.
9. Tendency to ask fundamental »why«-questions – Fragen nach den Ursachen stellen
   Das Bedürfnis, die Dinge verstehen und ihnen auf den Grund gehen zu wollen.
10. Ability to reframe – einen neuen Blickwinkel einnehmen
    Die Fähigkeit, Situationen oder Probleme mit Abstand und in einem anderen Kontext zu betrachten.
11. Positive use of adversity – Widerstände positiv nutzen
    Die Grundhaltung, dass man aus Fehlern, Rückschlägen und Leid lernt und daran wächst.
12. Sense of vocation – sich berufen fühlen
    Die Bereitschaft, zu dienen und etwas zu geben.

9 Der Masterplan

Götz Piwinger

Alles, was bisher in diesem Buch beschrieben wurde, deutet auf ein größeres Projekt hin. Ein Projekt hat die Eigenschaft einen Anfang und ein Ende zu haben. Das ist hier nicht der Fall. New Work ist ein Programm, das die Kultur eines Unternehmens von der traditionellen, funktionalen Organisation zu einer modernen, agilen und vernetzten Organisationsform transformiert. Dadurch können Firmen schneller auf Märkte reagieren, begegnen der demografischen Situation aktiv und können die Marktposition ausbauen. Wir sprechen in diesem Zusammenhang von der lernenden Organisation oder sogar von Schwarmintelligenz. Um den New Work Flow umzusetzen, habe ich ein agiles Handlungsmodell entwickelt, mit dem Organisationen aus jedem beliebigen Ist-Zustand heraus konkrete Maßnahmen zur Umsetzung ableiten können (siehe **Abb. 24**). Leider ist der **New Work Management Action Plan (NW-MAP)** in einem Buch nicht perfekt darstellbar, aber dafür bietet der Verlag ja die Website zum Buch! (Erreichbar über den QR-Code auf Seite 5 am Anfang des Buches).

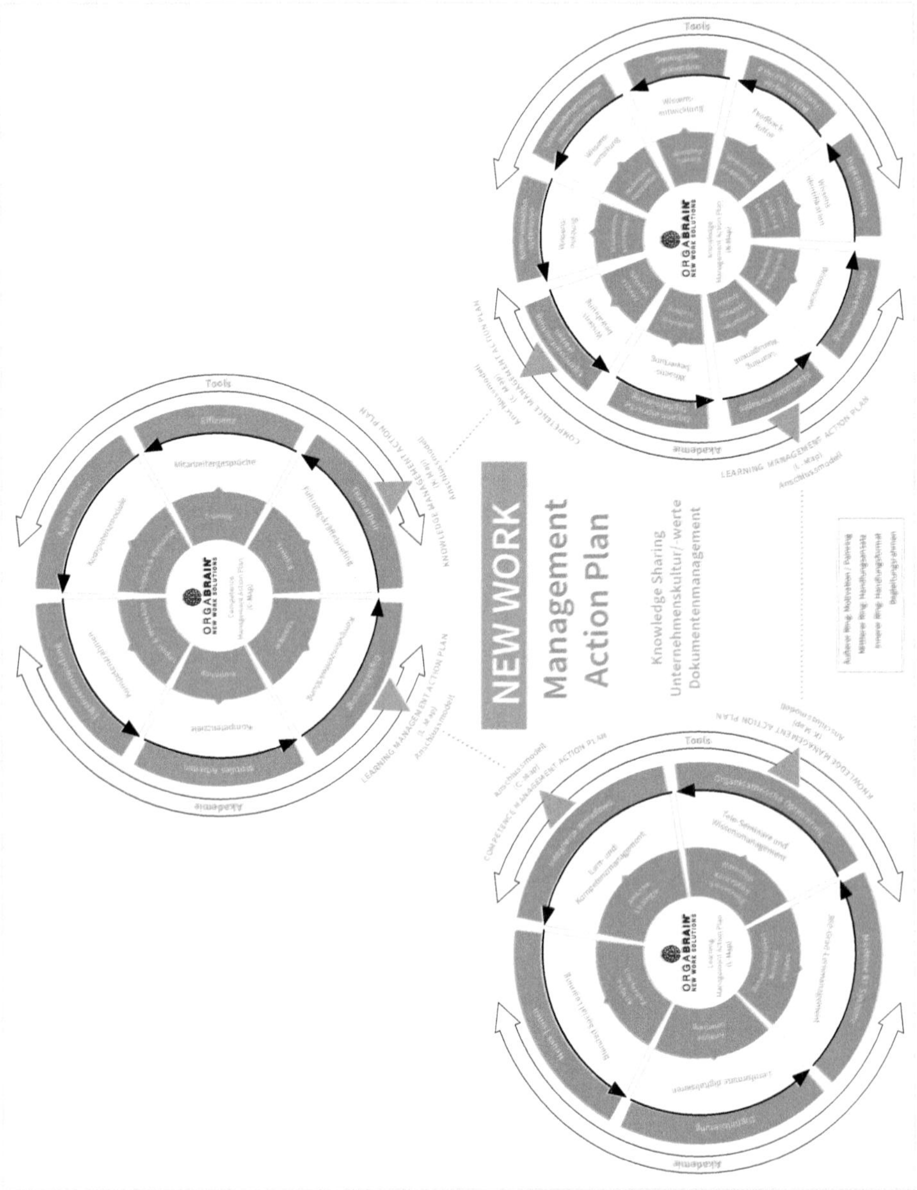

Abb. 24: New Work Management Action Plan (NW-MAP) (Quelle: Orgabrain GmbH & Co. KG)

In der Live-Darstellung sind die äußeren, dunklen Ringe aller drei Komponenten drehbar. Die sogenannten Painrings werden auf den nächsten logischen Schritt bei der NW-Umsetzung gedreht, basierend auf der Analyse des Ist-Zustandes im Unternehmen. Dieser Vorgang kann gesteuert werden, bis die Organisation den 100-prozentigen New-Work-Reifegrad erreicht hat. Der eindeutige Vorteil liegt darin, dass man konkret einzelne Teilprogramme auf dem Weg zum New Work Flow in die Wege leiten kann. Es ist keineswegs zwingend, alle Teilprogramme in ihrer Gesamtheit durchzuführen, denn schließlich definiert der Painring auch Einzelziele, die mit Einzelmaßnahmen erreichbar sind. Der NW-MAP bleibt dennoch der Werkzeugkasten, um das Unternehmen später auf dieser Basis weiterzuentwickeln.

Das Handlungsmodell New Work Management Action Plan (NW-MAP) wirkt auf den ersten Blick sehr komplex. Doch sobald man die erste Situation einmal mit diesem Werkzeugkasten abgebildet hat, erschließt sich das Bild sehr schnell. Eine weitere Neuerung bietet der NW-MAP durch die Anwendbarkeit in jeder Unternehmenssituation. Es spielt keine Rolle, in welcher Entwicklungsphase man sich aktuell befindet und es ist auch egal, in welchem Bereich man sich gerade entwickeln möchte. Dieses Universalwerkzeug sollte immer passen. Um das Modell professionell anwenden zu können, ist an der Stelle, an der die Einschätzung des Ist-Zustandes – und vor allem der sich daraus logischerweise ableitbare nächste Schritt – vorgenommen wird, ein wenig Analysearbeit erforderlich. Doch diese Einschätzung kann erst erfolgen, wenn der Masterplan verstanden wurde. Das ist der Grund, warum der NW-MAP erst am Ende dieses Buches zum Tragen kommt. Erst jetzt können Sie einschätzen, wo ihr Unternehmen steht, um daraus nächste Schritte beschreiben zu können.

9.1 Die drei Module des New Work Management Action Plan

Der NW-MAP setzt sich aus drei Modulen zusammen, die im Folgenden beschrieben werden.

L-MAP: Learning Management Action Plan
Wir haben ja das reine Lernen in den vorangegangenen Kapiteln etwas verteufelt, doch im Learning Management Action Plan geht es auch nicht um das Lernen an sich, sondern um den Vorgang, New Learning im Sinne von New Work in der Organisation umzusetzen. Wie zuvor beschrieben, soll dies methodisch und systemisch im Einklang erfolgen. Das könnten einerseits die Digitalisierung von Lernformaten als systemisches Modul sein und dazu passend, die Umsetzung von Social Blended Learning als Methode. Der Learning Management Action Plan spielt eine besondere Rolle, weil die meisten Organisationen sich bei der Umsetzung von Digitalisierung außerhalb der Produktion sehr schnell mit dem Thema Corporate Learning beschäftigen, was bekanntermaßen rasant in der Auswahl eines Learning Management Systems mündet.

> Die zentrale Bedeutung von 360-Grad-Lernen kann gar nicht wichtig genug genommen werden: Erst die Kombination aus strukturellem Lernen, im Sinne von Qualifikation und Erfahrungslernen, führt zu kompetenzorientiertem Lernen. Diese Tatsache spiegelt sich in den angebotenen Lernformaten wider.

Speziell können dies Simulationen als »Immersive Learning«, Live-Workshops, Podcasts, Webinare, E-Learning oder praktische Projekte sein. In der Folge sollte ein Learning Management System die Möglichkeiten der Darstellung solcher Formate auch bieten. Eine weitere, essenzielle Eigenschaft eines Learning Management Systems ist die **Verknüpfbarkeit mit dem**

Kompetenz- und Talentmanagement. Der Learning Management Action Plan kann auch losgelöst von dem NW-MAP als vereinfachter Werkzeugkasten eingesetzt werden, beispielsweise um die Stakeholder für das Projekt schrittweise auf das 360-Grad-Thema vorzubereiten. Die Drehung des dunklen Außenrings – des Painrings – erfolgt auf die Stelle des nächsten, logischen Handlungsschrittes. Auch hierfür ist eine Analyse der bestehenden Lernaktivitäten erforderlich, und zwar sowohl systemisch als auch methodisch, um den passenden Ansatzpunkt zu finden. Die Umsetzung kann anfänglich durch Berater begleitet werden, sollte aber von Anfang an auf Eigenverantwortung ausgerichtet sein. Eine Ausnahme könnte das Thema »Managed Services« sein, das Betreiben dieses Teil-Ermöglichungsraums.

C-MAP: Competence Management Action Plan

Zwischen den Handlungspunkten »Kompetenzentwicklung« im Competence Management Action Plan und »Lern- und Kompetenzmanagement« im Learning Management Action Plan gibt es ein Anschlussmodell, eine Transferlinie, mit der die beiden Modelle wie durch eine Nabelschnur verbunden sind: Lernen ohne Kompetenzbetrachtung ist – um Loriot und sein Leben mit Mopshunden zu zitieren – möglich, aber sinnlos.

Sehr häufig herrscht Verwirrung zwischen den Begriffen Skills, Talent, Kompetenz, Bildung, Qualifikation, Erfahrung und einigen mehr. Deshalb sollten wir die Begriffe klären und festlegen. Methodisch ist klar, dass wir uns für den sauber definierten Begriff »Kompetenz« entscheiden. Doch welche Umschreibung empfiehlt sich für die systemische Betrachtung und warum kann dies hier auch andere Begriffe beinhalten? Um überhaupt eine Systemauswahl treffen zu können, sollten wir die Begriffe der Softwarehersteller mit aller Vorsicht verwenden. Es gibt sehr wenige Systeme, die in der Lage sind, Kompetenzdiagnostik und Kompetenzentwicklung auf Basis eines Kompetenzrahmens in einem Workflow abzubilden. Oft finden wir Lösungen unter dem Namen »Talent Management« oder auch TMS. Das »alte« Talent Management befindet sich im NW-MAP zwischen Lern- und Kompetenzmanagement, doch systemisch werden derartige Lösungen als eigenes Tool angeboten, aber auch in Verbindung mit Lernmanagement.

Der Competence Management Action Plan befähigt uns, das Mindset – oder besser das Handeln – im Unternehmen zu verändern. Das Thema Kompetenzorientierung erschließt sich den Mitarbeitern schnell, weil es jeder aus seinen privaten Erfahrungen kennt. Die Umsetzung von Kompetenzmanagement ist grundsätzlich auch ohne Software möglich, aber sehr zeitintensiv, weil wir dann mit Fragebögen und Auswertung arbeiten müssten. Um das Thema in den Arbeitsalltag zu integrieren, ist der Einsatz eines 360-Grad-Tools sinnvoll. Wenn wir jetzt also vom Learning Management Action Plan und damit vom Learning Management System kommen, müsste die logische Systemergänzung aus den Modulen Talentmanagement im Sinne von Qualifikationsmanagement, Kompetenzmanagement und vor allem Mitarbeitergesprächsmanagement bestehen. Denn erst, wenn wir in der Lage sind, Qualifikation und Kompetenzen zu messen, können wir eventuelle »Gaps« schließen, indem wir die passenden Entwicklungsmaßnahmen starten. Diese Maßnahmen können sofort und automatisch von den Systemen empfohlen werden, sofern es sich um Wissensvermittlung handelt.

Beispiel: Kenntnis im Umgang mit Pivot-Tabellen

Für ein Projekt wird die Kenntnis im Umgang mit Pivot-Tabellen benötigt und dies ist in der Projektrolle oder auch in der Stellenbeschreibung hinterlegt. Der interessierte Mitarbeiter kann nun den »Selbsttest« durchführen, ob er auf die Stelle passt. Hier findet der Mitarbeiter die Lücke (Gap) – nämlich Pivot-Tabellen – und bekommt eine passende Lernempfehlung – nebst Lernmodul – dazu angezeigt. Ein anderer Weg dorthin wäre das Mitarbeitergespräch. Bei der Kompetenzentwicklung geht das nur teilweise für die Bereiche, in denen Wissen zum Verständnis von Kompetenzen vermittelt werden muss. Zur Entwicklung der persönlichen Erfahrung und der wertebasierten Entwicklung müssen wir zu Praxisprojekten oder zumindest zu Simulationen greifen.

Die Nutzung des Competence Management Action Plan wird vor allem durch Ziele geleitet, die sich am dunklen, drehbaren Außenrand befinden. Zum Thema »Werte« haben wir im NW-MAP keinen eigenen Ring entwickelt. Diese Ergänzung ist jedoch dann möglich, wenn dieser Bereich sehr explizit als Thematik bedient werden muss.

Das ist beispielsweise dann der Fall, wenn es bereits ein »Kompetenzmanagement« im Unternehmen gibt und eine Korrektur aufgrund einer anderen Definition von »Kompetenzmanagement« nötig wird.

> In unserem Fall verstehen wir die Werte als Kern der Kompetenz: Selbstgesteuertes, eigenverantwortliches Handeln kann nur auf der Basis von Werten erfolgen.

Die Nutzung des Competence Management Action Plan kann wieder aus jedem Ist-Zustand heraus erfolgen und führt das Projekt immer zum passenden Umsetzungsformat. Diese Formate können in Eigenleistung ausgearbeitet werden, es können Konzepte von Beratern genutzt werden oder sie können mit praktischer Unterstützung von Beratern realisiert werden. Doch wenn wir über Kompetenzen sprechen, ist das Ziel logisch: Das Unternehmen soll New Work so schnell wie möglich in Eigenverantwortung umsetzen. Deshalb können anfängliche Berater später nur noch Moderatoren oder Begleiter sein.

K-MAP: Knowledge Management Action Plan

Bei mir hat es eine Weile gedauert und viel Erfahrung erfordert, um zu verstehen, dass Knowledge Management eine so zentrale Rolle im New-Work-Prozess spielt. Da ist zum einen, im Handlungsmodell, die Transferlinie zwischen »Führungskräfteentwicklung/-briefing« im Competence Management Action Plan und »Wissensbewahrung« im Knowledge Management Action Plan. Zum anderen ist zu sehen, dass »Learning Management« nur ein Modul im Knowledge Management Action Plan ist!

> Warum hängt Lernen und Wissen so eng zusammen? Lernen ist eine Teilmenge von Wissen. Man muss lernen, um wissen zu können. Das Substantiv Wissen verkörpert einen Lerninhalt. In der Folge ist Knowledge Management also »Lerninhaltsmanagement«.

Die Frage, wie Lerninhalte vermittelt werden, wird einerseits im Learning Management Action Plan geklärt. Um die Wichtigkeit von Knowledge Management zu erkennen, müssen wir auf äußere Umstände und Einflüsse eingehen. Mit dem demografischen Wandel emeritiert die Babyboomer-Generation der Geburtsjahre 1960–1968 rudelartig in Richtung Ruhestand, beziehungsweise ist schon dabei. Diese Generation ist der prozentual größte Anteil der Arbeitnehmer überhaupt. In der Folge geht damit enorm viel Erfahrung verloren, und damit ist nicht Fachwissen gemeint, davon wird an den Hochschulen mehr als genug gepaukt.

Es geht um die zusammenhängende Umsetzung von Projekten in einer 360-Grad-Sicht. Es geht um Werte und Erfahrungen, die Entscheidungen und Handlungen auch in unsicheren Situationen ermöglichen. Die meisten Unternehmen und vor allem Behörden reagieren so, dass man versucht, eine Kette kleiner Fachentscheidungen zu einem Prozess zu verbinden. Dies führt zu langsamen Reaktionszeiten, intransparenten Entscheidungen und zu Frustrationen innerhalb der Organisation und bei Kunden.

> Es geht darum, gesichertes Wissen und laufende Wissensdiskussionen anhand personalisierter Profile mittels künstlicher Intelligenz (KI) format- und situationsgenau bereitzustellen.

Was für ein Satz! Den müssen wir auflösen. Bei New Work beginnt jedes, auch noch so kleine Projekt mit der globalen Suche im System. Dies sollte KI-basiert sein und über alle Management Action Plans suchen. Ähnlich wie bei Google oder Amazon erhält jeder seine individuellen Suchergebnisse, ausgewählt nach den Kriterien: Rolle, Qualifikation, Stelle, Gruppenzugehörigkeit, bevorzugte Lernformate (!) und vor allem nach Rollen und Rechten – kurzum: immer genau die passenden Informationen, Lernempfehlungen, Ansprechpartner und Diskussionsgruppen. Kein Fehler muss wiederholt werden. Diese Suchergebnisse kennen die meisten als Einträge, also Dokumente oder Bilder. Wenn wir Wissensmanagement als Information Management verstehen, beinhalten die Suchergebnisse aber auch sofort ausführbare E-Learnings oder andere Lernformate, entlang meines Ist-Profils. Zudem finden wir auch den Zugang zu laufenden Diskussionen über das Suchthema, sofern unsere Rechte das zulassen.

> Die Einträge, die wir finden, beinhalten gesichertes, geprüftes und versioniertes Wissen aus der Organisation. Auch Qualitätsmanagementprozesse und sogar das Dokumentenmanagement kann innerhalb des Information Managements in 360-Grad-Prozessen abgebildet werden.

Den Begriff Knowledge Management Action Plan anstelle von Information Management Action Plan (I-MAP) habe ich gewählt, um auch hier Transparenz bei der Auswahl der passenden Systeme zu geben. Denn diese heißen nun mal leider Knowledge Management System (KMS).

Ein weiterer Aspekt ist die kürzere Verweildauer neuer Mitarbeiter im Unternehmen. Wenn wir uns wieder die Employee Experience Journey vor Augen halten, wird klar, dass eine eindeutige und nachvollziehbare Informationspolitik ein bedeutendes Element für das Employee Branding ist. Das Unternehmen wird als Arbeitgeber attraktiver und schnelle Stellenwechsel oder Neueinstellungen müssen zunehmend im Standard-Unternehmensalltag bewältigt werden.

Im Knowledge Management Action Plan verbirgt sich aber noch ein weiterer, entscheidender New-Work-Aspekt: die Wissensdiskussion. Ich erinnere an den Spruch mit der E-Mail, wohin die Information zum Sterben geht. Hier – im Knowledge Management – findet ein elementarer Teil des Social Blended Learning statt. Im Wissensaustausch anstelle von E-Mails.

Wie erwähnt, existieren 1001 Collaboration-Tools auf dem Markt. Also warum sollte dieser Prozess im Knowledge Management stattfinden? Bei den aktuellen Apps oder Tools kleiner oder großer Hersteller fehlen einfach entscheidende Punkte im Workflow. Es sind meistens tatsächlich Insellösungen, auch wenn sie das Gegenteil behaupten. Eine Office-365-Anbindung ist schön, macht aber allein leider noch keinen Workflow. Doch das Office-365-Argument überzeugt verständlicherweise viele Anwender, weil Office ja sowieso im Einsatz ist. Doch das ist eine – im wahrsten Sinne – sehr oberflächliche Betrachtung.

Beispiel: Workflow mit gesichertem Ergebnis

Sie sind Ingenieur. Ihr Projekt erfordert die Nutzung von Pivot-Tabellen zur Vorausberechnung von Serviceintervallen. In Ihrem Suchergebnis finden Sie eine Gruppendiskussion von Servicetechnikern, in der das Thema bereits in der Form diskutiert wird, welches Template generell zu allen Service-Intervallberechnungen geeignet wäre. Sie beteiligen sich an der Diskussion. Als Ergebnis entsteht eine Excel-Vorlage, die generell genutzt werden kann. Dazu erstellt das Team ein Mini-E-Learning als Anleitung. Diese Erkenntnis wird nun als gesicherter Wissenseintrag im Knowledge Management System hinterlegt und bei jeder Änderung mit Begründung versioniert. Mitarbeiter, die jetzt nach dem Thema suchen, erhalten immer die aktuellste Version, das passende E-Learning und könnten auch die Entwicklung nachverfolgen.

Im Kern von New Work geht es um das digitale Merkmal »Sharing«. Wissen teilen wird zum Kern der New-Work-Kultur. Methodisch-technisch findet dieser Prozess im Knowledge Management statt. Egal in welchem Stadium sich der Ist-Zustand eines Unternehmens gerade befindet, der Knowledge-Management-Prozess kann mit dem Knowledge Management Action Plan sofort umgesetzt werden. Der Knowledge Management Action Plan erstaunt uns durch die hohe Anzahl an Motivationspunkten auf dem äußeren, dunklen Painring. Der Blick auf diesen Painring macht erst deutlich, welche Wünsche mit einem Knowledge Management Workflow erfüllbar, welche Probleme damit lösbar werden!

9.2 Knowledge Sharing, Unternehmenskultur und Dokumentenmanagement

So gewinnen Sie, liebe Leser, nun vielleicht allmählich den Überblick und verstehen, warum ausgerechnet diese drei Elemente des NW-MAP die Gesamtheit ergeben. Wenn wir den Kern des Handlungsmodells betrachten, finden wir dort die Begriffe: Knowledge Sharing, Unternehmenskultur/-werte und Dokumentenmanagement.

Im Kern von New Work stehen Unternehmenskultur und Werte, die sich aus dem Zusammenwirken aller drei Ringe ergeben. Knowledge Sharing als Kern der vernetzten Zusammenarbeit im Sinne von wachsender Schwarmintelligenz ist ebenfalls auf das Zusammenwirken der Module zurückzuführen. Agilität in einem grafischen Praxismodell umzusetzen ist neu und gelingt nicht auf Anhieb: Die Voraussetzungen sind Modularität, Sprint-Konformität und Anpassbarkeit. Auch die sogenannten VUCA-Faktoren wurden berücksichtigt. Der NW-MAP kann deshalb im weitesten Sinne als Ermöglichungsraum für die agile Umsetzung von New Work im Unternehmen verstanden werden.

Das können doch nur große Firmen?

Es gibt schon einen gewaltigen Unterschied, ob man in einer großen Organisation beschäftigt ist oder nicht. Die klaren Abgrenzungen und Schnittstellen in großen Firmen oder Behörden gibt es noch gar nicht so lange. Erst in den letzten zehn Jahren wurden die großen Einheiten modern umorganisiert. Es gibt eine Menge Mitarbeiter, die sich danach über ihre eingeschränkten Gestaltungsbefugnisse beklagt haben. Es war die Zeit, in der große Prozesse definiert wurden. Natürlich haben auch große ERP-Softwarefirmen ihren Beitrag zu diesen seriellen Verfahren geleistet, denn die Verfahren resultieren letzten Endes aus der Abschaffung der Büroboten. Man hat es geschafft, eine digitale Laufmappe zu erschaffen. Im Grunde ist das die letzte, große Revolution in der Verwaltung. Das Motto lautete: »Im Kern eines jeden Unternehmen steht die Finanzbuchhaltung.«

Alle darauffolgenden Prozesse wurde sozusagen anprogrammiert oder Softwarefirmen zugekauft und angeflickt, um dem Kunden weitere Workflows mitverkaufen zu können, ohne dass dieser den Lieferanten wechseln muss. Es ist wirklich erstaunlich, wie viele Unternehmen immer noch in dieser Software-Falle stecken. Das IT-Investment in großen Organisationen ist atemberaubend; die Abhängigkeiten kaum noch durchschaubar. Manche IT-Departments sind zu Abhängigen ihres Hauptlieferanten geworden.

Wie soll man New-Work-Ansätze anschieben?

Der Lieferant gibt vor, welche Innovationen dem Topmanagement zu verkaufen sind und wie sich der ROI gestaltet. Jeder Mitarbeiter in derartigen Firmen kennt diesen Konzern-Blues, wenn sich nichts bewegt, obwohl es alle besser wissen. Eine Ausnahme bilden große, inhabergeführte Unternehmen, wie beispielsweise unsere großen Einzelhändler. Denn dort gibt es tatsächlich Dynamik und hervorragende New-Work-Ansätze. Dort ist der persönliche Wille vorhanden, auch teure Fehler grundlegend zu korrigieren und es ist auch das nötige Geld vorhanden. In allen anderen Fällen stellt sich die Frage, wie man das Projekt New Work anschieben und umsetzen kann. Wenn ich um eine Analyse gebeten werde, finde ich meistens bereits Konzepte zum Kompetenz- oder Wertemanagement in den Schubladen. Wenn ich dann erst einmal die Staubschicht weggepustet habe, sind diese in der Regel mittlerweile auch brauchbar.

Woran hat es gelegen? Die Ziele hat es doch schon einmal gegeben? Warum wurde das Projekt nicht weiterverfolgt? Die Antwort beinhaltet zwei Aspekte: Man hat es zugelassen, das

Management mit der Umsetzung alleinzulassen. Der erste Aufschlag war in einem zu kleinen Kreis erfolgt. Die persönliche, emotionale Erfahrung – beispielsweise die Betroffenheit, wenn die eigene Kompetenzeinschätzung von der anderer abweicht – fehlt.

Diese Projekte enden oftmals in der Formulierung von Wunsch-Wertevorstellungen, die auf Websites und Plakaten gepostet werden. Die Häme der Mitarbeiter ist dann gewiss.

Umsetzung kompetenzorientierter Führung in Alltagssystemen

Der zweite Punkt ist der Kraftakt der Umsetzung von kompetenzorientierter Führung in den Alltagssystemen. Die Anfrage des Topmanagements bei der IT, diese Prozesse dauerhaft im Arbeitsalltag und damit in der IT abzubilden, endet meistens wie ein Fluss, der wie das Donaudelta ins Schwarze Meer mündet: in tausend kleinen Rinnsalen, die sich verlieren.

Also lautet die Frage, wie wir es ermöglichen können, New Work zügig auch in großen Strukturen zu etablieren. Uns allen ist klar, dass es nicht funktionieren kann, wenn einige Führungskräfte Angst davor haben müssen, auch eigene Entscheidungen und Investitionen der Vergangenheit in Frage zu stellen. Es ist also notwendig, Vereinbarungen zu treffen, die das mit Sicherheit ausschließen, denn Betroffene kennen heute oft eine bessere Lösung, als die, die sie damals durchgesetzt haben. Wir befinden uns im Epizentrum des Projekts. Der Schritt, das Management zu einem Team mit gemeinsamen Werten zu entwickeln und nach diesen Werten zu handeln, ist entscheidend. Zur Moderation empfiehlt sich unter anderem die Vivid-Pulse-Technologie.

Die Selbstzündung von New Work

Ein weiterer Vorteil liegt in der Selbstzündung von New Work. Ist der Prozess einmal sauber angestoßen, verbreitet er sich schnell in der gesamten Organisation und bleibt trotzdem steuerbar. Unsere Werte, Kompetenzen und Ermöglichungsraum (beispielsweise das Selbstlernsystem und Information Management) sind sozusagen der Drehzahlbegrenzer, um das Engagement der Mitarbeiter zielgerichtet in sinnvollen Handlungen entfalten zu können. Das Topmanagement braucht einen einfühlsamen Begleiter von außen, um den Masterplan Wirklichkeit werden zu lassen. Eine Ausnahme bildet das Modul »Knowledge Management« mit seinem Painring, weil dies den Information Workflow in großen Unternehmen klar verbessert. Somit wäre dieser Startansatz eine technische Entscheidung.

In der zweiten Gruppe der Unternehmen findet sich der gesunde Mittelstand, z. B. ein Unternehmen aus dem Maschinen- und Anlagenbau. Dort liegt sie Sache anders. Die Auftragsbücher sind voll, der Hauptschmerz liegt in der Herausforderung, die Aufträge abzuwickeln. Innovationen finden in der digitalen Automatisierung statt. Für New Work sind dort einfach keine Kapazitäten vorhanden oder werden nicht bereitgestellt. Das ist mehr als verständlich, denn wenn ein Unternehmen sehr erfolgreich ist, fällt es schwer, grundlegende Veränderungen vorzunehmen. Es gibt zunehmend Beispiele, in denen traditionell erfolgreiche Unternehmen – beispielsweise ein Automobilzulieferer mit 800 Ingenieuren – plötzlich feststellen, dass man weniger Ingenieure, aber sehr viele Software-Entwickler braucht. Immer wenn ein Change-Impuls von außen kommt, entsteht zwar Handlungszwang, aber die Erneuerung ist dann schmerzhafter. Trotzdem stellen wir fest, dass die Gruppe der mittelständischen Firmen begonnen hat, umzudenken.

Der Antrieb gestaltet sich aus einer praktischen Problemstellung heraus. Es entsteht eine Momentaufnahme auf dem Painring der MAPs. Meistens handelt es sich um Fehlerquellen in der Dokumentation oder um die Modernisierung der Services, denn Services lösen ja bekanntlich die Produkte ab.

So muss ein Fuhrparkmanager in Zukunft keine Fahrzeuge mehr verwalten, sondern Mobilität als Service gewährleisten können. Leider gab es in den letzten Jahren doch immer wieder Kaufprämien für Autos, anstatt in öffentliche Verkehrsmittel und Sharing-Systeme zu investieren. Doch das nur am Rande.

Die Information Workflows müssen sich ändern

Die Lösungen für Fehlerquellen und guten Service setzen ein gutes Knowledge und Learning Management voraus. Es ist nicht mit der Anschaffung von Tools getan, die Information Workflows müssen sich ändern, um die Probleme nachhaltig abstellen zu können.

Das ist im Grunde ein relativ einfaches Projekt, das zu einem sehr guten Resultat mit Top-ROI führt. Wären da nicht die liebgewonnenen kleinen Apps und Programmchen, an die man sich endlich gewöhnt hatte. Ja, meistens ist eine Zäsur sinnvoll. Aber auch das funktioniert, wenn alle Mitarbeiter mit ins Boot genommen werden. Und das ist wirklich wichtig.

Bei KMU sieht die Sache noch einmal anders aus. Die Herausforderungen, die uns von dort erreichen, liegen tatsächlich im Wunsch eines skalierbaren Workflows für alle Prozesse außerhalb der Produktion und Abrechnung. Weil bei dieser Klientel der Personalwechsel volatiler ist als in großen Unternehmen, muss eine schnelle Einarbeitung und das Erkennen von zusammenhängenden Prozessen gewährleistet sein. KMU punkten durch Flexibilität. Doch wo liegt die Schwellengröße? Die Größe, bei der die Flexibilität zu schwinden beginnt? Antwort: Man spürt es im Arbeitsalltag. Vor Kurzem erreichte uns die Anfrage einer Werbeagentur mit 30 Beschäftigten. Die Vielzahl der genutzten Softwaretools für Grafiken, Websites oder Videos ist erdrückend, denn jeder Kunde hat seine Vorlieben. Daraus entstand sehr schnell die Frage: Wer kann welches Programm in welcher Ausprägung bedienen?

Talent Management ist ein typischer Painring-Punkt für KMU. Das Learning Management sollte immer daran gekoppelt sein. Es ist heute so leicht, selbst Lernsequenzen zu erstellen, beispielsweise ein E-Learning, dass dies im normalen Arbeitsalltag als »Learning-out-Loud-Komponente« genutzt werden kann.

9.3 Motivation für die New-Work-Transformation

Die Motivationen für die New-Work-Transformation sind vielfältig. Sie finden sich auf den äußeren, dunklen Ringen des NW-MAP wieder. So unterschiedlich die Anlässe auch sind und egal wie groß oder klein eine Organisation ist: New Work Flow ist für jeden machbar. Nutzen Sie die Handlungsmodelle nach Belieben für Ihre Zwecke. Am Anfang dieses Buches finden Sie einen QR-Code, der zu diesem Buch dazugehört. Dort bekommen Sie kostenlos alle Grafiken in Farbe zum Download für Ihre Präsentationen und einen Link zur kostenlosen Nutzung des New Work Management Action Plan.

Wir werden bei der Umsetzung immer wieder auf Gegner stoßen, die Modernität predigen, aber im Grunde nicht bereit sind, mitzumachen oder diese Bewegung sogar im Hintergrund blockieren.

> Die Projektzeit ist – weil es im Kern um Menschen, deren Bedürfnisse und Wünsche geht – immer langfristig anzulegen. Gemeint ist die Etablierung eines Werte- und Handlungsrahmens, der produktive Kreativität für die Ziele des Unternehmens ermöglicht.

Doch wir müssen uns auch darauf einstellen, dass sich traditionelle Arbeitsformen verändern. Freiberufliche Kollegen oder Teams müssen temporär einbezogen werden, wenn das Modell der Daueranstellung Vergangenheit ist. Deshalb sind Softwarestrukturen mit klaren Rollen und Rechten zu bevorzugen. Nur so können auch externe »Named User« mit allen notwendigen Informationen versorgt werden. Außerdem kennen wir so auch deren Kompetenzen und Qualifikationen, sodass wir sie bei Bedarf optimal in die Prozesse des Unternehmens einbinden können.

> New Work Flow bedeutet, gelassen auf alle Situationen vorbereitet zu sein. Manche werden sagen, diese Aufgabe solle doch die junge Generation übernehmen. Die Kompetenzentwicklung hilft uns aber dabei zu verstehen, dass der Mehrwert von New Work gerade in einer quer vernetzten, interdisziplinären, demografischen Vielfalt entsteht.

Was ist New Work? Ich bin so selbstbewusst, zu behaupten, dass die Leser dieses Buches nun in der Lage sind, nicht nur aktiv Diskussionen über New Work zu führen. Sie sind auch in der Lage, anhand der Ist-Analyse des Unternehmens die nächsten logischen Schritte abzuleiten und die erforderlichen Aktivitäten zu definieren. Ihrem Erfolg steht nichts mehr im Wege.

So haben wir nun, nach den vielen ausführlichen Einführungen, Definitionen und Erklärungen, ein Handlungsmodell auf dem Tisch, das für jede Organisation in der Praxis einsetzbar ist. Ich hoffe, es ist verständlich geworden, warum wir im Vorfeld relativ umfassend auf Methoden und deren Umsetzung und auf 360-Grad-Tool-Features und deren Verknüpfung eingehen mussten, denn in Buchform ist es nicht anders darstellbar. So bleibt mir jetzt nur noch, Ihnen, den New Work People, viel Erfolg bei der Umsetzung zu wünschen!

Begriffe und Definitionen

AR: Augmented Reality, ergänzte Realität: Auf die reale Wahrnehmung werden virtuelle Ergänzungen eingeblendet. Geeignet für interaktive Anleitungen.

C-MAP: Competence Management Action Plan, ein Handlungsplan, um Kompetenzmanagement in Organisationen einzuführen.

CMS: vgl. TMS, Competence Management System, eine Softwarelösung, um Kompetenzrahmen-Erfassung, -Messung und -Entwicklung zu steuern (nicht zu verwechseln mit Content Management).

CXJ: Customer Experience Journey, eine Anzeige zur Messung der Mitarbeitermotivation/-emotion.

Digitale Transformation: die Umsetzung digitaler Merkmale und Strukturen in Unternehmensprozesse und -kultur, z. B. »Sharing« oder »Vernetzung«.

Digitalisierung: vgl. Automatisierung, die Digitalisierung analoger Prozesse.

Digitalität: Zustand der digitalen Transformation.

EXJ: Die Employee Experience Journey zeigt die Motivation und Emotionen der Mitarbeiter bei jedem Touchpoint mit ihrem Unternehmen an. Die EXJ ist die Anzeige der Erfolge bei der Nutzung des NW-MAP.

Gap: Lücke, z. B. Skills Gap = Kenntnislücke.

K-MAP: Knowledge Management Action Plan, ein Handlungsplan, um Information Management als Prozess im Unternehmen umzusetzen.

KMS: Knowledge Management System, eine Softwarelösung, um Information Management als zentralen Schwarmwissensprozess zu managen.

KODE®: Der Begriff entstand aus der Abkürzung von Kompetenzdiagnostik und Kompetenzentwicklung.

L-MAP: Learning Management Action Plan, ein Handlungsplan zur Umsetzung von New Learning.

LMS: Learning Management System, eine Softwarelösung, um alle denkbaren Lernaktivitäten in einem Workflow zentral zu managen.

MAG: Mitarbeitergespräch.

NW-MAP: New Work Management Action Plan, ein Handlungsmodell nach G. Piwinger zur praktischen Umsetzung von New Work im Unternehmen.

QM: Qualitätsmanagement, z. B. nach ISO XXXX.

TBQ: Im Buch »Per Anhalter durch die Galaxis« gab es einen Supercomputer namens »HAL«. Wenn man jeden Buchstaben um eine Stelle nach hinten schiebt, entsteht »IBM«. Man könnte das bei TBQ auch mal in die andere Richtung probieren ...

TMS: Talent Management System, eine Softwarelösung, um die Personalentwicklung inkl. Kompetenz- und Wertemanagement als 360-Grad-Prozess steuern zu können.

VR: Virtual Reality, künstliche Realität. Geeignet z. B. für Lernsimulationen von Maschinenbedienung.

VUCA: VUCA ist ein Akronym für die englischen Begriffe volatility (Volatilität), uncertainty (Unsicherheit), complexity (Komplexität) und ambiguity (Mehrdeutigkeit). Es beschreibt die Rahmenbedingungen der Unternehmensführung in der digitalen Transformation.

Literaturverzeichnis

Adams, K. (1997): Interview with David C. McClelland. In: Competency, 4. Jg., 1997, H. 3, S. 18–23.

Arnold, R. (2017): Entlehrt Euch! Ausbruch aus dem Vollständigkeitswahn. Bern.

Arnold, R./Erpenbeck, J. (2014): Wissen ist keine Kompetenz. Hohengehren.

Arnold, R./Schüßler, I. (Hrsg.) (2003): Ermöglichungsdidaktik – Erwachsenenpädagogische Grundlagen und Erfahrungen. Baltmannsweiler.

Asif, M. (2014): A Critical Review of Service Excellence Models – Towards Developing an Integrated Framework. In: Quality and Quantity, 49. Jg., 2014, H. 2, S. 763–783.

Asif, M./Gouthier, M. (2015): Developing a Self-diagnostic Framework for Assessing Service Excellence. In: International Journal of Services and Operations Management, 20.Jg., 2015, H. 4, S. 441–457.

Bearing Point-Umfrage: Digitalisierungsmonitor 2016. https://www.bearingpoint.com/de-de/unser-erfolg/insights/digitalisierungsmonitor-2016/. Abrufdatum: 21.07.2020.

Borell, N. (2015): Disruption – Das Spiel mit Technologien und Paradigmen. Psychologie, Philosophie, Technologie. Next Generation Portals. SharePoint, Office 365, Windows. Hamburg.

Bortz, J./Döring, N. (2015): Forschungsmethoden und Evaluation in den Sozial- und Humanwissenschaften. Berlin.

Boyatzis, R. E. (1982): The Competent Manager: A Model for Effective Performance. New York.

Braun, R./Gawlas, H./Schmalz, A. (2004): Die Coaching-Fibel. Vom Ratgeber zum High Performance Coach. Wien.

Bridges, W. (1997): Der Charakter von Organisationen. Organisationsentwicklung aus typologischer Sicht. Göttingen.

Bruhn, M. (2010): Das Konzept des Internen Servicebarometers – Bestandsaufnahme, Methodik und empirische Befunde. In: Bruhn, M./Stauss, B. (Hrsg.): Serviceorientierung im Unternehmen. Wiesbaden, S. 297–324.

Bruhn, M. (2003): Internal Service Barometers: Conceptualization and Empirical Results of Pilot Study in Switzerland. In: European Journal of Marketing, 37. Jg., 2003, H. 9, S. 1187–1204.

Buchholz, U. et al. (2019): Werte und Metaphern in der Unternehmenskommunikation. Berlin.

Bundeszentrale für politische Bildung bpb (2016): Globalisierung. https://www.bpb.de/nachschlagen/lexika/lexikon-der-wirtschaft/19533/globalisierung. Abrufdatum: 03.04.2019.

Bunge, M./Ardila, R. (1990): Philosophie der Psychologie. Tübingen.

Capgemini Consulting-Studie. https://www.capgemini.com/consulting/wp-content/uploads/sites/30/2017/07/dti_digitalculture_report.pdf. Abrufdatum: 21.07.2020.

CEPS, Index of Readiness for Digital Lifelong Learning in Europe (IRDLL) 2019, S. iii ff. und S. 53 ff., https://www.ceps.eu/wp-content/uploads/2019/11/Index-of-Readiness-for-Digital-Lifelong-Learning.pdf. Abrufdatum: 26.05.2020.

Chandrashekaran, M./Rotte, K./Tax, S./Grewal, R. (2007): Satisfaction Strength and Customer Loyalty. In: Journal of Marketing Research, 44. Jg., 2007, H. 1, S. 153–163.

Corporate Learning Community (Hrsg.) (2017): Lernen in Organisationen im digitalen Zeitalter. https://colearn.de/cl2025/. Abrufdatum: 17.11.2017.

Cross, J. (2010): Working Smarter through Workscaping. In: Cross, J. (2012): Learning is Business, S. 42. http://www.internettime.com/wp-content/uploads/2012/07/Learning-is-Business.pdf. Abrufdatum: 16.07.2018.

De Bruin, T./Rosemann, M./Freeze, R./Kulkarni, U. (2005): Understanding the Main Phases of Developing a Maturity Assessment Modell. In: Proceedings of the 16th Australasian Conference on Information Systems, Sydney.

Deutsche Initiative Gesunde Digitalisierung (2019). www.gesunde-digitalisierung.de.

Die Zeit (2019): US-Unternehmer rücken vom Prinzip der Gewinnmaximierung ab. https://www.zeit.de/wirtschaft/unternehmen/2019-08/usa-unternehmen-aktionaere-ethik-business-roundtable, 20. August 2019. Abrufdatum: 21.07.2020.

DIN SPEC 77224:2011-07 (2011): Erzielung von Kundenbegeisterung durch Service Excellence. Berlin.

Erpenbeck, J./Sauter, W. (2020a): Werte und Normen in der Berufsbildung. In: Arnold, R./Lipsmeier, A./Rohs, M. (Hrsg., 3. Aufl. 2020): Handbuch Berufsbildung, Wiesbaden.

Erpenbeck, J./Sauter, R. (2020b): Werteerfassung und Wertemanagement. Berlin.

Erpenbeck, J./Sauter, W. (2020c): Die Wertegesellschaft. Berlin.

Erpenbeck, J./Sauter, W. (2019): Wertungen. Werte. Das Buch gezielter Werteentwicklung von Persönlichkeiten. Berlin.

Erpenbeck, J./Sauter, W. (2019): Werte – Das Buch der gezielten Werteentwicklung von Persönlichkeiten, Berlin.

Erpenbeck, J./Sauter, W. (2018): Wertungen. Werte. Das Fieldbook für ein erfolgreiches Wertemanagement. Heidelberg/Berlin.

Erpenbeck, J., unter Mitarbeit von Sauter, W. (2018): Wertungen. Werte. Das Buch der Grundlagen für Bildung und Organisationsentwicklung. Heidelberg/Berlin.

Erpenbeck, J./Grote, S./Sauter, W./von Rosenstiel, L. (Hrsg.) (2017): Handbuch Kompetenzmessung. Erkennen, verstehen und bewerten von Kompetenzen in der betrieblichen, pädagogischen und psychologischen Praxis, 3. Aufl., Stuttgart.

Erpenbeck, J./Sauter, S./Sauter, W. (2015): E-Learning und Blended Learning. Selbstgesteuerte Lernprozesse zum Wissensaufbau und zur Qualifizierung. Heidelberg/Berlin.

Erpenbeck, J./Sauter, S./Sauter, W. (2015): Social Workplace Learning. Kompetenzentwicklung im Arbeitsprozess und im Netz. Heidelberg/Berlin.

Erpenbeck, J./Sauter, W. (2015): Wissen, Werte und Kompetenzen in der Mitarbeiterentwicklung. Ohne Gefühl geht in der Bildung gar nichts. Wiesbaden.

Erpenbeck, J. (Hrsg.) (2012): Der Königsweg zur Kompetenz. Grundlagen qualitativ-quantitativer Kompetenzerfassung. Münster/New York/München/Berlin.

Erpenbeck, J./Hasebrook, J. (2011): Sind Kompetenzen Persönlichkeitseigenschaften? In: Faix, W./Auer, M. (Hrsg.): Kompetenz, Persönlichkeit, Bildung. Stuttgart, S. 227–262.

Erpenbeck, J./Heyse, V. (2007): Die Kompetenzbiografie. 2. aktual. Aufl., Münster/New York/München/Berlin.

Erpenbeck, J./Sauter, W. (2007): Kompetenzentwicklung im Netz – New Blended Learning mit Web 2.0. Köln.

Etventure-Umfrage (2018): Digitale Transformation 2018. http://www.etventure.de/innovationsstudien/. Abrufdatum: 21.07.2020.

European Commission, Directorate (2004): Europäischer Leitfaden zur erfolgreichen Praxis im Wissensmanagement.

Faix, W. (Hrsg.) (2012): Kompetenz. Festschrift Prof. Dr. John Erpenbeck zum 70. Geburtstag.

Felber, C. (2008): Neue Werte für die Wirtschaft: Eine Alternative zu Kommunismus und Kapitalismus. 4. Aufl., Wien.

Fischer, C. A. (2019): Werte als Kerne von Kompetenzen. Eine theoretische Studie mit einer empirischen Analyse in Montessori-Schulen. Münster/New York.

Fox, R. (2018): Bionische Unternehmensführung. Mitarbeitermotivation als Schlüssel zu Innovation, Agilität und Kollaboration. Wiesbaden.

Fraser, P./Moultrie, J./Gregory, M. (2002): The use of maturity models/grids as a tool in assessing product development capability. In: Engineering Management Conference 2002 IEMC'02, 2002 IEEE International, 1. Jg., S. 244–249.

Fraunhofer ISST (1998): Jahresbericht 1998. http://publica.fraunhofer.de/eprints/um_nbn_de_0011-px-483533.pdf. Abrufdatum: 27.03.2019.

Geigenmüller, A./Lenk, K. (2014): Interner Service Value – Begriff, Konzeptualisierung und Relevanz für das interne Dienstleistungsmarketing. In: Bruhn, M./Hadwich, K. (Hrsg): Service Value als Werttreiber. Wiesbaden, S. 329–349.

Gensicke, T. (2019): Die Shell Jugendstudie 2019. https://www.shell.de/ueber-uns/shell-jugendstudie.html. Abrufdatum: 02.04.2020.

Gensicke, T./Klages, H. (2006): Wertesynthese – funktional oder dysfunktional. In: Kölner Zeitschrift für Soziologie und Sozialpsychologie, 58. Jg., 2006, H. 2, S. 332–351.

Georgi, D. (2010): Interne Serviceorientierung zur Schaffung von Wert für den internen Kunden. In: Bruhn, M./Stauss, B. (Hrsg.): Serviceorientierung im Unternehmen. Wiesbaden, S. 63–80.

Gouthier, M. (2013): Kundenbegeisterung durch Service Excellence – Erläuterungen zur DIN SPEC 77224 und Best-Practices. 2. Aufl., Berlin.

Gouthier, M./Bartl, C./Giese, A. (2012): Kundenbegeisterung durch Service Excellence im Automobilsektor. In: Proff, H./Schönharting, J./Schramm, D./Ziegler, J. (Hrsg.): Zukünftige Entwicklungen in der Mobilität. Wiesbaden, S. 333–341.

Gouthier, M./Rhein, M. (2010): Serviceorientierung durch Organisationsstolz. In: Bruhn, M./Stauss, B. (Hrsg.): Serviceorientierung im Unternehmen, Wiesbaden, S. 209–228.

Gouthier, M./Coenen, C./Schulze, H./Wegmann, C. (2007): Service Excellence – Eine Einführung. In: Gouthier, M./Coenen, C./Schulze, H./Wegmann, C. (Hrsg.): Service Excellence als Impulsgeber. Wiesbaden, S. 3–16.

Graf, N./Edelkraut, F. (2017): Mentoring. Das Praxisbuch für Personalverantwortliche und Unternehmen. 2. Aufl., Wiesbaden.

Hacker, W. (1973): Lehrbuch der Arbeitspsychologie. Berlin.

Hadwich, K./Keller, C. (2015): Interne Servicequalität in Unternehmen – Eine empirische Untersuchung der Einflussfaktoren und Auswirkungen. In: Zeitschrift für betriebswirtschaftliche Forschung Zfbf, 67. Jg., S. 170–205.

Haken, H./Schiepek, G. (2010): Synergetik in der Psychologie. Selbstorganisation verstehen und gestalten. Göttingen.

Haller, S. (2012): Dienstleistungsmanagement – Grundlagen, Konzepte, Instrumente, Wiesbaden.

Handke, J. (2019): Die Digitalisierung der Lehre – Maßnahmen, Gelingensbedingungen und Hindernisse (Vortrag auf dem Higher Education Summit 2019), Download mit Passwort: https://infocenter.pearson.de/summit/HEDS19_1000_Handke_DigitalisierungProzent20derProzent20Lehre.pdf. Abrufdatum: 26.05.2020.

Harari, Y. N. (2019): 21 Lektionen für das 21. Jahrhundert. München.

Hattie, J. (2009): Visible Learning. A synthesis of over 800 meta-analyses relating to achievement. London/New York.

Hays, R. (1996): The Strategic Power of Internal Service Excellence. In: Business Horizons, 39. Jg., 1996, H. 4, S. 15–20.

Heskett, J./Jones, T./Love, G./Sasser, E./Schlesinger, L. (1994): Putting the Service-Profit Chain to Work. In: Harvard Business Review, 72. Jg., 1994, H. 2, S. 164–174.

Heyse, V./Erpenbeck, J./Coester, S./Ortmann, S. (2019): Kompetenzmanagement mit System. Theorie und Anwendung der international bewährten KODE®-Verfahren. Münster/New York.

Heyse, V./Erpenbeck, J. (Hrsg) (2007): Kompetenzmanagement. Methoden, Vorgehen, KODE und KODEX im Praxistest. Münster/New York/München/Berlin.

Heyse, V./Erpenbeck, J. (2004): Management und Wertewandel im Übergang. Münster/New York.

Höck, M./Ringle, M./Sarstedt, M. (2011): Einfluss der internen Qualität auf die Servicequalität und Kundenzufriedenheit. In: Die Betriebswirtschaft DBW, 71. Jg., 2011, H. 6, S. 577–597.

Hossip, R./Mühlhaus, O. (2005): Personalauswahl und -entwicklung mit Persönlichkeitstests. Göttingen.

Ibold, F./Kühl, S./Matthiesen, K. (2018). Den Wandel richtig managen. In: Harvard Business Manager, März 2018, S. 38–45.

Kamprath, N. (2011): Einsatz von Reifegradmodellen im Prozessmanagement. In: HMD Praxis der Wirtschaftsinformatik, 48. Jg., 2011, S. 93–102.

Knackstedt, R./Pöppelbuß, J./Becker, J. (2009): Vorgehensmodell zur Entwicklung von Reifegradmodellen. In: Wirtschaftsinformatik Proceedings 2009, S. 535–544.

Kneuper, R. (2007): Vorgehensmodelle und Reifegradmodelle – Ergänzung oder Konkurrenz? In: Herzog, O./Rödiger, K.-H./Ronthaler, M./Koschke, R. (Hrsg.): Informatik 2007 – Informatik trifft Logistik, Band 2. Bonn, S. 312–315.

Lehrer, J. (2009): Wie wir entscheiden. Das erfolgreiche Zusammenspiel von Kopf und Bauch. München.

Lienert, G. A./Raatz, U. (1998): Testaufbau und Testanalyse. 6. Aufl., Weinheim.

Livingstone, D. (1999): Informelles Lernen in der Wissensgesellschaft. Erste kanadische Erhebung über informelles Lernverhalten. In: QUEM-Report Heft 60: Kompetenz für Europa. Wandel durch Lernen – Lernen durch Wandel. Referate auf dem internationalen Fachkongress vom 21.–23. April 1999 in Berlin, S. 65–91. http://www.abwf.de/content/main/publik/report/1999/Report-60.pdf. Abrufdatum: 02.03.2018.

Lombardo, M. M./Eichinger, R. W. (1996): The Career Architect Development Planner. Minneapolis.

Ludwigs, S. (2020): E-Learning an Hochschulen. Der Bericht zur Befragung 2019. In: So gelingt E-Learning. Reader zum Higher Education Summit 2019. München, (Pearson Studium).

Marx, F./Wortmann, F./Mayer, J. H. (2012): Ein Reifegradmodell für Unternehmenssteuerungssysteme. In: Wirtschaftsinformatik, 54. Jg., 2012, H. 4, S. 189–204.

Mast, C. (2019): Unternehmenskommunikation. 7. Aufl., München.

Mayring, P. (2010): Qualitative Inhaltsanalyse – Grundlagen und Techniken. Weinheim/Basel.

Meffert, H./Bruhn, M. (2006): Dienstleistungsmarketing. Wiesbaden.

Meynhardt, T/Gomez, P. (2015): Was dient der Allgemeinheit? Und wer? In: Wirtschaftswoche, 30. 10. 2015; www.gemeinwohl.ch bzw. www.gemeinwohlatlas.de. Abrufdatum: 02.02.2020.

Meynhardt, T./Metelmann, J./Bartholomes, S. (2010): (De)composing Public Value. New Evidence for basic structures. In: Paper for the 2010 Conference of the International Public Management Network. New Steering Concepts in Public Management-Working towards Social Integration. St. Gallen/Jena.

Michaelis, M. (2009): Internes Marketing in Dienstleistungsnetzwerken. Wiesbaden.

Migge, B. (2005): Handbuch Coaching und Beratung. Weinheim.

Müller, G./Hoffmann, K. (2008): Systemisches Coaching. Heidelberg.

Muuß-Merholz, J. (2020): Barcamps & Co. Peer-to-Peer-Methoden für Fortbildung. Weinheim/Basel.

Neuberger, O. (2002): Führen und führen lassen, Ergebnisse und Kritik der Führungsforschung. Stuttgart.

Neuhaus, P. (1996): Interne Kunden-Lieferanten-Beziehungen. Wiesbaden.

Nielsen Company (2014): Doing well by doing good. Increasingly, consumers care about corporate social responsibility, but does concern convert to consumption? https://www.nielsen.com/wp-content/uploads/sites/3/2019/04/global-corporate-social-responsibility-report-june-2014.pdf. Abrufdatum: 13.11.2019.

Nonaka, I./Takeuchi, H. (1997): Die Organisation des Wissens. Wie japanische Unternehmen eine brachliegende Ressource nutzbar machen. Frankfurt am Main.

North, K./Reinhardt, K. (2005): Kompetenzmanagement in der Praxis. Mitarbeiterkompetenzen systematisch identifizieren, nutzen und entwickeln. Mit vielen Fallbeispielen. Wiesbaden.

Papier, H.-J./Meynhardt, T. (Hrsg.) (2016): Freiheit und Gemeinwohl. Ewige Gegensätze oder zwei Seiten einer Medaille? Leipzig.

Radatz, S. (2011): Wie Organisationen das Lernen lernen. Entwurf eines epistemologischen Theoriemodells »organisationalen« Lernens aus relationaler Sicht. Baltmannsweiler/Hohengehren.

Radatz, S. (2006): Beratung ohne Ratschlag. Systemisches Coaching für Führungskräfte und BeraterInnen. 4. Aufl., Wien.

Reiss, S. (2009): Das Reiss Profile: Die 16 Lebensmotive. Welche Werte und Bedürfnisse unserem Verhalten zugrunde liegen. 4. Aufl., Offenbach. Vgl. außerdem: Reiss Motivation Profile: https://psychologie-news.stangl.eu. Abrufdatum: 15.07.2020.

Röglinger, M./Kamprath, N. (2012): Prozessverbesserung mit Reifegradmodellen. In: Zeitschrift für Betriebswirtschaft, 82. Jg., 2012, H. 5, S. 509–538.

Rokeach, M. (1973): The Nature of Human Values. Mit dem Value Survey als Anhang. New York.

Roth, S./Bösener, K. (2017): Kundenzufriedenheit und Kundenbegeisterung. In: Corsten, H./Roth, S. (Hrsg.): Handbuch Dienstleistungsmanagement. München, S. 1221–1244.

Roth, G. (2014): Warum es so schwierig ist, sich und andere zu ändern. In: Lehhofer, M./Roth, G./Schmidt, G. (Hrsg.): Persönlichkeit, Entscheidung und Verhalten. Warum es so schwierig ist, sich und andere zu ändern. 18. Aufl., Stuttgart 2020.

Roth, G. (2011): Bildung braucht Persönlichkeit. Wie Lernen gelingt. Stuttgart.

Sauter, W./Sauter, R./Wolfig, R. (2018): Agile Werte- und Kompetenzentwicklung. Wege in eine neue Arbeitswelt. Berlin.

Sauter, W./Staudt, A.-K. (2016): Kompetenzmessung in der Praxis. Mitarbeiterpotenziale erfassen und analysieren. Wiesbaden.

Sauter, S. M./Sauter, W. (2013): Workplace Learning. Integrierte Kompetenzentwicklung mit kooperativen und kollaborativen Lernsystemen. Berlin/Heidelberg.

Sauter, A./Sauter, W. (2002): Blended Learning. Effiziente Integration von E-Learning und Präsenztraining. Unterschleißheim/München.

Schmidt, E. M. (2005): Kommunikative Praxisbewältigung in Gruppen (KOPING) – Ein in der Praxis bewährtes Konzept zur Handlungsmodifikation. In: Huber, A. A.: Vom Wissen zum Handeln. Ansätze zur Überwindung der Theorie-Praxis-Kluft in Schule und Erwachsenenbildung, Tübingen.

Schüßler, I. (2007): Von der Erzeugungs- zur Ermöglichungsdidaktik. http://www.rpi-virtuell.net/workspace/3719FF1D-F109-402F-96DA-702285484082/dats/2007/schuessler.pdf. Abrufdatum: 17.06.2017.

Schulz von Thun, F. (2008): Das Werte- und Entwicklungsquadrat. In: Schulz von Thun, J. (2008): Miteinander reden, 2. Stile, Werte und Persönlichkeitsentwicklung. Reinbek bei Hamburg.

Schwartz, S./Bilsky, W. (1987): Toward A Universal Psychological Structure of Human Values. In: Journal of Personality and Social Psychology, 53. Jg., 1987, H. 3, S. 550–562.

Siebert, H. (2011): Selbstgesteuertes Lernen und Lernberatung. 3. Aufl., Neuwied.

Smith, T. W.(2017): Das Buch der Gefühle. München.

Sørensen, L. R. (2015): Zur Arbeit gehen und Leben retten. Interview. In: Harvard Business Manager, 11/2015, S. 22 ff.

Stangl, W. (1989): Das neue Paradigma der Psychologie. Braunschweig.

Stauss, B. (2010): Internes Relationship Management – Das Beziehungsmanagement interner Dienstleister. In: Georgi, D./Hadwich, K. (Hrsg.): Management von Kundenbeziehungen. Wiesbaden, S. 28–51.

Steinhart, Y./Jiang, Y. (2019): Securing the Future. Threat to Self-Image Spurs Financial Saving Intentions. In: Journal of Personality and Social Psychology, doi: 10.1037/pspa0000159.

Stiefel, R. T. (1999): Personalentwicklung in Klein- und Mittelbetrieben. Leonberg.

Teichler, U. (1995): Qualifikationsforschung. In: Arnold, R./Lipsmeier, A. (Hrsg.): Handbuch der Berufsbildung. Opladen.

Ulrich, D. (1997): Human Resource Champions. Boston.

von Oeting, B. (Hrsg.) (2000): Das Boston Consulting Group Strategiebuch. 9. Aufl., Berlin.

von Rosenstiel, L. (2000).: Potentialanalyse und Potentialentwicklung. In: von Rosenstiel, L./Lang-von Wins, T. (Hrsg.): Perspektiven der Personalbeurteilung. Göttingen.

Wahl, D. (2013): Lernumgebungen erfolgreich gestalten – Vom trägen Wissen zum kompetenten Handeln. 3. Aufl., Bad Heilbrunn.

Wahl, D. (2006): Handeln unter Druck – Der weite Weg vom Wissen zum Handeln bei Lehrern, Hochschullehrern und Erwachsenenbildnern. Weinheim.

Weiß, J. (2010): Der Begriff der Kultur ist ein Wertbegriff. Über einen problematischen Grundsatz Max Webers. In: Wohlrab-Sahr, M. (Hrsg.): Kultursoziologie. Paradigmen – Methoden – Fragestellungen. Wiesbaden, S. 53–71.

Westermann, T. (2017): Systematik zur Reifegradmodell-basierten Planung von Cyber-Physical Systems des Maschinen- und Anlagenbaus. Paderborn.

Wirtz, J./Johnston, R. (2003): Singapore Airlines – What it Takes to Sustain Service Excellence. In: Managing Service Quality, 13. Jg., 2003, H. 1, S. 10–19.

Witt, F.-J. (1988): Die Typologisierung unternehmensinterner Leistungen. In: Zeitschrift für Betriebswirtschaft, 58. Jg., 1988, H. 7, S. 660–682.

Zimmermann, A./Hermann, C./Probst, G./Ferreira, P. (2015): Die grüne Hoffnung. In: Harvard Business Manager, Juni 2016, S. 3 ff.

Zitate online, https://www.zitate-online.de/autor/drucker-peter/, Abrufdatum: 21.07.2020.

Zohar, D./Marshall, I. (2004): Spiritual Capital. Oakland, CA.

Über die Autoren

Die Idee und Initiative für dieses Buch stammt vom Hauptautor Götz Piwinger. Er bat aus seinem Netzwerk spezielle Co-Autoren, New Work aus ihrer Sicht zu beschreiben, um ein möglichst ausgewogenes Bild zu diesem Thema zu gestalten. Im Folgenden stellen wir Ihnen die Autoren, ihren Erfahrungshintergrund und ihre speziellen Prägungen vor.

Prof. Dr. Matthias Gouthier

Prof. Dr. Matthias Gouthier ist Inhaber des Lehrstuhls für Marketing und elektronische Dienstleistungen, Leiter des Instituts für Management im Fachbereich Informatik und Direktor des Centers for Service Excellence (CSE) der Universität Koblenz-Landau. Seine Forschungsschwerpunkte sind: Customer Experience Management, Digitalisierung von Dienstleistungen, Kunden- und Mitarbeiteremotionen sowie Service Excellence. Für seine Studien zu den Emotionen der Kundenbegeisterung und des Mitarbeiterstolzes erhielt er in den vergangenen Jahren mehrere wissenschaftliche Auszeichnungen. Professor Gouthier gibt eine eigene Schriftenreihe »Dienstleistungsmanagement/Dienstleistungsmarketing« im Nomos Verlag heraus und hat seit Erscheinen seiner ersten Herausgeberschaft zu Service Excellence im Jahr 2007 zahlreiche Bücher, Artikel und Studien zum Thema Service Excellence veröffentlicht, unter anderem zum Einsatz von Service Excellence im Facility Management. Er referiert als gefragter Experte sowohl an renommierten Hochschulen, wie der EBS Business School, der WHU und der Universität St. Gallen, als auch bei Verbänden, Ministerien, Managementberatungen und Unternehmen aus den verschiedensten Branchen. Professor Gouthier initiierte mit der DIN SPEC 77224 den weltweit ersten offiziellen Standard für Service Excellence, für den er 2012 den Innovationspreis des DIN-Instituts erhielt. Im Anschluss hieran übernahm er die Leitung des europäischen Komitees, das den deutschen Standard in einen europäischen Standard (CEN/TS 16880) überführt hat. Seit März 2018 leitet er in seiner Funktion als Chairman das ISO/TC 312 »Excellence in Service«, das mehrere internationale Standards zur Service Excellence sowie zu diversen Aufgabenschwerpunkten, wie zu Customer Experience Management und Service Design, entwickelt. Um das Thema Service Excellence kontinuierlich und breiter in die Praxis zu tragen, organisiert er seit zehn Jahren die Excellence-in-Service-Konferenzreihe »EXIS«, eine Austausch- und Transferplattform, die sich jährlich wechselnden Themenschwerpunkten der Service Excellence widmet. Als Managementberater begleitete er schon zahlreiche Unternehmen auf ihrem Weg zur Service Excellence. Schließlich hat er im Jahr 2017 die oneservice AG mitgegründet, ein Unternehmen mit Sitz in Feusisberg in der Schweiz, das technische Dienstleistungen in den Bereichen Life Science, Diagnostik und Medizintechnik erbringt. Hier ist er als Akademischer Direktor für deren Service-Excellence-Akademie mitverantwortlich.

Prof. Dr. Hans-Günter Lindner

Das Kernthema des Professors für Betriebswirtschaftslehre und Wirtschaftsinformatik an der Technischen Hochschule Köln, Schwerpunkt Geschäftsprozesse und HR Intelligence, ist die Wissenschaft und Technik zur Messung von Werten in der Betriebswirtschaft: Human Value Design. Er war Professor für Informatik an der Hochschule Frankfurt am Main für Data Warehouse & Datenbanken und hat langjährige Berufserfahrung in Konzernen, KMUs und der internationalen Unternehmensberatung.

Digitale Technologien und deren Wirkung auf Soziales und Dienstleistungen sind wesentliche Bestandteile seiner Arbeit. Professor Lindner ist Gründungsmitglied des Forschungsschwerpunktes DITES »Digitale Technologien und Soziale Dienste«, das vom Ministerium für Innovation, Wissenschaft und Forschung des Landes Nordrhein-Westfalen gefördert wird.

Götz Piwinger

Götz Piwinger durchlief eine Berufsausbildung sowie ein Ingenieurs- und HR-Studium. Seine New-Work-Kompetenz hat sich im Laufe praktischer Projekterfahrungen aufgebaut. Die ganzheitliche Sichtweise entwickelte sich in den Jahren als CEO mittelständischer Unternehmen und als Management-Berater. Zunächst widmete er sich klassischen Digitalisierungsprojekten. Er entwickelte richtungsweisende Lösungen zur digitalen Transformation im Bereich Service und HR. Aus diesen Erfahrungen entwickelte sich die Erkenntnis, dass der Schlüssel zur digitalen Transformation niemals in isolierten Lösungen möglich ist, sondern nur in holistischer Harmonie aus Methoden und Systemen. Er hat seine Erkenntnisse nun erstmals kompakt in diesem Buch zusammengeführt. Seine jüngste Entwicklung ist ein agiles Handlungsmodell zur Umsetzung von New-Work-Kultur in der Praxis: der New Work Management Action Plan (NW-MAP). Damit kann dieses komplexe Thema erstmals in Einzelprojekten verfolgt werden und mit dem laufenden Projektfortschritt als 360-Grad »New Work Flow« in Organisationen jeder Art umgesetzt werden. Er ist Berater, Speaker auf Fachkongressen und Autor zahlreicher Fachartikel.

Petra Richard

Speakerin, Beraterin, Business- und Managementcoach.

Sie berät die Unternehmen TÜV Süd, BASF, dm-drogeriemarkt, IKB, Post-DHL sowie Privatkliniken, Unternehmer und Vorstände.

Petra Richard verfügt über langjährige Erfahrungen im Gesundheitswesen und über ein stark ausgeprägtes spirituelles Bewusstsein sowie eine Expertise im Bereich der Neuroscience. Als Botschafterin ist sie für das internationale Expertennetzwerk »Guiding for Future« tätig und unterstützt dort die Entwicklung nachhaltiger, werteorientierter Zukunftskompetenzen. Unter dem Dach der Plattform Guiding-for-Future arbeiten Coachs, Trainer, Berater und Speaker als Botschafter und Vermittler nachhaltiger werteorientierter Zukunftskompetenzen.

Roman Sauter

Roman Sauter ist Wirtschaftsingenieur (MBA) und sammelte umfangreiche Praxiserfahrung als Führungskraft internationaler Unternehmen. Seine Annäherung an das Thema New Work erfolgte zunächst über die Schwerpunkte »Neues Lernen« und E-Learning, wobei er die Businessbedürfnisse von Unternehmen mit Lernen als Teil der Arbeit verknüpfte. Aus diesem Erfahrungshintergrund heraus gründete er die WorkWideLearning. Er ist zudem ausgewiesener Fachberater und Trainer für die KODE® Werte- und Kompetenzthemen. Seit 2019 ist er Mitbegründer von Craftwerk Berlin, ein neuer Raum für gemeinsames Lernen und Erleben.

Prof. Dr. Werner Sauter

Prof. Dr. Werner Sauter ist Bankkaufmann und Diplom-Volkswirt. Er hat im Fachgebiet Pädagogische Psychologie promoviert und sammelte als Berufsschullehrer, Personalentwicklungsleiter, Fachleiter an einer Dualen Hochschule sowie als Führungskraft und Berater umfangreiche Erfahrungen im Bildungsbereich. Zudem war er Gründer und Vorstand eines E-Learning-Unternehmens im Klett-Verbund. An der Steinbeis-Universität Berlin gründete und leitete er das Institut eBusiness und Management. 2008 gründete er die Blended Solutions GmbH in Berlin, die strategische Lernkonzeptionen, innovative Lernarrangements und -systeme sowie zukunftsorientierte Geschäftsmodelle für inner- und überbetriebliche Bildungsanbieter zusammen mit ihren Kunden entwickelt. Er begleitet betriebliche und überbetriebliche Bildungsanbieter bei der Entwicklung und Einführung innovativer Geschäftsmodelle sowie bei der Konzipierung, Umsetzung und Implementierung von Werte- und Kompetenzentwicklungs-Arrangements und bei der Kompetenzentwicklung der Learning Professionals für innovative Lernlösungen. Gemeinsam mit Prof. Dr. John Erpenbeck und Roman Sauter hat er das Werteerfassungssystem KODE®W entwickelt. Weiterhin berät er die KODE GmbH München bei der Weiterentwicklung des Kompetenzerfassungssystems KODE®. Er ist zudem Autor einer Vielzahl von Fachbüchern und -artikeln über innovative Lernformen und bloggt regelmäßig im Bereich agiler Werte- und Kompetenzentwicklung (www.wernersauter.com).

Niklas Zilles

Niklas Zilles absolvierte den Masterstudiengang im Fach »Informationsmanagement« an der Universität Koblenz-Landau. Im Juli 2019 startete er seinen beruflichen Werdegang als Projektportfoliomanager im Finance-Bereich der 1&1 Telecommunication SE. Hier leitet er hauptverantwortlich internationale Projekte mit direktem Einfluss auf die konzernübergreifende Finance-Organisation, steuert deren Gesamtprojektportfolio und wirkt bei der methodischen Ausrichtung der Organisation mit.

Im Zuge seiner Masterarbeit mit dem Titel »Interne Service Excellence – Entwicklung eines Ansatzes zur Messung und Visualisierung interner Dienstleistungsqualität« beschäftigte er sich intensiv mit dem Thema »Service Excellence«. Aufbauend auf dieser Thesis konnte ein strategisches Ziel für den gesamten Finance-Bereich der 1&1 abgeleitet werden.

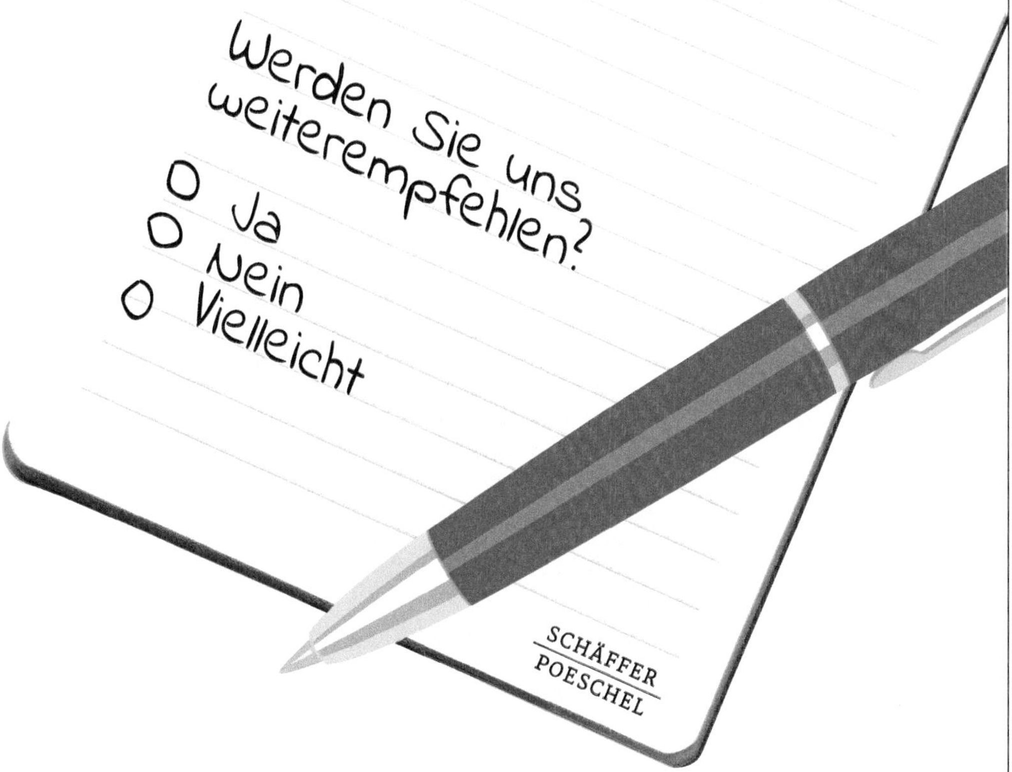
Werden Sie uns weiterempfehlen?
O Ja
O Nein
O Vielleicht
SCHÄFFER POESCHEL